U0122736

怎樣提升人類命運的進化？

構 建

中華新文明
世界新文明
人類命運共同體文明

徐是雄 編著

灼見名家
MASTER-INSIGHT.COM

目　錄

作者簡介

徐是雄教授，生物學家，學術和研究成就昭著，為北京師範大學—香港浸會大學聯合國際學院（UIC）榮休教授。曾任 UIC 副校長，香港大學植物學教授、植物學系主任及理學院副院長。也曾擔任過中國多所大學的客座教授及研究院的客座研究員。2003 年獲香港特別行政區政府頒銀紫荊星章。歷任香港《基本法》諮詢委員會委員、港事顧問、香港特別行政區籌備委員會委員、香港特別行政區第一屆政府推選委員會委員，香港區第七、八屆全國人大代表，第九、十及十一屆全國政協委員，香港臨時市政局議員，香港南區區議員，及珠海市榮譽市民。

前 言

從 2018 年開始，我編著了一系列有關人類命運的演變和進化這一專題的書。初心是想解決達爾文的「生物進化論」（The Theory of Evolution or The Evolution of Biological Species，即達爾文在他 1859 年出版的 *The Origin of Species* 一書及他的其他著作中，所提出的生物進化理論）裏，並沒有詳細解決的，有關人類這最高等動物的命運，在進化過程中（the evolution of human destiny）所依循的軌跡、規律和機制等問題。

由於要講清楚這一個問題，我大量引用了擁有世界人類總人口五分之一的中華民族的命運的演變和進化過程作為例子，試圖說明其中所涉及的各種問題，特別是中華人民共和國自改革開放至今，這 40 多年內所涉及的問題。因為在這 40 多年的時間內，中國所經歷的翻天覆地的演變和進步，不但大大的改變了中國及中國人民的面貌和命運，同時還影響了全世界人類的進化步伐、未來的發展方向和文明的形態等。

在我編著這系列的第一本書《人類命運演進的動力——選擇和抉擇》時，我試圖說明中國在治國理政方面，雖然曾經犯過一些在決策方面的錯誤抉擇，但總的來說，並沒有犯過像蘇聯那樣無法糾正或不能逆轉的巨大錯誤。而特別關鍵的是，在實行改革開放的 40 多年內，中國在戰略和決策上，都作出了正確的選擇和抉擇，使中國的發展道路及「中國模式」，創造了人類歷史發展史上從未有過的世界奇蹟。故此，驅動人類命運進化的動力，雖然是必須來自人類作出的選擇和抉擇，但重要的是所作出的選擇和抉擇必須是正確的。這一點，中國是做到了。

我在這系列的第二本書《人類命運的演進印跡和路程》（修訂

版）中，為首次提出的「人類命運進化論」，提供了一些實質性的論據。

在這系列的第三本書《人類命運進化的基石及元素》裏，我為人類進入新時代，推動人類命運進化的基石及元素作出了分析。

在這系列的第四本書《誰是驅動人類命運演進的未來力量：中國模式+話語權 vs 西方模式+話語權》裏，我嘗試提供有力的論據，說明「中國模式」在驅動人類命運的演進上，是比「西方模式」更具力量。

在這系列的第五本書《人類命運演進的終極目標：中國必勝》中，我提供論據，闡明人類命運進化的最終目標，並不是走向什麼虛構的「天國」，或是追求美國自我界定的什麼「普世價值」，或是唯美國獨尊、唯美國是真理的「強權世界」，而只可能是中華民族歷來追求和希望在這地球上建立的「大同世界」。而這一「大同世界」能否實現，主要是看地球上的人（特別是美國人），能否認同、容忍、尊重和接受現今中國所走的道路，和中國所創建的發展模式（包括社會、文化、科技、政治、經濟、生態、文明體制等各方面），以及「人類命運共同體」的理念。

在編著這一系列的書時，我發現中國基本上已看通透及弄明白一個治國理政的重要道理，那就是任何外來有關治國理政的理論、概念、經驗和方法等，都必須予以「中國化」，與時俱進地作出創新，並實事求是地貫徹落實，才容易在中國實踐成功，及可以持續發展。這一條就是中國的必勝之路。

我編著這一系列書的另一個目的，是想給香港的中學生和大學生閱讀和作為參考，從而提高他們對事物的認知能力，增強他們對複雜問題的理解能力和分析能力，從而開闊他們的知識視野。由於我在書中大量引用了許多有關中國的原始資料，我相信這會有助學生，更正確地了解和認識自己國家的現狀、發展情況、願景和目的，以及現今中國在國際上所處的地位和重要性，從而增進學生對國家的熱愛，和身為中國人的認同感和自豪感，讓他們可以更有

自信地把中國的故事講好，把中國的文化繼續發揚光大，把中國的文明光耀四海，讓人類的命運可以朝正確的方向逐步邁進、持續發展和不斷進化。

在編著這些書的過程中，我得到許多人的幫助和鼓勵，在此衷心表示感謝。

徐是雄
2022 年 4 月

第 1 章

怎樣界定和理解「文明」

習近平指出：「中華民族有五千多年的文明歷史，創造了燦爛的中華文明，為人類作出了卓越貢獻，成為世界上偉大的民族」[1]。習近平所指的「文明」（civilization），我們應怎樣去理解和界定呢？因為只有對「文明」有一個清晰的界定和理解，我們才容易説清楚中國在這方面的貢獻；我們才容易肯定中華文明的價值；中國才有充足的理由可以繼續幫助人類推動構建世界文明的進程，參與現代文明的整體建設，以及未來文明的進一步創新、演變和多樣地持續發展。

在《中華文明史》一書的〈總緒論〉中，對文明作了這樣的闡釋：「人類的出現，特別是人類文明的出現，是宇宙間的一大奇蹟。人類既是文明的創造者，又是文明成果的體現者。人類在創造文明的過程中，不斷改變自己的生存方式；同時文明成果的積累也推動了人類的演進。人類自身和人類所創造的文明形成互動的關係。」[2]

李零教授在《文明的密碼》一書的〈引言〉中，對「文明」的概念有這樣的解釋。他説：「英語的 civilization 跟歸化有關：詞頭 civil，意思是公民的、本國的、有禮貌的、有教養的，詞尾 zation，表示『化』，化成本國人、開化人。」他又説：「現代漢語受日語影響，有所謂『講文明』。講文明是講外國禮貌，有紳士風度，甚至把紳士手中的拐棍叫做『文明棍』。日本人把『文明』翻譯 civilization，然而『文明』二字本借自漢語，先秦古書原來就有這個詞。」而「古之所謂『文明』，文指文采，對野而言；明指光明，

對暗而言。野雖粗鄙，卻有質樸的一面；暗是陰影，卻與光明相伴相隨。這個詞跟『啓蒙』（enlightenment）有關。啓蒙之意，一是把愚昧變成聰明，二是把黑暗變成光明。」[3]

以上李零教授從字源上，對「文明」的界定和理解，我認為還不能夠全面清晰地對「文明」的概念作出解釋。因為它少了現今人們不斷在追求和創造的各種新文明要素，以及這些文明要素所包涵的各種文明的動態和發展意識（civilization is not something that is static but dynamic and progressive）、現代化標準（modernization standards）和共同價值（common values）等。這是因為時代和人類社會是不斷在進步的，而文明的意識、標準、內涵等，當然也相應地會與時俱進，不斷演變和進化的。因此，我們對文明的界定和理解，就必須把文明的現代化、文明的先進性質和落後性質、文明的多樣性、文明的穩定性和持續性、文明的不斷推陳出新等概念及內容包括進去。而這些內容，正是我在這本書的以下章節內要闡釋清楚的問題。

中華文明的由來

劉慶柱在他所著的《不斷裂的文明史》一書中，對中國國家認同的五千年考古學的解讀指出：「中華五千年不斷裂文明之『文明』，是『國家』的同義語，是民族學、人類學、考古學的專用學術術語，文明時代是相對蒙昧時代、野蠻時代的不同社會形態而言的。……從考古學來說，蒙昧時代、野蠻時代與文明時代相當於考古學上的舊石器時代、新石器時代與青銅時代、鐵器時代……蒙昧、野蠻與文明社會是完全不同的社會形態，是人類社會從無『國家』到有『國家』的進程。文明時代與野蠻時代的根本區別在於，文明時代以國家出現為標誌。」[4] 那麼這種「國家」類型的文明出現了之後，又怎樣繼續演變和進化的呢？下面我用中國的文明或中華文

明的演變和進化過程作為例子，來說明一下。

　　李零教授在《文明的密碼》一書的〈引言〉中指出說：「小時候，我們都聽說過四大文明：埃及、巴比倫、印度、中國。其實，文明何止四種。歐洲有希臘文明和羅馬文明，西亞有兩河流域文明（包括亞述和巴比倫）和波斯文明、南亞有印度文明、東亞有中國文明、中美有瑪雅文明和阿茲特克文明，南美有印加文明，加起來至少也有十大文明。」[(3)] 但「這些文明，很多都是失落的文明，失落是常態，不失落是意外。像我們中國，至今在很多方面還保持着與古代的連續性，太不容易了。」[(3)] 不過我必須說，依我的看法，「中華文明」不但保持着與古代中國的連續性，並且還在持續發展、與時俱進地不斷作自身的優化及光大，形成一種我命名為「中華現代文明」（Chinese modern civilization），而大家都清楚知道，這一「中華現代文明」（註：我更喜歡稱它為「中華新文明」，而英文則可用 Chinese modern civilization 以與 5,000 years of Chinese ancient civilization 區別開來，見下面有關討論），正在影響着世界文明的前進步伐和發展方向。這我在以後的章節內還會作深入的討論和闡述。現在回來繼續說一下中華文明（註：這裏指的是廣義的「文明」（civilization）概念，而不是狹義的，如衣着文明、吃的文明、生活習慣上的文明等）。

　　李零教授指出，中國對「『文明』通常有兩套標準。一套是技術發明的標準，如金屬、城市、文字等。研究此類東西，當然離不開考古。文化歷史考古學以考古文化為研究目標，文明在考古文化之上，比考古文化大，比考古文化長。這類要素，在有些文明那裏是有缺失的，但中國文明是三大要素齊全的文明，在十大文明中，傳播範圍最廣，連續性最強。另一套是社會組織的標準，如私有制、貧富分化、社會分工、社會分層，以及是否形成複雜社會，特別是有無國家的出現。」[(3)] 而國家就是西方所謂的 nation。而「現代中國，除了推翻帝制、走向共和，無論國土規模、民族構成、政區結構，都是繼承古代中國。現代中國是歷史形成的中國，並不完全是

人為建構。」[3] 但我認為現代中國，除了繼承了古代中國的文明，更重要的是還與古代中國的文明有機地結合，構建和創造了一個社會主義（註：還在初級發展階段）現代化國家以及一種新的中國現代文明。不過，我認為這種現代文明的格局和形態，應被命名為「中華新文明」，因為它包括了各種在新中國成立之後所創造的許多新的文明要素，例如經濟文明、政治文明、文化文明、社會文明、生態文明、科學文明、創新文明、精神文明等要素。早在 1940 年，毛澤東就提出：「我們不但要把一個政治上受壓迫、經濟上受剝削的中國，變為一個政治上自由和經濟上繁榮的中國，而且要把一個被舊文化統治因而愚昧落後的中國，變為一個新文化統治因而文明先進的中國。」[5]

那麼中華現代文明的先進性又是怎樣建立起來的呢？

從宏觀的角度來看，中國要做到文明先進，首要就是如習近平所說：要「堅持獨立自主」，「要堅持中國的事情必須由中國人民自己作主張、自己來處理」[6]。換句話，就是要自己來發展，要走自己的路。因為世界上沒有放之四海而皆準的具體現代文明發展模式，也沒有一成不變的現代文明發展道路。「歷史條件的多樣性，決定了各國選擇發展道路的多樣性。」[6] 而人類歷史上，也沒有一個民族、沒有一個國家的文明，不是通過自己的努力而建立的。

張維為在他著的《文明型國家》一書中指出：「今天 21 世紀中國的崛起，其人口是十億級的，超過前兩批國家的人口的總和（註：張維為指的是美國+日本），這不是人口數量的簡單增加，而是一個不同質的國家的崛起，是一個五千年文明與現代國家重疊的「文明型國家」的崛起，是一種新的發展模式的崛起，是一種獨立政治話語的崛起，它給世界帶來的可能是新一輪的千年未有之大變局。」[7] 他還說：「中國的崛起是一個『文明型國家』的崛起，它的政治、經濟和社會模式在很多方面都與別人不一樣，過去不一樣，現在也與眾不同，未來也還是自成體系的。它有超強的歷史和文化底蘊，不會對別人亦步亦趨，它願意借鑒別人的一切長處，但

不會放棄自己的獨特性，它只會沿着自己特有的軌跡和邏輯發展，並深刻地影響人類和世界未來的發展。」[7] 我同意張維為這一觀點，但還想指出的是，中國之所以可以這樣，除上面所説的中國的人口數量、中國能自成體系和有超強的歷史和文化底蘊之外，還包涵例如中華民族所具有的高度凝聚力、韌性、根深蒂固的國家必須統一的思想和信念，以及任何人都難以憾動的中華民族的自我認同感、自豪感、核心價值觀，作為一個大國的責任感和擔當，及重視生命至上等標誌性的中華現代文明觀因素；同時還包括社會主義的核心價值觀，國家、集體、個人三者之間的價值關係；「小我」和「大我」之間的關係，也就是說要做到「從國家層面看，是富強、民主、文明、和諧；從社會層面看，是自由、平等、公正、法治；從公民個人層面看，是愛國、敬業、誠信、友善。」[8]

現今的中華文明是物質文明和精神文明
相協調的新文明

歐陽雪梅在〈推動「兩個文明」協調發展〉一文中，引習近平的話指出，中國要「實現中國夢，是物質文明和精神文明均衡發展、相互促進的結果。」而作者在文中還認定，「到本世紀中葉，一個富強民主文明和諧美麗的社會主義現代化強國將屹立在世界東方，這勢必深刻影響人類歷史過程，為人類文明進步作出巨大貢獻。」[5] 我很同意作者這一預判，因為「中國特色社會主義是物質文明和精神文明全面發展的社會主義，中國式現代化是物質文明和精神文明相協調的現代化。」[9] 這些可以說是「中華新文明」其中的一個重要內涵或特徵。其次，新中國成立之後，新中國對中華優秀傳統文化又作了許多創新性轉化和發展，為時代的進步，社會文明的提升，創造了展現機會，並使大量的中華文化潛力得到釋放。而有關中國文明的自主性，傳統文化的提升，以及物質文明和

精神文明相協調發展等這一系列特徵，我在本書第 3 章裏，還會有詳盡的討論，所以在這裏不贅。

中華新文明是一種「開放性」的文明

不過在這裏我必須指出，除以上這一系列文明要素之外，從宏觀的角度來看，「中華新文明」還有一個重要的內涵特徵，需要在這裏提一下，那就是中國文明的「開放性」。即是説中國文明是大海，能容納百川匯集，而不會引起或產生文明之間你死我活的衝突的。鄭永年在他著的《中國方案》一書中指出：「在漫長的中國歷史，開放是中國文明最主要的特徵。和其他基於宗教之上的文明不同，中國文明的主題是世俗主義。宗教文明的一個最大特點是排他性（exclusiveness），而世俗文明的最大特徵就是包容性（inclusiveness）。包容性的代名詞就是開放，就是説中國文明向其他文明開放，不排斥其他文明。中國文明在其發展史上已經包容其他很多文明因素，最顯著的當是其成功吸納了佛教文明。每次外來文明的到來，在最初必然構成挑戰和衝擊，但當成功吸納外來文明的時候，中國文明就會有長足的進步和發展。」[10]

小結

張維為在《文明型國家》一書中指出：「在數千年的歷史長河中，中國在大部分時間內都領先西方，中國落後於西方是近代發生的事情。今天中國崛起只是重返自己在世界上曾經享有過的崇高地位。中國是帶着孔子、孟子、老子、莊子、荀子、墨子、孫子等偉大先哲重新回到世界中心的，是帶着五千年偉大文明並汲取了包括西方文明在內的其他文明而重新回到世界中心的。」[7] 現在的

問題是，中國如何能站在這全球化時代的中心位置，繼續推動世界文明的不斷進步，持續為人類文明作出更多的貢獻。這在後面的章節中，我會進一步作更為詳盡的探討和闡釋。不過，為了方便討論和區分起見，我將文明及其要素予以歸類，分成三大類：

1.　屬「意識形態型的文明」，如全球文明、資本主義文明、社會主義文明、物質文明、精神文明、道德文明、人類進化文明、人權文明、人與自然和諧共生文明、人類命運共同體文明等；

2.　屬「廣義型的具體文明」，如政治文明、經濟文明、社會文明、科技文明、商業文明、生態文明、法治文明、數字文明、外交文明、網絡文明、外太空文明、西方文明、東方文明、宗教文明、城鄉一體化文明等；

3.　屬「狹義型的具體文明」，如飲食文明、衣着文明、媒體文明、交通文明、家庭文明、校園文明、城市文明、鄉村文明、環境文明、老年人文明等。

　　由於受到篇幅的限制，在本書內，我只選擇了以上每一種類型之中，大家比較關心和熱切想知道得更多的，對構建「中華新文明」以及創造人類文明更多新形態的，可以起到重要作用和具貢獻的那些文明要素，作詳細的討論，其他的就不一一展開討論了。

　　在 2021 年商務印書館出版了一本由文揚著作的，題為《文明的邏輯》的專著。在書的〈前言〉中，文揚指出：「文明作為一個問題，既古老，又新鮮。說古老，因為這個問題所關注的對象『人類文明』和『人類諸文明』都是極古老的事物，其歷史比任何專門領域的人類歷史——政治史、經濟史、社會史、文化史、民族史——都要更長，最長達萬年以上。說新鮮，因為把握該問題所使用的觀念，以及關於該問題的研究和爭論，都還很新。使用『不同文明』的概念對地球表面的人類社會進行系統的分類，是 19 世紀以後才開始的；引入『文明衝突』的概念對國際關係進行解釋和預測，是近幾十年的事；習近平主席代表中國提出『文明交流互鑒是

中國浙江省杭州良渚古城遺址公園的正門。良渚文化被視為中國史前文明的重要搖籃之一。（Shutterstock）

推動人類文明進步和世界和平發展的重要動力』這一『新文明觀』，是 2014 年以來的事；美國某官員將中國的崛起說成是西方世界首次面對來自『非高加索人種』的挑戰，再次引出文明間鬥爭的問題並遭到中國的駁斥，不過是近兩年的事。由此可見，文明理論作為一個研究領域尚待開發，相較於歷史學、人類學、考古學、社會學、國際關係學、國家理論、民族理論、文化理論等專門學科，其基本概念和各種主要關係，還都遠遠沒有形成共識。」[11]

　　在文揚的《文明的邏輯》一書中，他就「文明」的基本概念和各種主要關係等，深入地作出了討論（註：有興趣的讀者，請閱讀一下此書）。而我在本書則採用了與文揚不同的方法（different approach），試圖跳過有關「文明」的概念和各種複雜關係的評述，直接闡釋有關「中華文明」演變為「中華新文明」，以及「中華新文明」將怎樣影響和促進「世界新文明」的建立的要素和必然邏輯，供大家討論和參考。

其次，需要指出的是，由於篇幅的限制，一些有關怎樣把中華文明中的傳統文化軟實力保護好、傳承好、發展好，讓中華文明的精神，可以賡續發揚的問題，在這裏就不展開討論了。但在中華文明演進的過程中，有兩個方面的問題值得注意和牢記。

1. 中華文明的思想內涵——《中華文明史》的編著者指出，中華文明的思想內涵可以概括為以下幾個方面：「陰陽觀念、人文精神、崇德尚群、中和之境、整體思維。」而我認為在這幾個方面，「人文精神」是最具代表性和影響力。「中華文明是以人為中心的文明，以人為主體的文明，人和人的關係遠比人和神的關係重要。……中國雖然也有宗教，也有神學，但宗教和神學沒有取得像歐洲那樣至高無上的地位。中國沒有國教，沒有教皇，沒有宗教裁判所。中國的文學藝術雖然也和宗教發生關係，但宗教的題材遠不如歐洲那樣盛行和重要。中華文化所崇拜的是祖先，注重的是祭祖，或者崇拜和祭祀那些為民族的生存和發展作出過突出貢獻的人。」[2]

2. 中華民族的多元化及吸收外來文化的能力——「中華民族從一開始就是多元的，在漫長的發展過程中，漢族不斷與周圍的民族相融合，形成出 56 個民族組成的大家庭。在這過程中，只有加入進來的，沒有分裂出去的。因此，中華文明的發展史從一個側面來看，就是民族融合的歷史，中華民族的燦爛文明是 56 個民族共同的創造。其次，外來文化的吸收，中華文明和域外異質文明的接觸，無論是與印度佛教文明的接觸，還是對西方近代文明的引進，都促進了中華文明的發展。」[2] 這將會在本書的多個章節中談及，這裏不贅。

最後我想指出一點，在本書中我把注意力主要集中在文明的發展方面，而沒有把焦點聚焦在文化方面。這主要是因為現今我們人類已進入全球化時代，人類在全球文明方面的發展，會愈來愈佔主導的地位。而文化一般來說，由於其地方性色彩濃厚，並會受到

其具體的特殊性（例如：區域、民族、習俗、信仰、文字、語言等）在一定程度上的局限、或缺乏普遍性和難以被所有國家接受等因素的影響；所以總的來說，文化對人類命運和文明的進化的影響，在未來將會是愈來愈弱。但如果從人類整體性的進化，和可持續發展的角度來看，我們不但除必須繼續不斷推進各種文明的發展之外，還必須要開放包容地去擁抱各種文明存在的差異性。我們更不應排斥各種不同的文化的自身發展潛力，因為我們要認識到，不同的文化仍然是支撐和推動文明多樣性的發展及進化，不可或缺的重要因素和規律。

　　而我深信，未來中國共產黨如能「繼續團結帶領中國人民埋頭苦幹，勇毅前行，為實現第二個百年奮鬥目標、實現中華民族偉大復興的中國夢而不懈奮鬥，一定能夠不斷為人類文明進步貢獻智慧和力量。」[12]

參考資料

1.　習近平，〈新時代中國共產黨的歷史使命〉(2017 年 10 月 18 日)，《論中國共產黨歷史》。2021 年，中央文獻出版社，第 179 頁。

2.　袁行霈、嚴文明等編，《中華文明史》。2006 年，北京大學出版社。

3.　李零、劉斌、許宏等著，《文明的密碼》。2020 年，香港中和出版，第 2、4 頁。

4.　劉慶柱，《不斷裂的文明史》。2020 年，四川人民出版社。

5.　歐陽雪梅，〈推動「兩個文明」協調發展〉。2021 年 4 月 16 日，《人民日報》。

6.　習近平，〈在紀念毛澤東同志誕辰一百二十週年座談會上的講話〉(2013 年 12 月 26 日)，《論中國共產黨歷史》。2021 年，中央文獻出版社，第 64 頁。

7.　張維為，《文明型國家》。2018 年，開明書店，第 iv、164 頁。

8.　施芝鴻，〈奪取中國特色社會主義新勝利的政治宣言〉。2021 年 4 月 23 日，《人民日報》。

9.　習近平，〈在慶祝中國共產黨成立 95 週年大會上的講話〉，《求是》雜誌第 8 期。見 2021 年 4 月 16 日，《人民日報》。

10.　鄭永年，《中國方案》。2020 年，開明書店，第 13 頁。

11.　文揚，《文明的邏輯》。2021 年，商務印書館。

12.　〈不斷為人類進步事業作出新的貢獻 (和音)〉。2021 年 11 月 16 日，《人民日報》。

第 2 章
中華文明的歷史發展進程

自古中國以農立國，我們中華文明的基礎因此是農業文明。從農業文明轉變成現代的工業文明，是新中國成立之後才發生和出現的事。

追溯世界工業文明的發展歷程，我們清醒知道中國在第一次工業革命，即 18 世紀 60 年代至 19 世紀中期，人類開始進入蒸汽機時代——中國在這第一次工業革命時期，完全沒有參與和作出什麼大的貢獻。

到了第二次工業革命時期，即 19 世紀下半葉至 20 世紀初，人類進入電氣化時代，並在信息和資訊（例如電話、電報、電訊、電視等）方面有了巨大的發展——而中國在這一電氣化時代，也沒有參與和作出什麼巨大的貢獻。

到了第三次工業革命時期，即 20 世紀後半期，約在第二次世界大戰之後，人類快速進入了高科技時代，航天科技、生物科技、自動化、產業革命等都有了跳躍式的進展。在這一時期，中國的農業文明開始朝着工業文明轉變。新中國成立初期至 20 世紀 80 年代，中國為建設成一工業國，進行了重點性的鋪墊工作。在這基礎上，由 80 年代至今的改革開放（1980–2021），中國在短短的 40 多年期間，打造成一個人類歷史上規模最大，體系最完整、學習能力最強的製造業大國。這一時期可以說是中國歷史的重要分界：即從農業文明為主的文明，轉變為工業文明導向的文明。用另一種說法來形容，就是中國基本上建立了一個適合現代化工業發展的現代社會文明（即「中華現代文明」或「中華新文明」）。其重要性，從

人類文明的發展及其影響力的角度來衡量，不亞於文藝復興（Renaissance），宗教改革（Religious reformation），啟蒙運動（Enlightenment），法國革命（French Revolution），及第一、第二次工業革命（Industrial Revolution）。

　　現今中國正進入第四次工業革命，並且在許多方面已站在引領的位置，譬如在互聯網+、物聯網等技術及 5G 等的基礎上，已基本完成了 3.5 次工業革命階段，現今正朝着生物科技（包括基因工程、醫療科技）、量子技術、新材料（包括石墨烯）、圖數據庫的建立、核聚變、人工智能、太空科技等方面快速發展，並不斷在加大力度建設智慧治理能力，統籌推進智慧城市、智慧社區基礎設施、系統平台和應用終端，強化數字賦能，聚焦數字經濟、數字社會、數字政府、數字管治、數字法治、數字鄉村等建設。

　　秦宣 2021 年 4 月 20 日在《人民日報》撰文指出：中國用了「幾十年的時間走完了發達國家幾百年走過的工業化歷程，創造了舉世矚目的發展奇跡。」[1] 他並指出：「中國式現代化的成功實踐表明，西方現代化道路並非人類通向現代化的唯一道路，中國式現代化道路拓展了發展中國家走向現代化的途徑，給世界上那些既希望加快發展又希望保持自身獨立的國家和民族提供了全新選擇。」[1] 他還指出：「不同國家由於歷史文化、基本國情、歷史使命不同，選擇的現代化道路也會有所不同。」[1] 我很同意秦宣的觀點，但我想指出的是，不同的國家和民族所選擇的現代化道路，雖然會有所不同，但從人類發展的角度來看，人類需構建世界現代文明的必要性這一觀點，已形成了共識；但當然離開具體實現這一目標，仍然還有相當遠的一段距離。不過中國也正在這方面不斷努力，而且由於中國的特色社會主義制度的發展規劃，較為有效和目標清晰，所以與別的國家比較，在發展方面都會顯得快一些。這已有大量事實可以證明，這裏就不展開討論了，而只想着重地討論一下，中國未來在這方面的設想和規劃。

創新是構建「中華現代文明」（或「中華新文明」）的核心

在 2020 年 10 月 29 日，中國共產黨第十九屆中央委員會第五次全體會議通過的《中共中央關於制定國民經濟和社會發展第十四個五年規劃和二〇三五年遠景目標的建議》（下面簡稱《建議》）中指出：中國「到 2035 年基本實現社會主義現代化，到本世紀中葉把我國建成富強民主文明和諧美麗的社會主義現代化強國。展望 2035 年，我國經濟實力、科技實力、綜合國力將大幅躍升，經濟總量和城鄉居民人均收入將再邁上新的大台階，關鍵核心技術實現重大突破，進入創新型國家前列；基本實現新型工業化、信息化、城鎮化、農業現代化，建成現代化經濟體系；基本實現國家治理體系和治理能力現代化，人民平等參與、平等發展權利得到充分保障，基本建成法治國家、法治政府、法治社會；建成文化強國、教育強國、人才強國、體育強國、健康中國、國民素質和社會文明程度達到新高度，國家文化軟實力顯著增強；廣泛形成綠色生產生活方式，碳排放達峰後穩中有降，生態環境根本好轉，美麗中國建設目標基本實現；形成對外開放新格局，參與國際經濟合作和競爭新優勢明顯增強；人均國內生產總值達到中等發達國家水平，中等收入群體顯著擴大，基本公共服務實現均等化，城鄉區域發展差距和居民生活水平差距顯著縮小；平安中國建設達到更高水平，基本實現國防和軍隊現代化；人民生活更加美好，人的全面發展、全體人民共同富裕取得更明顯的實質性進展。」[2]

從以上對 2035 年遠景目標的描述，我們已可以看到中國正在構建的「中華新文明」的大致輪廓。而我認為中國在構建「中華新文明」方面最突出和最關鍵要做到的一點，就是堅持創新驅動發展、創新引領發展、用創新塑造未來的文明。

《建議》還指出要把創新放「在我國現代化建設全局中的核心地位，把科技自立自強作為國家發展的戰略支撐，面向世界科技

前沿、面向經濟主戰場、面向國家重大需求、面向人民生命健康，深入實施科教興國戰略、人才強國戰略、創新驅動發展戰略，完善國家創新體系，加快建設科技強國。」(2) 用創新來強化國家戰略科技力量，用創新來提升企業技術能力，用創新來激發人才創造活力，用創新來完善科技新體制機制等。

　　中國人民大學國家發展與戰略研究院研究員徐尚昆 2021 年 4 月 26 日在《人民日報》撰文指出：「今年全國兩會上，習近平總書記在看望參加政協會議的醫藥衛生界教育界委員時強調：要增強教育服務創新發展能力，培養更多適應高質量發展、高水平自立自強的各類人才。」(3) 他還指出：「當今世界面臨百年未有之大變局，國際國內環境發生深刻複雜變化，新一輪科技革命和產業變革正在孕育興起。面對更加激烈的科技競爭，如果科技創新搞不上去，發展動力就很難實現成功轉換。因此，必須把創新作為引領發展的第一動力，把人才作為支撐發展的第一資源，努力建設一支規模宏大、結構合理、素質優良的創新人才隊伍，激發各類人才創新活力和潛力。」(3) 他認為：「創新特別是原始創新是對未知領域的艱苦探索。不僅需要強大的內驅力和追求真理的熱忱，也離不開一批又一批科技創新人才的持續發力。事實上人才是創新的根基，創新驅動說到底是人才驅動。事實早已證明，誰擁有一流的創新人才，誰就擁有了科技創新的優勢和主導權。換言之，誰能率先建立起完備的創新型人才培養和激勵機制，誰就能通過科技和人才創造源源不斷的價值。這都需要從教育上用心着力，在增強綜合素質上下功夫，教育引導更多人培養綜合能力，培養創新思維。」(3)

　　中宣部部長黃坤明 2021 年 4 月 25 日在第四屆數位中國建設峰會開幕式上強調：中國在創新方面，特別是在推進數位或數字中國建設方面必須「堅持自立自強、創新引領，高標準高品質推進數位中國建設，為奮進新征程提供新動能、塑造新優勢。」(4) 因為只有這樣，中國的數位或數字經濟規模，才可以「不斷壯大，資訊便民惠民加速普及，數位治理格局日益完善，數位中國建設擁有堅

實基礎，展現出更加廣闊的前景」[4]；才能「加快數位化智能化發展」[4]。所以中國必須「要堅持以科技自立自強為戰略支撐」，因為只有這樣中國才能繼續「推進開放創新，激發各類創新要素資源活力」[4]。我很同意徐尚昆和黃坤明的觀點。對中國來說，如要在這第四次工業革命時期起引領作用，更好地發揮中國人的智慧和把中華新文明建立起來，從而助推世界文明的發展更上一層樓，中國必須在發展的各方面擁抱創新，而就香港的未來發展來說更應如此。

有關這一個問題，很高興見到《文匯報》在 2021 年 4 月 21 日登載了一篇題為〈融入灣區創新發展，政府需加強主導引領〉的社評。社評明確指出：香港必須融入粵港澳的未來發展，而「合力打造創新產業鏈，是當前大灣區發展的核心要務。」[5] 現今「廣東九市創新鏈發展快捷、增長潛力巨大，相比之下香港行動不夠迅速，亟需急起直追。香港要融入灣區創新產業鏈，特區政府要發揮主導作用，做好規劃與投入，與灣區協同制度創新、大膽先行先試，加速推動創新要素跨境流動，合力吸引國際創科人才和資本落戶。」[5]

社評還明確指出：「建設國際創新科技中心，推進高質量粵港澳大灣區發展規劃綱要、國家『十四五』規劃的重要內容，粵港澳大灣區科技創新發展要素齊全，又具有『一國兩制』、3 個司法區、3 種貨幣的制度優勢，三地如何根據不同功能和定位，做好自身規劃錯位發展，合力打造具世界水準的科技創新產業鏈，推動大灣區高質量發展，是當前灣區各城市面臨的緊迫挑戰。」[5]

社評還進一步指出：「大灣區打造世界級創新產業鏈，灣區廣東 9 市已快步推進，形成包括廣深科技創新帶及多個戰略科技創新平台在內的灣區創科東西大走廊。緊鄰香港的深圳，被國家賦予建設綜合性國家科學中心重任，過去一年，深圳灣實驗室、人工智慧與數字經濟廣東省實驗室、第三代半導體國家技術創新中心和國家高性能醫療器械創新中心等創新項目快速推進，深圳創新載

體累計達到 2,693 家，國家級高新技術企業突破 1.85 萬家，排名
全國第二。當今世界創科發展，政府規劃與投入是關鍵的引領力
量。美國總統拜登上任後，即提出 2.3 萬億美元基建計劃，當中就
包括加強半導體等高新產業發展，近期國會兩黨共同支持立法，將
聯邦政府科學機構更改為國家科學技術基金會，並授權該機構在 5
年內投入 1,000 億美元，用於人工智能、機器人、高性能計算和技
術的研究，並將授權商務部追加投資 100 億美元，指定至少 10 個
區域技術中心，用於關鍵技術的研究、開發和研究開發和製造。深
圳市政府近期通過推進大灣區綜合性國家科學中心建設 2021 年工
作要點，計劃在 2022 年基本形成科學先行驅動區的框架體系。特
區政府既要看到融入灣區，共同創新的必要迫切，更要做好規劃、
加強投入、切實行動，充分發揮本港的研發、金融優勢，加強與灣
區的產業分工與共贏合作，切實開創灣區創新發展的新局面。」[5]
假如在這第四次工業革命期間，香港再不加努力做出成績，那將是
極大的遺憾。所以香港必須振作起來，在疫後時代的方方面面大力
鼓勵創新發展，這可以說是唯一的正道。

實現邁向數字文明新時代

習近平在 2021 年 9 月 26 日，向 2021 年世界互聯網大會烏鎮峰會
致賀信，在信中習近平指出：「數字技術正以新理念、新業態、新
模式全面融入人類經濟、政治、文化、社會、生態文明建設各領域
和全過程，給人類生產生活帶來廣泛而深刻的影響。當前，世界百
年變局和世紀疫情交織疊加，國際社會迫切需要攜起手來，順應信
息化、數字化、網絡化、智能化發展趨勢，抓住機遇，應對挑戰。
中國願同世界各國一道，共同擔起為人類謀進步的歷史責任，激發
數字經濟活力，增強數字政府效能，優化數字社會環境，構建數字
合作格局，築牢數字安全屏障，讓數字文明（digital civilization）

造福各國人民，推動構建人類命運共同體。」[6] 國務院副總理劉鶴在同一峰會上也強調指出：「要讓數字文明造福各國人民，推動構建人類命運共同體。」[7] 他還指出：「互聯網不斷拓展新邊疆，已經對產業發展、經濟結構、社會生活和國際格局產生深刻影響。當前互聯網發展躍升到全面滲透、跨界融合的新階段，數字技術深度改造生產函數並不斷創造新業態，為各國帶來新的發展機遇。科技向善是人類命運共同體的內在要求，世界各國要共同維護基礎設施的安全可靠，堅持科技倫理，打擊網絡不法行為，真正保護公平競爭和推動創新，合理界定數字產權。」[7] 劉鶴還強調：就中國來說，「中國宏觀經濟總體穩定，有經驗和能力管控風險，發展前景十分光明，將堅定不移推動改革開放和高質量發展，大力加強新型基礎設施建設，推動軟件產業發展，持續完善市場化、法治化、國際化營運環境，擴大高水平對外開放，堅持『兩個毫不動搖』，支持民營經濟健康發展，支持企業家創新創業，支持互聯網和數字經濟健康發展。」[7]

小結

習近平在 2021 年 9 月 24 日，向 2021 中關村論壇視頻致賀時清楚表示：「中國高度重視科技創新，致力於推動全球科技創新協作，將以更加開放的態度加強國際科技交流，積極參加全球科技創新網絡，共同推進基礎研究，推動科技成果轉化，培育經濟發展新動能，加強知識產權保護，營造一流創新生態，塑造科技向善理念，完善全球科技治理，更好增進人類福祉。」[8]

　　其次，從上面的討論，我們還可以清楚看到，創新將成為中國構建「中華新文明」（或「中華現代文明」）的核心要素。假如我們回顧一下中國歷史，我們應知曉「創新意識」，是中國科技文明最欠缺的一個重要關鍵環節，一塊非常突出的短板。而我認為這一

缺失，是導致中國的科學文明，只能在古代輝煌一段時間，而無法在近代的世界科技發展的範圍內，在西方科技、經濟、社會現代化的過程中，佔一具影響力的席位和起到引領的作用。

但這一塊短板，中國在不久的將來，不但會很快就把它補上，並且在發展速度方面，還會愈來愈快、愈來愈超前。在現今中國這一「創新爆炸」時代（China's Innovation Development Explosion Phase，CIDEP），我認為，這一階段是可以被看作為中國文明發展史上的「創新階段」（Chinese Civilization's Innovation Period）。而這一 CIDEP 的存在和發展，已成了無人能阻擋的趨勢，構建「中華新文明」的壓艙石，助推建設人類世界文明的火車頭和引擎。而這一階段的出現，與舊中華文明的長期缺少顛覆性的突破，形成了鮮明的對比。即是說，經歷了差不多五千年輝煌的中國古代文明（Chinese Ancient Civilization，即中華文明）的「固化停滯」（static）階段，中國現今正在進入一個全新的「中華新文明」（Chinese Modern Civilization）發展階段或時代。

而我估計，這一新文明階段的存在，如無意外的話（譬如大型戰爭等），最少可以持續發展上千年！特別是數字經濟的發展，以及「數字文明」和「創新文明」所起的作用，對科技創新，助推建立中華新文明，增進人類的福祉，推動人類命運的進化等，將不但會功不可沒，並且是前途無限！不過，中國移動通信集團董事長楊傑也指出：現今「我們正處於從工業文明邁入數字文明的重要關口，相關的變革不僅帶來數字經濟的蓬勃發展，也將推動人類文明邁向新的更高的台階。」[9] 而浪潮集團執行總裁王洪添亦指出：「雲計算是構建數字文明的基礎，大數據是構建數字文明的核心，人工智能是構建數字文明的推手，我們將立足以雲數智等新一代信息技術，積極推動經濟社會向數字文明新時代邁進。」[9] 所以在未來的歲月，我們不僅要借助科技創新自己好好的發展，並且還要好好的造福世界，讓全人類共享科技創新發展和「創新文明」的紅利。

　　但無論是推動科技創新，抑或提升數字文明，抑或加速建設創新和數位高地，中國很明顯的必須全面地先做好培養人才、團結人才、引領人才、成就人才的工作，而中國也正是在這樣做。在 2021 年 9 月 27 日，習近平在北京出席中央人才工作會議時指出：中國必須做到，「一是堅持黨對人才工作的全面領導，二是堅持人才引領發展的戰略地位，三是堅持面向世界科技前沿、面向經濟主戰場、面向國家重大需求、面向人民生命健康，四是堅持全方位培養用好人才，五是堅持深化人才發展體制機制改革，六是堅持聚天下英才而用之，七是堅持營造識才愛才敬才用才的環境，八是堅持弘揚科學家精神。」[10] 在會上習近平還強調：中國一定要「深入實施新時代人才強國戰略，全方位培養、引進、用好人才，加快建設世界重要人才中心和創新高地，為 2035 年基本實現社會主義現代化提供人才支撐，為 2050 年全面建成社會主義現代化強國打好人才基礎。」[10] 可見中國在深入實施新時代人才強國戰略，加快建設世界重要人才中心和創新高地的強大決心，為構建數字文明、創新文明和中華新文明，正在不斷打好基礎。

參考資料

1. 秦宣，〈中國共產黨與中國式現代化〉。2021 年 4 月 20 日，《人民日報》。

2. 〈中共中央關於制定國民經濟和社會發展第十四個五年規劃和二〇三五年遠景目標的建議〉，《中國共產黨第十九屆中央委員會第五次全體會議文件彙編》。2020 年，新民主出版社，第 17、22、23、24 頁。

3. 徐尚昆，〈培養更多新時代的創新人才〉。2021 年 4 月 26 日，《人民日報》。

4. 黃坤明，〈堅持自立自強、創新引領高標準高質量推進數位中國建設〉。2021 年 4 月 26 日，《人民網－人民日報》。

5. 〈融入灣區創新發展　政府需加強主導引領〉。2021 年 4 月 21 日，《文匯報》，「社評」。

6. 習近平在 2021 年 9 月 26 日向 2021 年世界互聯網大會烏鎮峰會致賀信。2021 年 9 月 27 日，《人民日報》。

7. 劉鶴在 2021 年世界互聯網大會烏鎮峰會上的發言。2021 年 9 月 27 日，《人民日報》。

8. 習近平 2021 年 9 月 24 日在視頻致賀中關村論壇。2021 年 9 月 25 日，《大公報》。

9. 〈讓數字文明造福各國人民〉。2021 年 9 月 27 日，《人民日報》。

10. 〈深入實施新時代人才強國戰略，加快建設世界重要人才中心和創新高地〉。2021 年 9 月 29 日，《人民日報》。

第 3 章
物質文明和精神文明

人類生活在地球上，不斷追求幸福。而人類能否幸福，主要看人類自己能否滿足自己在物質和精神方面的需求。由於人類不斷在這方面有需求，以及對美好生活不斷的嚮往，所以人類逐漸為自己創造了一個物質文明和精神文明持續不斷提升的世界。中國共產黨在中國掌控了政權之後，希望能為中國人民創建一個物質文明和精神文明現代化的社會主義國家。但自新中國成立至今，大家可以看到，中國在物質文明方面的成績是巨大的，而且比精神文明方面的建設來得快很多。這就是為什麼汪洋要在圍繞「推進新時代博物館事業高質量發展」協商議政時提醒大家說，我國的現代化必須是「物質文明和精神文明相協調的現代化」[(1)]。

由於中國在精神文明方面的現代化步伐，比物質文明現代化的步伐來得緩慢，所以在《中共中央關於制定國民經濟和社會發展第十四個五年規劃和二〇三五年遠景目標的建議》（下面簡稱《建議》）中特別強調，今後必須要做到使「社會文明程度得到提高。社會主義核心價值觀深入人心，人民思想道德素質，科學文化素質和身心健康素質明顯提高，公共文化服務體系和文化產業體系更加健全，人民精神文化生活日益豐富，中華文化影響力進一步提升，中華民族凝聚力進一步增強。」[(2)] 而習近平更指出：中國應「堅定文化自信，推動社會主義文化繁榮興盛。」因為「文化是一個國家、一個民族的靈魂。文化興國運興，文化強民族強。……中國特色社會主義文化，源自於中華民族五千多年文明歷史所孕育的中華優秀傳統文化，熔鑄於黨領導人民在革命、建設、改革中創

造的革命文化和社會主義先進文化，植根於中國特色社會主義偉大實踐。發展中國特色社會主義文化，就是馬克思主義為指導，堅守中華文化立場，立足當代中國現實，結合當今時代條件，發展面向現代化、面向世界、面向未來的、民族的、科學的、大眾的社會主義文化，推動社會主義精神文明和物質文明協調發展。要堅持為人民服務、為社會主義服務、堅持百花齊放，百家爭鳴，堅持創造性轉化、創新性發展，不斷鑄就中華文化新輝煌。」[3]

　　現今，中國特色社會主義的建設已進入新時代。所以《建議》還清楚地提出：「到 2035 年基本實現社會主義現代化，到本世紀中葉把我國建成富強民主文明和諧美麗的社會主義現代強國。」[2]因此，擺在我們國人面前要完成的工作是非常之多。但我認為，首先我們必須把社會主義精神文明和物質文明協調發展的工作抓緊做好，因為進入新時代，我們急切需要為新時代構建一套新時代的新文明和新精神文明標準。這我用一個簡易的公式來表示，即：

　　　　「中國特色社會主義文明」（或「中華新文明」）
　　　　＝「中華傳統文明」＋「社會主義新文明」

　　那麼，什麼是「社會主義新文明」？在社會主義新文明發展方面，至今中國到底有哪些成就，以及還有哪些要素（特別是在精神文明方面的要素）和短板需要予以補上的呢？下面讓我扼要地舉幾個例子說明一下：

　　譬如在構建「社會主義新文明」時，在精神文明建設方面，我認為最少要涵蓋以下幾方面的要素，即：

要素（1）：堅持和發揚光大不屈不撓、刻苦耐勞的拼搏精神

　　王晨〈在百年黨史中熠熠生輝的延安精神〉一文中指出：中國共產黨「之所以歷經百年而風華正茂、飽受磨難而生生不息，就是憑着那麼一股革命加拼命的強大精神」或稱「延安精神」。而「延安精神的主要內容包括堅定正確的政治方向，解放思想、實事求是

的思想路線，全心全意為人民服務的根本宗旨和自力更生、艱苦奮
鬥的創業精神。」(4)

要素（2）：優化生育促進人口長期均衡發展的政策

　　中共中央政治局在 2021 年 5 月 31 日召開會議，根據中國人
口發展的變化形勢，審議了《關於優化生育政策促進人口長期均衡
發展的決定》（以下簡稱《決定》）。《決定》規定要「進一步優化生
育政策，實施一對夫妻可以生育三個子女政策及配套支持措施，有
利於改善我國人口結構、落實積極應對人口老齡化國家戰略、保持
我國人力資源稟賦優勢。」(5) 大家都知道，長期以來我國實施獨
生子女政策，之後，根據我國人口發展形勢，先後作出實施單獨兩
孩、全面兩孩政策，到現今決定三孩政策，都是把注意力集中在不
要讓人口過分快速膨脹或萎縮，因而影響到經濟的發展和社會的
承載力等，但卻較少擔心人口政策也會影響人民在精神文明方面
的發展。而事實證明，人口政策是會直接影響婚嫁、生育、養育、
教育、適婚青年的婚戀觀、家庭觀，及婚嫁陋習天價彩禮等不良社
會風氣等，這些都屬於精神文明方面的問題和思想行為，這是一塊
短板，需盡快予以補上，不然就會給精神文明建設帶來許多負面影
響。

　　同樣道理，除「要貫徹落實積極應對人口老齡化國家戰略，
加快建立健全相關政策體系和制度框架。要穩妥實施漸進式延遲
法定退休年齡，積極推進職工基本養老保險全國統籌，完善多層次
養老保障體系，探索建立長期護理保險制度框架，加快建設居家社
區機構相協調、醫養康養相結合的養老服務體系和健康支撐體系，
發展老齡產業，推動各領域各行業適老化轉型升級」之外，像「大
力弘揚中華民族孝親敬老傳統美德，切實維護老年人合法權利」(5)
等這些屬於精神文明建設方面的問題，也必須同樣給予重視，才能
把物質文明和精神文明相協調的現代化搞好，才能把優化生育和
人口老齡化等方面的工作做好、把問題解決好。

要素（3）：腐敗是精神文明的大敵，要解決好腐敗問題

　　趙樂際於 2021 年 6 月 2 日在由聯合國主辦的「預防和打擊腐敗的挑戰和舉措，加強國際合作」的視頻會議上指出：「中國共產黨和中國政府旗幟鮮明的反對腐敗，不斷完善中國特色社會主義監督制度，深入探索黨長期執政條件下實現自我淨化的有效路徑。……為國家長治久安和持續發展提供了堅強保障。」中國「堅持有腐必反、有貪必肅，無禁區、全覆蓋、零容忍，『打虎』『拍蠅』『獵狐』多管齊下，推動反腐敗鬥爭取得壓倒性勝利，並全面鞏固。堅定以人民為中心，堅決整治群眾身邊腐敗和不正之風，以強有力的監督檢查，保障疫情防控取得重大戰略成果，保障脫貧攻堅取得全面戰勝。堅持一體推進不敢腐、不能腐、不想腐，建立起集中統一、全面覆蓋、權威高效的監督體系，把依法懲治、制度約束、教育引導結合起來，提升腐敗治理效能。」同時「中方就反腐敗國際合作提出四項主張：第一，堅持公平正義、懲惡揚善，對腐敗問題秉持零容忍態度、打造零漏洞制度、開展零障礙合作、反對以任何藉口為腐敗分子和腐敗資產提供避風港。第二，堅持尊重差異、平等互鑒，尊重各國主權、政治制度和法律體系，尊重各國自主選擇反腐敗道路的權利，反對以反腐敗為由濫用『長臂管轄』，甚至干涉他國內政。第三，堅持合作共贏、共商共建，維護多邊主義，在協商一致基礎上完善全球反腐敗治理規則體系。第四，堅持信守承諾、行動優先，全面履行國際義務，廣泛締結引渡、刑事司法協助條約，消除追逃追贓各種障礙，讓腐敗分子無所遁形。」[6]

　　以上趙樂際所闡述的，有關中國在自己國家所採取的預防和打擊腐敗的舉措，以及他同時提出的應怎樣加強國際合作反腐的建議，不但為中國的長治久安和持續發展提供了堅強保障，同時也為全球性的（即為所有的國家）長治久安和持續發展，提供了一個大家可以共同努力的目標。我認為假如我們真的能夠做到這一點，那麼對人類精神文明的提高和進步，將會起到巨大的促進作用。大家不要忘記，腐敗是精神文明最大的敵人和破壞者。

要素（4）：學好「四史」提升精神文明素質

在 2021 年 6 月 1 日出版的第 11 期《求是》雜誌，發表了習近平的一篇題為〈學好「四史」，永葆初心、永擔使命〉的文章。文章中習近平所指的「四史」就是：黨史、新中國史、改革開放史、和社會主義發展史。習近平還明確指出：「學史明理、學史增信、學史崇德、學史力行。」[7] 所以要教育引導「各族群眾樹立正確的國家觀、歷史觀、民族觀、文化觀、宗教觀，培育和踐行社會主義核心價值觀，不斷增強各族群眾對偉大祖國、中華民族、中華文化、中國共產黨、中國特色社會主義的認同。」[7] 我認為，這些學習對於抓好青少年學習教育都很重要，不過這些應屬中小學生的基礎教育，從而增進學生的政治認同、思想認同、理論認同、情感認同。但對於大學生來說，還需要開設一些與「四史」有關的專題課程，讓學生可以更深入理解有關思想的理論邏輯、歷史邏輯、實踐邏輯。其次，我認為還應為所有的大學生，增加一門有關「人類文明史」（包括物質文明史及精神文明史——從前、現在、將來）的教育學習，以增加和豐富高校學生的知識面和國際視野，啟發學生較高層次的思考，提升學生的精神文明素質，達到立德樹人的目的。而這一門課程，我認為全世界所有大學的大學生都應修讀，這樣我們人類才容易互相理解、包容、及和平共存。

要素（5）：完善數字科技和數字經濟建設，進一步提升人類精神文明的素質

有關數字科技、數字經濟、互聯網、人工智能等的發展，對人類社會的巨大和顛覆性的影響，我在拙著《人類命運演進的終極目標：中國必勝》一書中已談及（同時也見本書第 2 章的有關討論）。因此，在這裏我就不再重複了。我只想指出，正如張頤武所說：「互聯網、大數據的加速發展，給人們帶來了日新月異的數字生活。」但「與此同時，短視頻的沉迷、遊戲成癮等現象，也正在成為人們生活中的『數字煩惱』。……近年來，短視頻的流行成為

互聯網發展的趨勢之一，也成為互聯網文化產業的重要增長點。一方面，網絡視頻特別是短視頻的興起，以生動形象的片斷性呈現、多元化題材，滿足網民多樣化需求；另一方面，短視頻也具有社交功能，能夠通過拍攝、觀看和點讚評論等行為，讓用戶之間形成互動。正因如此，隨着 5G 技術的普及和網速進一步提升，短視頻成為互聯網用戶日益依賴的內容產品，也成為很多青少年重要的娛樂方式。」不過，同時也「需要看到，短視頻沉迷有其內在原因。短視頻的內容和類型都很豐富，既有生活的記錄和抓取，也有類似原創短劇的展示，還有各種知識的普及，滿足了很多人的好奇性。同時視頻的長度又非常符合注意力法則，往往具有順暢的用戶體驗，手指一劃就能切換內容。此外，短視頻平台還能根據算法，按用戶偏好推算相應的內容。對那些缺乏時間管理觀念和自我約束意識的用戶尤其是青少年來說，產生了一定的負面影響。譬如，造成了大量的時間浪費，工作、學習及乃至休息時間被佔用；專注力受到干擾，很難持續關注較長連續性的時間；觀看大量無意義的內容造成生活本身的空洞化；人際交往能力和社會現實感欠缺，等等。」[8] 這些現象對精神文明的建設，的確帶來許多麻煩、問題和挑戰。而有關短視頻的影響，只是問題的冰山一角。所以，我們必須「要鼓勵青少年養成更強的自主和自覺意識，形成正常多樣的愛好和積極合理的交往，涵養更加健康積極的生活觀，對於學習和工作的專注力，更加自信地擁抱正向、有更高文化含量的數字化時代。」[8] 只有這樣，我們才能跳出數字化時代或「數字文明」所帶給我們在數字科技、數字經濟、互聯網、人工智能等方面所造成的、在精神文明發展的（包括例如創新發展與社會公平正義之間，數字倫理、數字素養等方面的）「數字鴻溝」和陷阱。

　　在 2021 年 9 月 14 日，中共中央辦公廳、國務院辦公廳印發了《關於加強網絡文明建設的意見》(以下簡稱《意見》)[9]。《意見》指出：「加強、網絡文明建設，是推進社會主義精神文明建設、提高社會文明程度的必然要求，是適應社會主要矛盾變化、滿足人民

對美好生活嚮往的迫切需要，是加快建設網絡強國、全面建設社會主義現代化國家的重要任務。」[9]《意見》還提出一些總體要求，包括「加強網絡空間思想引領、加強網絡空間文化培育、加強網絡空間道德建設、加強網絡空間行為規範、加強網絡空間生態治理、加強網絡空間文明創建等。」[9]《意見》更強調網絡空間的建設，必須堅持中國特色社會主義、貫徹落實網絡強國和關於精神文明建設的思想，「大力弘揚社會主義核心價值觀，全面推進文明辦網、文明用網、文明上網、文明興網、推動形成適應新時代網絡文明建設要求的思想觀念、文化風尚、道德追求、行為規範、法治環境、創建機制，實現網上網下文明建設有機融合、互相促進」[9]，全面建設好中國的網絡文明、數位化文明，從而淨化網絡環境，提高人民的文明素養，才能助力塑造中華文明新形態，創造人類新文明。

加強國際傳播，展示物質文明和精神文明現代化的真實中國

2021 年 6 月 2 日的《央視快評》指出：「中國正前所未有地走近世界舞台的中央。隨着國際關注度越來越高，我國對外傳播也面臨着新的形勢和任務。有一些習慣帶有色眼鏡看中國崛起的別有用心者，惡毒炮製『中國威脅論』『中國崩潰論』等等。在新冠肺炎疫情中為推脫責任，某些西方政客故意將疫情政治化、標籤化，惡意詆譭中國。因此，在當前世界百年未有之大變局下，我國國際傳播能力建設需要再接再厲、再上層樓，與我國的綜合國力與國際地位相匹配。」[10] 對怎樣構建中國話語體系，加強國際傳播，展示真實中國，習近平 2021 年 5 月 31 日在主持政治局集體學習時，作了重要的具針對性的講話。他的講話要點，根據《大公報》的報導有以下幾點，值得我們注意：

「1. 加強能力建設：要深刻認識新形勢下加強和改進國際傳播工作的重要性和必要性，下大力氣加強國際傳播能力建設，形成同我國綜合國力和國際地位相匹配的國際話語權，為我國改革發展穩定營造有利外部輿論環境。

　2. 講好中國故事：要加快構建中國話語權和中國敘事體系，用中國理論闡釋中國實踐，用中國實踐昇華中國理論，打造融通中外的新概念、新範疇、新表述，更加充分更加鮮明地展現中國故事及其背後的思想力量和精神力量。

　3. 塑造中國形象：要更好推動中華文化走出去，以文載道、以文傳聲、以文化人，向世界闡釋推介更多具有中國特色、體現中國精神、蘊藏中國智慧的優秀文化。要注重把握好基調，既開放自信也謙遜謙和，努力塑造可信、可愛、可敬的中國形象。

　4. 廣泛宣介貢獻：要廣泛宣介中國主張、中國智慧、中國方案，我國日益走近世界舞台中央，有能力也有責任在全球事務中發揮更大作用，同各國一道為解決全人類問題作出更大貢獻。」[11]

　　以上所舉的幾個例子，可以說是純屬中國在建設和增強中國自身在軟實力方面的一些例子，這些例子在提升中國在精神文明方面的建設非常關鍵，對建設和打造我國的「綜合實力」，特別是「綜合文明實力」或「文明綜合實力」，更為重要。同時，我相信中國這些精神文明方面的例子，對世界的影響也會愈來愈大。但由於篇幅有限，在這裏我就不再舉太多的例子作解釋了（而事實上也沒有辦法可以做到全覆蓋）。不過，從以上的幾個例子，我們已可以清楚看到，建設精神文明所需要涵蓋和創建的要素，對構建中國「社會主義新文明」不但重要，而且是不可或缺的，而對於建立一

個「世界新文明」來説，則更不可以或缺，因為這些要素對所有的
國家都適用。而另一個原因是，這些要素都具有普世價值意義。故
此，我認為這些屬於世界共通的精神文明要素，不但能起到促進建
立一個文明、合作、共融的世界，並且還可以為人類帶來避免或阻
止文明衝突的機會和可能。美國著名學者，薩繆爾‧亨廷頓（Samuel
P. Huntington）在書寫他的《文明衝突論與世界秩序的重建》一書
時，很明顯的並沒有把這些可以避免或阻止文明衝突的要素，以及
這些要素所產生的巨大影響力（influence and impact）考慮進去。
因為，他所考慮的「文明」之間的衝突要素，主要是只包括文化、
宗教與「本土化」社會的特質。而他的看法，明顯的是過分的狹隘
和落後；因此，他所得出的結論，也就只能是錯誤的。可惜薩繆爾‧
亨廷頓（1927–2008）已去世，他更無法看到中國所倡導的構建人
類命運共同體的概念（註：也見本書第 8 章的有關討論），讓國
與國間能夠合作共贏地文明發展；他也不能再繼續關注我們人類
需要共同合作建立生態文明的迫切性（註：也見本書第 6 章的有
關討論），以及維護世界長期和平的重要性（註：也見本書第 7 章
的有關討論），及這些從屬於建設現代精神文明的要素，而這些要
素是可以消弭「文明衝突」情況的出現的。(註：當然如要真正有
效消弭「文明衝突」，還需要各國共同貫徹落實，例如在控制全球
的氣候繼續變暖、世界的經濟貿易必須開放、和民主等方面的忠誠
合作等。這些我在其他的章節都已談到，這裏就不再重複了。)

小結

上面我提到進入新時代時，我們急切需要為新時代構建一套新時
代的中國新文明和中國新精神文明標準。這可以用一個簡單的公
式來表示，即：

「中國特色社會主義文明」（或「中華新文明」）
＝「中華傳統文明」＋「社會主義新文明」

　　從上面我所舉的幾個例子，我希望能顯示出有關「社會主義新文明」（或「中華新文明」）所涵蓋的一些在精神文明範圍之內的新內容、新要素和新標準。而這些新內容不但與中國正在構建的「中國特色社會主義文明」有關，它們也與我們需要建立的「世界新文明」有關。因為這些新的精神文明要素或內容，會直接影響到我們為進入新時代，而急切需要構建的一套新的中國特色社會主義文明和中國新精神文明的標準有關。

　　另一方面，假如我們單從建立「世界新文明」的角度來看，我們同樣也可以將「世界新文明」用一個簡單的公式來表示，即：

「世界新文明」
＝「中國特色社會主義文明」（或「中華新文明」）＋
　「世界多樣性其他新舊文明」

如將以上公式擴大化一下（expand the equation），那麼：

「世界新文明」
＝「中華傳統文明」＋「社會主義新文明」（或「中華新文明」）
　　＋「世界多樣性其他新舊文明」

　　從以上公式我們可以看到，「世界新文明」必定會朝着多樣性的方向發展，因為以上公式內的「世界多樣性其他新舊文明」是一個很大的變數（variable），而「中華傳統文明」和「社會主義新文明」相對來說，依我的看法，將會是愈來愈穩定而不會大變的，因為「中華傳統文明」五千年來都沒有變，而我敢肯定在二百年之內，「社會主義新文明」（或「中華新文明」）都不可能會大變；之後也只會進一步優化和提升，而不會出現巨大變化的（註：也見在本書〈後語〉中的有關討論）。

　　而其原因，正如習近平所說，中國是在打造一條「互信、互利、平等、協商、尊重多樣文明、謀求共同發展」，「致力於世界和平與發展和人類進步事業，為構建新型國際關係和人類命運共同體」(12) 之路；一條可以達至共促政治互信、共護安全穩定、共謀繁榮發展、共擔國際道義之路。

　　現今，人類正進入第四次工業革命時代，所以對於怎樣創建未來的文明（特別是科技精神文明），更為重要。我很讚賞於 2021 年 11 月 6 日，在北京舉行的第三屆世界科技與發展論壇，所倡導的科技文明發展理念，即：「科學：人類社會共有財富；創新：可持續發展之道；信任：包容發展治理之基；合作：風險挑戰應對之策」(13)。科技文明的發展，如能依照以上的理念發展下去，對推動和建立中華新文明以及世界新文明，將肯定會有極大的幫助和非常大的好處。

　　習近平於 2021 年 9 月 17 日在上海合作組織成員國元首理事會第二十一次會議上指出，我們現今已「站在新的歷史起點上，在國際關係民主化歷史潮流中把握前進方向，在人類共同發展宏大格局中推進自身發展」，我們應「走團結合作之路，走安危共擔之路，走開放融通之路，走互鑒之路，走公平正義之路。」(12) 我相信我們人類也只有這樣做，一條嶄新的人類物質文明+精神文明之路才有機會出現。

　　具體一點來說，中國在精神文明建設方面，或中國的精神文明之路，主要在抓好以下的重點工作：「一是注重結合實際、擴大影響，着力拓展新時代文明實踐中心建設；二是注重加強管理、提質升級，着力建設高水準的文明城市；三是注重明確導向、健全機制，着力激發文明村鎮創建的內生動力；四是注重突出主要主題、強化指導，着力提升文明單位創建實效；五是注重面向基層、加強引導，着力推進家庭文明建設持續發展；六是注重價值引領、立德樹人，着力深化未成年人思想道德建設和文明校園創建；七是注重榜樣引領、鮮明導向，着力做好道德模範學習宣傳和幫扶禮遇工

作；八是注重融入社會、服務民生，着力構建新時代志願服務體系；九是注重破立結合、綜合施策，着力推動誠信建設制度化常態化；十是注重弘揚新風、凝聚正氣，着力匯聚網絡文明建設的強大工作合力。」(14)

尊重人權保障「社會主義新文明」不變

而另一個保障「社會主義新文明」不會大變的標誌是，中國尊重和保障從屬於精神文明進步的人權。維護人類的生命、價值和尊嚴，實現人人享有人權，是人類社會文明得以提升的目標。人民至上與全球人權治理，歷來對中國來說都至關重要，因為中國的實踐充分證明尊重人權是人民幸福生活的最大保障，也是推動人類精神文明進步的重要力量。

2021 年 12 月 8 日習近平在函賀南南人權論壇時強調指出：「人權是人類文明進步的標誌。呵護人的生命、價值和尊嚴，實現人人享有人權，是人類社會的共同追求。堅持人民至上，把人民對美好生活的嚮往作為奮鬥目標，是時代賦予世界的責任。」(15) 習近平表示：「中國堅持以人民為中心，把人民利益放在首位，以發展促進人權，推進全過程人民民主，促進人的自由全面發展，成功走出一條符合時代潮流的人權發展道路。」(15) 習近平強調說：「人權實踐是多樣的。世界各國人民應該也能夠自主選擇適合本國國情的人權發展道路。中國願同廣大發展中國家一道，弘揚全人類共同價值，踐行真正的多邊主義，為促進國際人權事業健康發展貢獻智慧和力量。」(15) 習近平在賀信中還強調：「民主意味着人民能參與決策過程、人民能對社會發展產生影響。」(15) 而人權也如同民主一樣，意味着人民能參與決定的過程、人民能對人權發展的內涵，作出多樣的不同的選擇。再說，民主與人權一樣，都是全人類的共同價值，不是哪個國家的專利。而面向未來，黃坤明在出席

2021 南南人權論壇時，盛情地指出：「中國願與廣大發展中國家一道，堅持人民至上、生命至上，共謀繁榮發展，促進平等合作，維護公平正義，完善全球人權治理體系，推動世界人權事業向着更加平等、全面、均衡、進步的方向發展。」[16] 而我認為同樣重要的是，人權的發展要向着人類精神文明的發展和進步的方向，不斷提高人權文明的程度，不斷推動國際人權事業以取得更大進步，開創人權事業在建立中華新文明、世界新文明和人類命運共同體文明方面，作出更多的貢獻。

習近平經常重複指出：「我們主張，在國際關係中弘揚平等互信、包容互鑒、合作共贏的精神，共同維護國際公平正義。各國都要遵守聯合國憲章宗旨和原則，堅持國家不分大小、強弱、貧富一律平等，尊重世界文明多樣性、發展道路多樣化，推動國際關係民主化，推動人類文明進步，維護世界和平穩定，增進人類共同利益。」[17]

習近平在 2015 年和美國總統奧巴馬共同會見記者時指出：「民主和人權是人類共同追求，同時必須尊重各國人民自主選擇本國發展道路的權利。中國人民實現中華民族偉大復興中國夢的過程，本質上就是實現社會主義公平正義和不斷推動人權事業發展的進程。中方願意繼續在平等和相互尊重基礎上，同美方開展人權對話，擴大共識、減少分歧、相互借鑒、共同提高。」[17] 中國歷來都「主張加強不同文明交流互鑒、促進各國人權交流合作，推動各國人權事業更好發展。」[17]

在不同的場合，習近平還不斷強調說：「世界上沒有放之四海而皆準的人權發展道路，人權保障沒有最好，只有更好。各國首先應該做好自己的事情。」同時「中方不接受人權『教師爺』，反對搞『雙重標準』。」在 2018 年致紀念《世界人權宣言》發表七十周年座談會的賀信中，習近平更指出：「《世界人權宣言》是人類發展史上具有重大意義的文獻，對世界人權事業產生了深刻影響。中國人民願同各國人民一道，秉持和平、發展、公平、正義、民主、自

由的人類共同價值，維護人的尊嚴和權利，推動形成更加公正、合理、包容的全球人權治理，共同構建人類命運共同體，開創世界美好未來。」[17] 而我認為也只有這樣，我們才能為世界新的精神文明的建設夯實基礎，促使全世界的人民能長期和平共存。也只有這樣，我們才能有效遏制美國等西方國家，所推崇和宣揚的民粹主義、極端私權、極端利己等霸權、霸道主義的蔓延；因為這些西方思想和意識，很多都是反精神文明、反科學精神、褻瀆人類共同價值的東西。這些東西只能為人類的精神文明的進化，帶來破壞性和無窮盡的禍害及災難，破壞人類精神文明與物質文明的協調發展。而美國在這方面的做法尤其惡毒，因為美國經常利用自由、民主、人權等精神文明要素，把他們予以政治化、庸俗化、武器化，歪曲精神文明要素的真正意思、價值和作用；並且還恬不知恥地以「教師爺」的姿態，來訓斥和打擊別的國家（特別是中國）在精神文明方面的努力、建樹、創造和貢獻，以顯示和鞏固其全球霸主的地位。

參考資料

1.　汪洋 2021 年 5 月 28 日，圍繞「推進新時代博物館事業高質量發展」協商議政，〈全國政協召開雙週協商座談會〉。2021 年 5 月 30 日，《人民日報》。

2.　《中共中央關於制定國民經濟和社會發展第十四個五年規劃和二〇三五年遠景目標的建議》。2020 年，新民主出版社。

3.　習近平，《論堅持全面深化改革》。2018 年，中央文獻出版社，第 368 頁。

4.　王晨，〈在百年黨史中熠熠生輝的延安精神〉。2021 年 5 月 31 日，《人民日報》。

5.　2021 年 5 月 31 日，〈中共中央政治局召開會議〉。2021 年 6 月 1 日，《人民日報》。

6.　〈趙樂際出席聯合國大會反腐敗問題特別會議〉。2021 年 6 月 4 日，《人民日報》。

7.　習近平，〈學好「四史」，永葆初心、永擔使命〉，《求是》雜誌，第 11 期 (2021 年 6 月 1 日)。2021 年 6 月 1 日，《人民日報》。

8.　張頤武，〈激發短視頻的正向社會價值〉。2021 年 6 月 4 日，《人民日報》。

9.　〈中辦國辦印發《關於加強網絡文明建設的意見》〉。2021 年 9 月 14 日，《人民日報》。

10.　〈努力塑造可信、可愛、可敬的中國形象〉，《央視快評》，2021 年 6 月 2 日。2021 年 6 月 2 日，《大公報》。

11.　習近平 2021 年 5 月 31 日主持政治局集體學習，〈加強國際傳播〉。2021 年 6 月 2 日，《大公報》。

12.　習近平於 2021 年 9 月 17 日，在上海合作組織成員國元首理事會第二十一次會議上的講話。2021 年 9 月 18 日，《人民日報》。

13.　〈第三屆世界科技與發展論壇舉行〉。2021 年 11 月 7 日，《人民日報》。

14.　〈全國文明辦主任會議召開〉。2022 年 1 月 7 日，《中國文明網》。

15.　習近平函賀南南人權論壇。2021 年 12 月 9 日，《大公報》，第 A14 頁。

16.　黃坤明出席 2021 南南人權論壇。2021 年 12 月 9 日，《人民日報》。

17.　中共中央黨史和文獻研究院編，《習近平關於尊重和保障人權論述摘編》。2021 年，中央文獻出版社，第 162、164、180、185 頁。

第 4 章

經濟、社會、政治和法治文明
的未來發展

有關中國在經濟、社會、政治和法治文明方面的建設，我在拙著《中國模式+話語權 vs 西方模式+話語權》中已作出了一些討論，而在《中共中央關於制定國民經濟和社會發展第十四個五年規劃和二〇三五年遠景目標的建議》的文件中，針對以上問題，還有更多的討論和闡釋，所以在這裏，我就不重複討論了。我只想指出：中國人民選擇了馬克思主義、中國共產黨、社會主義道路、改革開放來建設和改革中國，在中國這個古老的文明大國，從經濟、社會、政治和法治文明多方面，創造了人類歷史上前所未有的發展奇蹟。這充分證明，馬克思主義不但能和中華文明相融相通，而且還能把中華現代新文明建立起來，和持續提升至人類文明更高級的，世界新文明發展階段。

習近平 2021 年 7 月 1 日在慶祝中國共產黨成立 100 周年大會上的講話指出：「中華民族擁有在 5,000 多年歷史演進中形成的燦爛文明，中國共產黨有百年奮鬥實踐和 70 多年執政興國經驗，我們積極學習借鑒人類文明的一切有益成果，歡迎一切有益的建議和善意的批評，但我們絕不接受『教師爺』般頤指氣使的說教！中國共產黨和中國人民將在自己選擇的道路上昂首闊步走下去，把中國發展進步的命運牢牢掌握在自己手中。……我們堅持和發展中國特色社會主義，推動物質文明、政治文明、精神文明、社會文明、生態文明協調發展，創造了中國式現代化新道路，創造了人類文明新形態。……一百年來，中國共產黨團結帶領中國人民，以

『為有犧牲多壯士，敢教日月換新天』的大無畏氣概，書寫了中華民族幾千年歷史上最恢宏的史詩。這一百年來開闢的偉大道路、創造的偉大事業、取得的偉大成就，必將載入中華民族發展史冊、人類文明發展史冊。」

社會主義發展道路的過程和模式

為了方便討論有關中國的社會主義發展道路的過程和模式，下面我用一個簡易的公式來表示，即：

「中國的社會主義道路」
=「馬克思主義基本原理」+「中華文明」+
「把馬克思主義予以中國化並汲取其他主義的精華」+
「中國特色社會主義發展的新思想」

下面我將以上公式的各組成因子解釋一下：

1.「中國的社會主義道路」

2021 年 5 月 26 日《人民日報》的一篇評論指出：「一個國家實行什麼樣的主義，關鍵要看這個主義能否解決這個國家面臨的歷史性課題。經過反覆比較和總結，我們選擇了馬克思主義、選擇了社會主義道路。」[1] 而「實踐證明，只有社會主義才能救中國。」[1]

韓慶祥在〈歷史的結論　人民的選擇〉一文中指出：「實現民族獨立和人民解放，實現國家富強和人民幸福，是中國人民要完成的歷史重任。社會主義為解決這一歷史課題提供了全新選擇、開闢了廣闊前景。」[2] 我很同意韓慶祥的這一觀點。

在同一篇文章中，韓慶祥還分析指出：「中國人民選擇社會主義，不是偶然的，而是經歷了漫長和反覆的探尋、比較、實踐後的

歷史必然。1840 年鴉片戰爭後，中國民族危機不斷加深，一步步陷入半殖民地半封建社會的深淵。為挽救民族危亡，中華民族的先進分子前赴後繼，探索救國救民路。毛澤東同志說：『那時，求進步的中國人，只要是西方的新道理，什麼書也看。』各種主義和思潮都在中國進行過嘗試，改良主義、自由主義、社會達爾文主義、無政府主義、實用主義、民粹主義、工團主義等都『敗下陣來，宣告破產了』都沒能解決中國的前途和命運問題。」[2]

「在半殖民地半封建的舊中國，人民遭受着帝國主義、封建主義、官僚資本主義『三座大山』的壓迫，處於飢寒交迫、水深火熱的悲慘境地。推翻『三座大山』的統治，過上豐衣足食、自由幸福的生活，是當時中國人民最迫切的願望。作為超越資本主義的一種社會形態和制度安排，社會主義主張建立的是一個沒有剝削、沒有壓迫、人人平等、人人自由的理想社會，維護的是最廣大人民的根本利益。具有鮮明人民性、革命性的社會主義，契合當時中國人民翻身求解放的強烈願望，如同一面旗幟，既給在苦難中掙扎的人民帶來希望、指明方向，又團結凝聚、組織動員廣大人民，為改變命運進行頑強鬥爭。」[2]

「新中國成立後，我們開啟了社會主義革命和建設征程。新中國成立之初，我們經濟文化狀況非常落後，如何解放和發展生產力，加快社會主義現代化建設步伐，是當時中國人民面臨的重大課題。我們黨團結帶領人民在實踐中探索、在探索中實踐，進行社會主義改造，開展社會主義建設，初步建立起獨立的比較完整的工業體系和國民經濟體系，取得了社會主義建設的巨大成就。」[2]

2.「馬克思主義基本原理」

豐子義 2021 年 5 月 24 日在《人民日報》撰文引錄習近平的話指出：「馬克思主義為中國革命、建設、改造提供了思想武器。……在人類思想史上，就科學性、真理性、影響力、傳播面而言，沒有一種思想理論能達到馬克思主義的高度，也沒有一種學說

能像馬克思主義那樣對世界產生了如此巨大的影響。」[3] 豐子義
認為：「歷史和人民選擇馬克思主義，是因為馬克思主義是科學的
世界觀和方法論。馬克思主義理論的科學性和革命性，源於辯證唯
物主義和歷史唯物主義的科學世界觀和方法論。……馬克思主義
深刻揭示了自然界人類社會、人類思維發展的普遍規律，為人類社
會發展進步指明了方向，為我們觀察世界、分析問題、解決矛盾提
供了科學認識工具。」[3]

3.「中華文明」

　　有關中華文明的問題，在本書的各章節中，已有很詳細的介
紹和討論，這裏不贅。在這裏我只想指出一點，那就是我同意韓慶
祥在〈歷史的結論　人民的選擇〉一文中以下的一個觀點，他説：
「在漫長的歷史歲月中，中華文化形成了講仁愛、重民本、守誠信、
崇正義、尚和合、求大同的價值理念和精神境界。社會主義注重公
平正義，倡導集體主義，追求共同富裕，致力於促進每個人的自由
全面發展，與中華優秀傳統文化有諸多契合之處。中華文明為社
會主義在中國落地生根提供了文化基礎。而社會主義也激活了
歷經幾千年創造的偉大文明，使中華文明再次迸發出強大精神力
量。」[2] 用簡單的一句話來總結，就是説：馬克思主義和中華文
明是在很多方面可以相融相通、緊密結合的；既能幫助夯實社會主
義的根本性質，符合中國的國情和發展所需，又能允許中國可以有
效地汲取人類其他文明的有益成果。形成一種我稱之為「中國特色
社會主義新文明」（註：簡化稱為「中華新文明」）。而這種新文明，
用韓慶祥的話來説：「源自於中華民族 5,000 多年文明歷史所孕育
的中華優秀傳統文化，溶鑄於黨領導人民在革命、建設、改革中創
造的革命文化和社會主義先進文化，植根於中國特色社會主義偉
大實踐。」[2] 可見「中國特色社會主義文化不忘本來、吸收外來、
面向未來」[2] 的特性。故此，新中國所創造的這種新文化和現代
文明，不但把中華文明提升至一個新的文明進化高度，同時，也為

人類文明發展的多樣性，提供了許多新的思路、可能和形態。

4.「把馬克思主義予以中國化並汲取其他主義的優點」

　　習近平 2021 年 5 月 28 日，向世界馬克思主義政黨理論研討會致賀信，信中指出：「中國共產黨自成立日起就把馬克思主義作為主導思想，堅持馬克思主義基本原理和中國具體實際相結合，不斷推進馬克思主義中國化、時代化、大眾化。」[4] 郭建寧在一篇題為〈馬克思主義和中華文明相融相通〉的文章中，進一步指出：「馬克思主義和中華優秀傳統文化的融合和結合，促進了馬克思主義在中國的傳播，不斷推動馬克思主義中國化，使馬克思主義及其中國化最新成果成為指引中國革命，建設改革的強大思想武器。習近平總書記指出：『我們黨的歷史，就是一部不斷推進馬克思主義中國化的歷史，就是一部不斷推進理論創新、進行理論創造的歷史。』1938 年 10 月，毛澤東同志在黨的六屆六中全會所作的政治報告中，首次提出『馬克思主義中國化』的命題，指出『離開中國的特點來談馬克思主義，只是抽象的空洞的馬克思主義』，強調馬克思主義與中國實踐相結合。推進馬克思主義中國化，必須立足中國社會實踐和中華文化傳統。如何堅守中華文化立場，從延續民族文化血脈中開拓前進，同時激發中華文化生命力，為實現中華民族偉大復興的中國夢提供充沛精神動力，是推進馬克思主義中國化的重大課題。」[5] 他同時指出：「文化是民族生存和發展的重要力量。中華民族在幾千年的歷史發展進程中遇到無數艱難困苦，但都挺過來、走過來了，其中一個很重要的原因就是培育和發展了獨具特色、博大精深的中華文化，為中華民族克服困難、生生不息提供了強大精神支撐。中華優秀傳統文化是中華民族的根和魂，是中華民族的突出優勢，是我們在世界激盪中站穩腳跟的根基。中國共產黨人是馬克思主義的忠誠信奉者、堅實實踐者，既是中國先進文化的積極引領者和堅定實踐者，又是中華優秀傳統文化的忠實傳承者和弘揚者。推動馬克主義中國化，要推動中華優秀傳統文化創造

性轉化、創新性發展，把堅持和發展馬克思主義同弘揚中華優秀傳統文化有機結合起來。」[5]

什麼是中國化？其具體成效如何？下面我引錄張維為對「人民民主」和「民主制度」的一段話，作為例子來說明一下，中國對一些政治理論，是怎樣予以中國化的。

張維為在《人民日報》一篇題為〈我們有無比的自信與自豪〉的文章中，有以下一段話。他說：「人民民主是社會主義的生命，沒有人民民主就沒有社會主義。人民是推動歷史發展的根本力量，人民當家作主是我國社會主義制度優於資本主義制度的根本所在。習近平總書記指出，設計和發展國家政治制度，必須注重歷史和現實、理論和實踐、形式和內容有機統一。要堅持從國情出發、從實際出發，既要把握長期形成的歷史傳承，又要把握走過的發展道路、積累的政治經驗、形成的政治原則，還要把握現實要求，着眼解決現實問題，不能割斷歷史，不能想像突然就搬來一座政治制度上的『飛來峰』。我們黨在長期實踐中，逐步建立起人民民主專政的國體、人民代表大會制度的政體，以及中國共產黨領導的多黨合作和政治協商制度、民族區域自治制度、基層群眾自治制度，形成了我國社會主義民主制度的基本框架。一系列行之有效的制度安排，將人民當家作主真正落實到了實處。中國超大的人口規模、廣闊的疆域國土，意味着中國的制度設計需要更有包容性、更具整合力，才能確保國家治理的穩定性連續性。在中國選舉民主和協商民主是人民民主的兩種重要形式，二者相互補充、相得益彰。社會主義協商民主不僅是政治層面的制度安排，也是經濟和社會層面的制度安排。民主協商，保證了廣大人民群眾的有序政治參與。這些制度設計使中國能夠在廣泛凝聚共識的基礎上，朝着民族復興的宏偉目標篤定前行。」[6]

從以上的這段話，我們可以清楚看到，中國是怎樣具體地把馬克思主義予以中國化後，形成具中國特色的「民主集中制」的這樣一種「全過程人民民主」的政治制度。這一政治制度，與美式的

「多黨制 + 一人一票」的所謂民主選舉制，完全不一樣。（註：2021 年 11 月 5 日習近平在北京市西城區，中南海選區懷仁堂投票站，參加人大代表的選舉投票時，把「全過程人民民主」的政治制度作了簡要的闡述，他說：「選舉人大代表，是人民代表大會制度的基礎，是人民當家作主的重要體現。要把民主選舉、民主協商、民主決策、民主管理、民主監督各個環節貫通起來，不斷發展全過程人民民主，[只有這樣才能]更好保證人民當家作主。」中國人民民主制度的特點，是源於中國文明歷史上長期形成的牢不可破的國家大統一思想、民族的融合，中國擁有超大的人口規模、廣闊的疆域國土。因此，「中國的制度設計需要更有包容性、更具整合力，才能確保國家治理的穩定性連續性。」[6] 這也就是為什麼，中國不能採用「西式民主」的充滿競爭性和對抗性的政治制度。其次，中國的「民主集中制」+「全過程人民民主」政治制度，還能與社會主義的基本原則相融相通，與馬克思主義的基本理論相契合。換言之就是說，中國的社會主義政治制度之能夠成功地建立起來，是因為中國成功地把社會主義的基本原則及馬克思主義的基本理論予以中國化的結果。

5.「中國特色社會主義發展的新思想」

　　韓慶祥指出：中國的特色社會主義道路，「既堅持經濟建設為中心，又全面推進經濟、政治、文化、社會、生態文明建設以及其他各方面建設；既堅持四項基本原則（註：即是堅持社會主義道路、堅持人民民主專政、堅持共產黨領導、堅持馬列主義毛澤東思想），又堅持改革開放；既不斷解放和發展社會生產力，又逐步實現全體人民共同富裕、促進人的全面發展。實踐證明這是一條適合中國國情的正確道路。」王員在一篇題為〈實現中國夢的必由之路〉的文章中，進一步指出：「這是一條民族振興的之路。堅持和發展中國特色社會主義是改革開放以來黨的全部理論和實踐的主題。我們立足現實國情，成功開闢一條中國式現代化道路，用幾十年時間走

完了發達國家幾百年走過的工業化歷程，取得了社會主義現代化建設的巨大成就，創造了令世界驚嘆的發展奇蹟，譜寫出中華民族發展史和人類進步史上的輝煌篇章。」

　　他還指出說：「這是一條人民幸福之路。習近平總書記強調：『消除貧困、改善民生、實現共同富裕，是社會主義的本質要求。』中國特色社會主義是社會主義，不是別的什麼主義，必然體現社會主義的本質要求。社會主義的優越性歸根到底為更好滿足人民日益增長的美好生活需求。改革開放以來我們黨始終把人民立場作為根本立場為更好滿足人民日益增長的美好生活需要積極改革生產關係和上層建築中不適應生產力發展要求的環節和方面，不斷解放和發展生產力，使創造社會財富的源泉充分湧流。在做大『蛋糕』的同時分好『蛋糕』，不斷保障和改善民生，不斷滿足人民在民主、法治、公平、正義、安全、環境等方面日益增長的要求、讓改革發展成果更多更公平惠及全體人民。中國特色社會主義有力促進了人的全面發展和社會全面進步，為千家萬戶創造了看得見、摸得着、感受得到的美好生活，人民群眾有了更多、更直接、更實在的獲得感和幸福感安全感。14億中國人民凝聚起中華民族偉大復興的磅礴力量，不斷譜寫中國特色社會主義事業新篇章。」[7]

　　而中共最高人民法院黨組在《人民日報》撰文指出，習近平的法治思想，也是一條優化和完善中國法治之路，因為習近平的法治思想在「歷史和現實相貫通、國際和國內相關聯、理論和實際相結合上深刻回答了新時代為什麼實現全面依法治國、怎樣實現全面依法治國等一系列重大問題，為建設法治中國指明了前進方向。這一重大理論成果凝聚着我們黨領導法治建設的經驗和智慧，彰顯了我們黨厲行法治、奉法強國的堅定意志，揭示了中國特色社會主義法治道路、理論、制度、文化的強大生命力和巨大優越性，必然凝聚起全黨全國人民堅定不移走中國特色社會主義道路的磅礴力量，必將在全面建設社會主義現代化國家新征程上更好發揮法治固根本、穩預期、利長遠的保障作用。」[8] 更值得注意的是，

這一條路,使習近平的法治思想,不但做到立足國情,而且又做到放眼世界,充分利用「中國之治」的法治經驗,為全球治理提出中國的主張,「為世界各國特別是廣大發展中國家走適合自己國情的法治道路提供了有益借鑒,為推進世界法治文明進步、推動構建人類命運共同體貢獻了中國智慧和中國方案。」[(8)]

　　而中國特色社會主義的發展遠景和戰略安排目標,根據《中共中央關於制定國民經濟和社會發展第十四個五年規劃和二〇三五年遠景目標的建議》,希望能「到二〇三五年實現社會主義現代化,到本世紀中葉把我國建成富強民主文明和諧美麗的社會主義現代化強國。展望二〇三五年,我國經濟實力、科技實力、綜合國力將大幅躍升,經濟總量和城鄉居民收入將再邁上新的大台階,關鍵核心技術實現重大突破,進入創新型國家前列;基本實現新型工業化、信息化、城鎮化、農業現代化,建成現代化經濟體系;基本

從上海乍浦路橋上看高速發展的浦東,前方的橋是外白渡橋。
(Shutterstock)

實現國家治理體系和治理能力現代化，人民平等參與、平等發展權
利得到充分保障，基本建成法治國家、法治政府、法治社會；建成
文化強國、教育強國、人才強國、體育強國、健康中國，國民素質
和社會文明程度達到新高度，國家文化軟實力顯著增強；廣泛形成
綠色生產生活方式，碳排放達峯後穩中有降，生態環境根本好轉，
美麗中國建設目標基本實現；形成對外開放新格局，參與國際合作
和競爭新優勢明顯增強；人均國內生產總值達到中等發達國家水
平，中等收入群體顯著擴大，基本公共服務實現均等化，城鄉區域
發展差距和居民生活水平差距顯著縮小；平安中國建設達到更高
水平，基本實現國防和軍隊現代化；人民生活更加美好，人的全面
發展、全體人民共同富裕取得更為明顯的實質性進展。」(9)

小結

走中國的社會主義道路

顏曉峰在題為〈從趕上時代到引領時代的偉大跨越〉一文中，引習
近平的話指出：「全面建設社會主義現代化國家、基本實現社會主
義現代化，既是社會主義初級階段我國發展的要求，也是我國社會
主義從初級階段向更高階段邁進的要求。」(10) 顏曉峰更認為：「社
會主義初級階段不是一個靜態、一成不變、停滯不前的階段，也不
是一個自發、被動、不用費多大氣力自然就可以跨過的階段，而是
一個動態、積極有為、始終洋溢着蓬勃生機活力的過程，是一個階
梯式遞進、不斷發展進步、日益接近質的飛躍的量的積累和發展變
化的過程。中國特色社會主義進入新時代，我國社會主要矛盾轉化
為人民日益增長的美好生活需要和不平衡不充分的發展之間的矛
盾，人民美好生活需要日益廣泛，不僅對物質文化生活提出了更高
要求，而且在民主、法治、公平、正義、安全、環境等方面的要求
日益增長。在引領時代中推動經濟社會高質量發展，必須不斷滿足

人民日益增長的美好生活需要，讓改革發展成果更多更公平惠及全體人民。」(10)

　　中國怎樣將社會主義從初級階段向更高階段邁進，實事求是的來說，的確不是一件容易的事，特別是在美國的全面圍堵我們、不讓中國崛起、遏制中國發展的巨大壓力之下。但我們國家已做好準備迎接各種挑戰，這可以從《中共中央關於制定國民經濟和社會發展第十四個五年規劃和二〇三五年遠景目標的建議》中清楚看到。因為在《建議》中，中國明確指出將用「習近平新時代中國特色社會主義思想為指導，全面貫徹黨的基本理論、基本路綫、基本方略、統籌推進經濟建設、政治建設、文化建設、社會建設、生態文明建設的總體佈局，協調推進全面建設社會主義現代化國家、全面深化改革、全面依法治國、全面從嚴治黨的戰略佈局，堅定不移貫徹創新、協調、綠色、開放、共享的新發展理念，堅持穩中求進工作總基調，以推動高質量發展為主題，以深化供給側結構性改革為主綫，以改革創新為根本動力，以滿足人民日益增長的對美好生活需要為根本目的，統籌發展和安全，加快建設現代化經濟體系，加快構建以國內大循環為主體、國內國際雙循環相互促進的新發展格局，推進國家治理體系和治理能力現代化，實現經濟行穩致遠、社會安定和諧，為全面建設社會主義現代化國家開好局、起好步。」(9)

走科技自立自強創新之路

「開好局、起好步」當然重要，但從習近平發展新時代中國特色社會主義思想的指導下，中國是更想要為中國怎樣把社會主義，從初級階段向更高階段邁進，全面地佈局，特別是在實現科技自立自強方面，紮實地做好工作。劉鶴 2021 年 5 月 29 日，在為兩院院士作報告時強調：「科技創新對我國來説，不僅是發展問題，更是生存問題。當前外部環境發生深刻變化，國內經濟社會發展進入新階

段，建設綠色低碳社會也將引發深刻變革，要從長歷史週期認識和把握我國所處的發展位置。實現科技自立自強，必須堅持黨的全面領導，堅持符合國情的創新路徑，堅持強化基礎研究，堅持人才優先，堅持管理創新，堅持國際合作。……要堅持問題導向和需求引領，加快構建新型舉國體制，集聚各方力量，抓住關鍵環節打造比較優勢。要創造良好科技創新生態，真正釋放科技發展能量。」[11]

　　加快建設科技強國，實現高水平科技自立自強，可以說是推動中國化和形成中國國家發展優勢的必由之路。2021 年 5 月 30 日的《央視快評》指出：「從國際看，新一輪科技革命和產業變革正在重構全球創新版圖，搶佔生機才能贏得未來。從國內來看，無論是推動高質量發展、構建新發展格局，還是提高人民生活品質、保障國家安全，都需要強大的科技支撐。」[12] 我對中國在國際和國內的科技發展是充滿信心的，因為在這第四次工業革命，中國正勇猛地進入科技發展的第一方陣。2021 年 6 月 1 日《人民日報》的一篇評論文章指出：「當今世界，科技，科技創新成為國際戰略博弈的主要戰場。……世界科技強國競爭，比拼的是國家戰略科技力量。……戰略科技力量的影響力和支撐力，直接關係到我國綜合國力和國際競爭力的提升，是促進經濟社會發展、保障國家安全的『壓艙石』。」[13] 因此，中國必須要「多出戰略性、關鍵性重大科技成果；國家科研機構要以國家戰略需求為導向，着力解決制約國家發展全局和長遠利益的重大科技問題，加快建設原始創新策源地，加快突破關鍵核心技術；高水平研究型大學要發揮基礎研究深厚、學科交叉融合的優勢，成為基礎研究的主力軍和重大科技突破的生力軍；科技領軍企業要發揮市場需求、集成創新、組織平台的優勢，打通從科技強到企業強、產業強、經濟強的通道。」[13] 使中國從社會主義初級階段向更高階段邁進的全過程中，以及在更高階段的長期發展中，能永遠成為世界科學前沿領域和新興產業技術創新、全球科技創新要素的匯聚地；中國科技文明的創始地和集散地；中國現代文明的建立、鞏固、不斷優化、逐步改進的策源

地；支撐世界多樣文明發展的在科技方面的孕育地和引領地。而特別是在數字技術和數字經濟方面，正以新理念、新業態、新模式全面融入人類經濟、政治、文化、社會、生態文明建設各領域和全過程。習近平說：「縱觀世界文明史，人類先後經歷了農業革命、工業革命、資訊革命。每一次產業技術革命，都給人類生產生活帶來巨大而深刻的影響。」[14]

　　《人民日報》在 2021 年 10 月 19 日的一篇評論指出：現今「新一輪科技革命產業變革方興未艾，帶動數字快速發展。世界各國都把推進經濟數位化作為實現創新發展的重要動能，在前沿技術研發、數據開放共用、隱私安全守護、人才培養等方面做了前瞻性佈局。當此之際，我們需要準確識變，認清數位經濟發展新趨勢；科學應變，找準數位經濟發展新機遇；主動求變，開拓數位經濟發展新局面，打造數位經濟新優勢。」[14]

理論思維引領的重要性

《人民日報》在 2021 年 7 月 30 日的一篇專論指出：「一個民族要走在時代前列，就一刻不能沒有理論思維，一刻不能沒有思想指引。……馬克思主義深刻揭示了自然界、人類社會、人類思維發展的普遍規律，強調依靠人民推動歷史前進、推進人類解放，為最終建立一個沒有壓迫、沒有剝削、人人平等、人人自由的理想社會提供了科學理論指導。」[15]（註：也見拙著《中國必勝》有關建立大同世界或「實體烏托邦」（Real-Utopia or Retopia）的論述）。文章指出習近平強調：「在近代中國最危急的時刻，中國共產黨人找到了馬克思列寧主義，並堅持把馬克思列寧主義同中國實際相結合，用馬克思主義真理的力量激活了中華民族歷經幾千年創造的偉大文明，使中華文明再次迸發出強大精神力量。」[15]

　　習近平 2021 年 7 月 1 日在慶祝中國共產黨成立 100 周年大會上的講話指出：「中國共產黨堅持馬克思主義基本原則，堅持實

事求是」，把馬克思主義「同中國傳統文化相結合」。並「從中國實際出發，洞察時代大勢，把握歷史主動，進行艱辛探索，不斷推進馬克思主義中國化時代化，指導中國人民不斷推進偉大社會革命。」同時發展了中國特色社會主義許多新文明，包括物質文明、政治文明、精神文明、社會文明、生態文明等。這樣就不但為中國新時代創造了一種「中華新文明」，並且還為人類創造了中華文明新形態，以及鞏固世界新文明和推動世界新文明向多樣性方向發展。

　　「中國是世界文明古國之一。在這片東方熱土上，生生不息的中華民族以自己的勤勞和智慧，創造了博大精深輝煌燦爛的中華文明。在漫長的歷史進程中，中華文明在繼承中創新，在交流互鑒中發展，在兼收并蓄中歷久彌新。近代以後，在中華民族面臨深重危機的緊要關頭，馬克思主義促進了中國工人階級和中華民族的覺醒，成為中國共產黨人認識世界、把握規律、追求真理、改造世界的強大武器。馬克思主義基本原理同中華優秀文化的結合，促進了馬克思主義在中國的傳播，不斷推動馬克思主義中國化進程。馬克思主義及其中國化最新成果指引中國革命、建設、改革取得一個又一個勝利，深刻改變了中國，使中華民族偉大復興展現出前所未有的光明前景」[15]，更使「中華新文明」、世界多樣文明、各種文明新形態的建立成為現實。

中國所打造的外交文明

至於「中華新文明」、世界多樣文明、和各種文明新形態，是怎樣建立起來，這裏舉一個具體的例子說明一下，那就是中國現今正在努力打造，不斷開拓進取，試圖形成的全方位、多層次、立體化的外交佈局，從而開創嶄新的、具有中國特色的中國外交局面。而這一局面的形成，從文明發展的角度來看，顯示出中國在外交領域，正在積極創造和樹立一種新的外交文明。而這一外交文明的形成，

正是由於中國充分掌握和實踐了，新時代中國特色的大國外交，並提出了一系列具開創性、引領性意義的外交理念新主張新倡議，創造了大家熟悉的「習近平外交思想」體系。

王毅外長 2021 年 10 月 20 日在《人民日報》撰文指出：「習近平外交思想為中國外交提供了時代座標。……總書記指出，認識世界發展大勢，跟上時代潮流，是一個極為重要並且常做常新的課題。黨的十八大以來，習近平總書記科學研判世界格局和中國與世界關係的歷史變化，精準辨析國際體系轉型過渡期與我國發展歷史交匯期相互交織的階段性特徵，指出當今世界正經歷百年未有之大變局，以中國為代表的新興市場國家和發展中國家群體性崛起，中華民族偉大復興進入不可逆轉的歷史進程。」(16)

王毅在文章中還指出：習近平外交思想強調以「和平發展為戰略抉擇，探索走出與傳統大國崛起不同的和平發展道路，在中國與世界各國良性互動和互利共贏中間開拓前進，在維護中國國家利益與促進世界和平發展的辯證統一中走通走順。以發展全球夥伴關係為着力點構建共同而非排他的『朋友圈』，開闢結伴而不結盟、對話而不對抗的國與國交往新路。以引領全球治理體系變革為責任擔當，踐行多邊主義，維護公平正義，共商共建共用，推動國際秩序朝着更加公正合理方向發展。新時代中國特色大國外交更加注重理論和實踐創新，更加善於戰略策略運籌，更有力維護國家利益和國際道義，展現出與時俱進、擔當有為、開放包容的中國特色、中國風格、中國氣派。」(16)

「習近平外交思想是對中華優秀傳統文化的創造性轉化和創新性發展。習近平總書記指出，中華優秀傳統文化是中華民族的文化根脈，其蘊含的思想觀念、人文精神、道德規範，不僅是我們中國人思想和精神的內核，對解決人類問題也有重要價值。習近平總書記對泱泱五千年中華文明知之深、愛之切，在外交領域不斷對中華優秀文化傳統進入創造性轉化和創新性發展。在對外交往中善用先賢經典深入做人的工作，在文明對話中抓住文明共通內核

架起友誼的橋樑，體現出高度的文明自覺和文化自信。習近平總書記提出的正確義利觀體現出『義以為上』『見利思義』的崇高追求，親誠惠容周邊外交理念綿延着『親仁善鄰』『兼愛非攻』的中華美德，新型國際關係主張承載着『協和萬邦』『立己達人』的美好願景，人類命運共同體理念彰顯了『天下為公』『和衷共濟』的博大胸懷，『一帶一路』倡議讓古絲綢之路精神穿越時空在當今世界發揚光大，不僅給中華優秀傳統文化注入全新內涵，而且使新時代中國外交理念閃耀着文明和智慧的光芒。」(16)

「習近平外交思想是對傳統國際關係理論的超越和揚棄。習近平外交思想始終站在世界發展和人類進步的道德制高點上，把中國發展與世界發展結合起來，把中國人民的利益與世界人民的共同和根本利益結合起來，超越了國強必霸、大國衝突的傳統現實主義理論窠臼，實現了對國際關係發展規律認識的創新和昇華。針對結盟對抗、零和博奕的冷戰思維，主張不設假想敵，不針對第三方，以共贏而非零和的理念發展夥伴關係。針對少數國家損害別國安全、謀求絕對安全，宣導共同安全、普遍安全，營造公平正義、共建共用的安全格局。針對保護主義、反全球化逆流，引導經濟全球化朝着開放、包容、普惠、平衡、共贏的方向發展，共建開放型世界經濟。針對心冠肺炎疫情和氣候變化兩大挑戰，宣導構建人類衛生健康共同體、人與自然生命共同體，彌補全球治理赤字。這一系列理論創新站在時代發展最前沿，代表國際社會大多數，打破了西方國家對國際規則制定權話語權的壟斷，為國際政治文明進步帶來了新機遇。」(16)

王毅的文章對習近平外交思想，作出了詳盡精辟的分析和闡述。由此我們可以清楚看到，習近平外交思想把國與國之間應該遵循的外交行動和文明，提高到了一個全新的、高層次的發展階段，建立成為新時代中國特色社會主義及世界新秩序，「實現了歷史使命與時代潮流、民族精神與國際主義、中國氣派與世界情懷的高度統一」(16) 的中華新文明，並成為世界新文明非常重要的組成部分。

堅定不移推動高水平開放

如要積極創造和樹立一種新的外交文明，中國還必須堅定不移推動自身的高水平開放。評論員和音就習近平在第四屆中國國際進口博覽會開幕式的主旨演講，在《人民日報》作出評論指出：「鑒往知來，深刻總結中國加入世界貿易組織 20 年來的經驗啟示，展現新時代中國擴大高水平開放、同世界分享發展機遇、推動經濟全球化發展的堅定決心，彙聚起團結合作、共克時艱的強大正能量。……中國將繼續秉持人類優先理念，堅定不移維護真正的多邊主義，堅定不移同世界共用市場機遇，堅定不移推動高水平開放，堅定不移維護世界共同利益，攜手各方共建開放型世界經濟。」[17]在時代發展的潮流中發展，在歷史前進的邏輯中前進，在人類文明自我升級中不斷升級，在人類命運自我進化中不斷進化。在同一演講中，習近平強調說：「我們要把握經濟全球化發展大勢，支援世界各國擴大開放，反對單邊主義、保護主義，推動人類走向更加美好的未來。」[18] 評論員和音在 2021 年 11 月 8 日《人民日報》發表的一篇文章中也指出：「開放是當代中國的鮮明標識。中國不斷擴大開放，不僅發展了自己，也造福了世界。」[19] 而習近平更一再強調：「中國擴大高水平開放的決心不會變，同世界分享發展機遇的決心不會變，推動經濟全球化朝着更加開放、包容、普惠、平衡、共贏方向發展的決心不會變。」[19] 習近平的話，為中國以及其他國家共同來推動全球化的開放合作，不但指明了方向，並且還為推動全球化的開放合作夯實基礎。

在第四屆虹橋國際經濟論壇致辭時，中宣部部長黃坤明強調：「在追求現代化、實現強國富民的艱辛歷程中，中國共產黨領導人民不懈探索、接力奮鬥，創造中國式、現代化新道路、人類文明新形態。中國現代化進程是與世界同發展、共進步的歷程，中國將秉持和平、發展、公平、正義、民主、自由的全人類共同價值，在互利合作、增進包容、交流互鑒、和平和睦中與世界共享機遇、

共促發展，以現代化建設新成果。」[20] 這些要素為建立中華新文明以及世界新文明，我認為非常重要。

堅定走法治道路推進法治文明建設

習近平在中共中央政治局第三十五次集體學習時強調：「我國正處在實現中華民族偉大復興的關鍵時期，世界百年未有之大變局加速演進，改革發展穩定任務艱巨繁重，對外開放深入推進，需要更好發揮法治根本、穩預期、利長遠的作用。要堅定不移走中國特色社會主義法治道路，以解決法治領域突出問題為着力點，更好推進中國特色社會主義法治體系建設，提高全面依法建國能力和水準，為全面建設社會主義現代化國家、實現第二個百年奮鬥目標提供有力法治保障。」[21]

　　「中國特色社會主義法治體系是中國特色社會主義制度的重要組成部分，必須牢牢把握中國特色社會主義這個定性，正確處理政治和法治、改革和法治、依法治國和以德治國、依法治國和依規治黨的關係，在堅持黨的全面領導、保證人民當家作主等重大問題上做到頭腦特別清晰，立場特別堅定。要始終堅持以人民為中心，堅持法治為了人民、依靠人民、造福人民、保護人民，把體現人民利益、反映人民願望、維護人民權益、增進人民福祉落實到法治體系建設全過程。」[21]

　　習近平還強調：「要加強國家安全、科技創新、公共衛生、生物安全、生態文明、防範風險等重要領域立法，加強民生領域立法，努力健全國家治理急需、滿足人民日益增長的美好生活需要必備的法律制度。」[21]

　　而中央依法治國辦副主任陳一新，於 2021 年 12 月 7 日在《人民日報》發表的一篇題為〈學習貫徹習近平法治思想需要把握好十大關係〉的文章中指出：「黨的十八大以來，習近平總書記從堅持和發展中國特色社會主義、實現黨和國家長治久安的戰略高

度定位法治、佈局法治、厲行法治，創造性提出關於全面依法治國一系列新理念新思想新戰略，形成習近平法治思想。習近平法治思想內涵豐富、論述深刻、邏輯嚴密、系統完備，開闢了馬克思主義法治理論新境界，具有重要理論引領力；拓展了中國特色社會主義法治道路，具有強大實踐指導力；賦予了中華法治文明新內涵，具有深刻歷史穿透力；貢獻了推動國際關係法治化的中國智慧，具有巨大世界影響力。」[22]

　　文章還指出：「習近平法治思想實現了馬克思主義法治理論中國化的新發展新飛躍，具有既一脈相承又與時俱進的理論品質。習近平法治思想堅持辯證唯物主義和歷史唯物主義，體現了馬克思主義國家學說、政黨學說、法律觀、法治觀、民主觀、權利觀、權力觀、法治文明論等國家和法治原理，從歷史和現實相貫通、國際和國內相關聯、理論和實際相結合上，深刻回答了新時代為什麼實行全面依法治國、怎樣實行全面依法治國等一系列重大問題，構成了富有開創性、實踐性、真理性、前瞻性的科學思想體系。」[22]

　　他說：「習近平總書記強調『黨和法的關係是一個根本問題，處理得好，則法治興、黨興、國家興；處理得不好，則法治衰、黨衰、國家衰。在這個問題上，不能含糊其辭、語焉不詳，必須旗幟鮮明、立場堅定。』」[22]

　　而「所謂『黨大還是法大』的問題是一個政治陷阱，是一個偽命題，我國法律充分體現了黨和人民意志，我們黨依法辦事，黨和法、黨的領導和依法治國是高度統一的。說不存在『黨大還是法大』的問題，是把黨作為一個執政整體、就黨的執政地位和領導地位而言的，具體到每個黨政組織、每個領導幹部，必須服從和遵守憲法法律，不能將其作為以言代法、以權壓法、徇私枉法的擋箭牌。對於各級黨組織、各級領導幹部來說，『權大還是法大』則是一個真命題，要把權力關進制度的籠子，依法設定權力、規範權力、制約權力、監督權力，確保權力始終在法治軌道上運行。」[22] 陳一新還指出，習近平一再強調一個很重要的觀點，那就是：「每一種

法治形態背後都有一套政治理論，每一種法治模式當中都有一種政治邏輯，每一條法治道路底下都有一種政治立場。要確保政治成為法治的根本保證、法治成為政治的堅強保障。」[22] 不過，我認為從長遠來看，同樣重要的是，在任何時候都要能把政治文明和法治文明的優良傳統和素質保障好，盡量減少政治文明和法治文明之間的矛盾，要努力夯實政治文明和法治文明的有機統一及和諧。而就我國來說，首先必須做到的是，要堅持依法治國、依法執政，堅持法治國家、法治政府、法治社會一體建設，建立政治、法律規範體系，政治、法治實施體系，政治、法治監督體系，政治、法治保障體系，以及政治文明和法治文明體系，因為只有這樣，才能把中華新文明、世界新文明和人類命運共同體文明建立起來。

在 2022 年 2 月 16 日，《求是》雜誌發表了習近平的一篇題為〈堅持走中國特色社會主義道路，更好推進中國特色社會主義法治體系建設〉的文章，文章指出：「全面推進依法治國這件大事能不能辦好，最關鍵的是方向是不是正確、政治保證是不是堅強有力，具體講就是要堅持黨的領導，堅持中國特色社會主義制度，貫徹中國特色社會主義法治理論。……法治興則民族興，法治強則國家強。」[23] 而 2022 年 2 月 19 日《人民日報》的一篇題為〈法治興則民族興，法治強則國家強〉的評論文章指出，我們要切記「五千年中華文明，蘊含構建在道德基礎上的法律價值系統，承載豐富的國家與社會治理經驗。」[24] 所以我們要充分理解法與德的關係。因為習近平明確指出：「法律是成文的道德，道德是內心的法律。」「法治和德治不可分離、不可偏廢，國家治理需要法律和道德協同發力。」[24] 因此，對中國來說，法治領域的建設和改革是「政治性、政策性強，必須把握原則、堅守底線，決不能把改革變成『對標』西方法治體系、『追捧』西方法治實踐。」[23] 只有這樣，中國的社會主義法治體系，才能有所創新和健全起來，而中國作為「一個經濟發展、政治清明、文化昌盛、社會公正、生態良好的法治國家」[23]，才有可能為構建中華新文明提供永固的基礎。

中國特色社會主義建設的總體佈局

楊明偉 2022 年 4 月 12 日，在《人民日報》撰文說：「習近平指出：『強調總佈局，是因為中國特色社會主義是全面發展的社會主義。』改革開放以來，隨着經濟社會持續發展和思想認識不斷深化，從物質文明、精神之明『兩個文明』，到經濟、政治、文化建設『三位一體』，到經濟、政治、文化、社會建設、『四位一體』，到黨的十八大把生態文明建設納入『五位一體』總佈局，中國特色社會主義進入統籌推進、全面協調的階段。只有全面發展、全面建設，社會才能全面進步。只有統籌推進經濟、政治、文化、社會、生態文明建設，才能實現生產力與生產關係、經濟基礎與上層建築更加協調、共同進步。」[25] 從楊明偉的陳述，我們可以清楚看到，中國在建設方面，是用一種系統觀念、整體觀念、長遠觀念、戰略觀念來看待發展的，這就可以避免孤立、靜止、片面地搞建設。這種思想和工作方法，我認為對謀劃、推動、解決協調各領域的工作和全面建設中國特色社會主義現代化國家、全面深化改革、全面依法治國、全面從嚴治黨（註：統稱為「四個全面」）都非常重要；而我認為這對全面構建中華新文明，以及築牢中華新文明的根基，尤為重要。

參考資料

1.　〈歷史和人民怎樣選擇了社會主義道路〉。2021 年 5 月 26 日，《人民日報》。

2.　韓慶祥，〈歷史的結論　人民的選擇〉。2021 年 5 月 26 日，《人民日報》。

3.　豐子義，〈中國革命建設改革的強大思想武器〉。2021 年 5 月 24 日，《人民日報》。

4. 〈習近平向世界馬克思主義政黨理論研討會致賀信〉。2021 年 5 月 28 日，《人民日報》。

5. 郭建寧，〈馬克思主義和中華文明相融相通〉。2021 年 5 月 24 日，《人民日報》。

6. 張維為，〈我們有無比的自信與自豪〉。2021 年 5 月 26 日，《人民日報》。

7. 王員，〈實現中國夢的必由之路〉。2021 年 5 月 26 日，《人民日報》。

8. 中共最高人民法院黨組，〈習近平法治思想領航法治中國闊步向前〉。2021 年 5 月 28 日，《人民日報》。

9. 《中共中央關於制定國民經濟和社會發展第十四個五年規劃和二〇三五年遠景目標的建議》。2020 年，新民主出版社。

10. 顏曉峰，〈從趕上時代到引領時代的偉大跨越〉。2021 年 5 月 19 日，《人民日報》。

11. 劉鶴 2021 年 5 月 29 日為兩院院士作的報告：〈以習近平新時代中國特色社會主義思想為指導實現科技自立自強〉。2021 年 5 月 30 日，《人民日報》。

12. 〈加快建設科技強國 實現高水平科技自立自強〉，《央視快評》。2021 年 5 月 30 日，《文匯報》。

13. 〈強化國家戰略科技力量〉。2021 年 6 月 1 日，《人民日報》。

14. 〈激發數字經濟活力〉。2021 年 10 月 19 日，《人民日報》。

15. 北京市習近平時代中國特色社會主義思想研究中心，〈用馬克思主義真理力量激活中華文明〉。2021 年 7 月 30 日，《人民日報》。

16. 王毅，〈高舉習近平外交思想光輝旗幟 書寫民族復興壯麗篇章〉。2021 年 10 月 20 日，《人民日報》。

17. 〈歷史大勢必將浩盪前行 (和音)〉。2021 年 11 月 7 日，《人民日報》。

18. 〈把握經濟全球化發展大勢〉。2021 年 11 月 6 日，《人民日報》。

19. 〈為世界經濟增長擴大空間 (和音)〉。2021 年 11 月 8 日，《人民日報》。

20. 黃坤明出席第四屆虹橋國際經濟論壇的「中國現代化與世界新機遇」分論壇時的致辭。2021 年 11 月 6 日，《人民日報》。

21. 習近平 2021 年 12 月 6 日在中共中央政治局第三十五次集體學習時的講話：〈堅定不移走中國特色社會主義法治道路 更好推進中國特色社會主義法治體系建設〉。2021 年 12 月 8 日，《人民日報》。

22. 陳一新，〈學習貫徹習近平法治思想需要把握好十大關係〉。2021 年 12 月 7 日，《人民日報》。

23. 2022 年 2 月 16 日《求是》雜誌發表了習近平的一篇題為〈堅持走中國特色社會主義道路，更好推進中國特色社會主義法治體系建設〉的文章。2022 年 2 月 17 日，《人民網》。

24. 〈法治興則民族興，法治強則國家強〉。2022 年 2 月 19 日，《人民日報》。

25. 楊明偉，〈經濟、政治、文化、社會、生態文明建設相互協調相互促進〉。2022 年 4 月 12 日，《人民日報》。

第 5 章

中國的新農業文明

邢朝國 2021 年 5 月 28 日在《人民日報》撰文引錄習近平的話，指出：「全面建設社會主義現代化國家，實現中華民族偉大復興，最艱巨最繁重的任務依然在農村，最廣泛最深厚的基礎依然在農村。」邢朝國説：「脱貧攻堅取得全面勝利後，要全面推進鄉村振興，這是『三農』工作重心的歷史性轉移。我們要全面辯證看待農村發展的基礎和優勢，落實農業農村優先發展的方針，實現鞏固拓展脱貧攻堅成果同鄉村振興有效銜接，讓農村成為安居樂業的家園。」[1] 邢朝國還進一步引用習近平的話指出：「農村兼具生產、生活、生態、文化等的多重功能，農業農村農民問題關乎國計民生，鄉村建設在社會主義現代化建設中具有重要地位。……中央堅持不斷深化農村改革，激發農村發展新活力，我國農村新產業新業態新模式蓬勃發展，農業生態環境惡化問題得到遏制，農村公共服務和社會事業達到新水平，農村基礎設施建設不斷加強，農村社會煥發新氣象。在全面建設社會主義現代化國家新征程上，我們要大力發展鄉村旅遊、休閒康養、電子商務等新產業新業態，統籌利用農村生產空間，壯大特色優勢產業，以農村特有的資源稟賦和獨特的歷史文化為基礎，提高農業、農村和農民的發展能力。……要堅持不懈推進農村改革和制度創新，充分發揮億萬農民主體作用和首創精神，不斷解放和發展農村社會生產力，激發農村發展活力。」[1] 邢朝國在他撰寫的文章中，還強調必須看到：「廣大農民群眾是農村改革發展的活力源泉，從實行家庭聯產承包責任制、鄉鎮企業異軍突起，到發展農民合作經濟組織、建立健全現代鄉村社

會治理體制，農村改革的每一次突破和發展。」[1] 邢朝國以上所指出的，對中國農業未來的發展的觀點，明顯都非常關鍵和重要。

　　他還指出：「全面推進鄉村振興，必須進一步激發廣大農民積極性、主動性、創造性，讓農民成為鄉村振興的主體，充分發揮蘊藏在農民群眾中的創造偉力。……形成持續健康發展的長效機制，全面推進鄉村振興具有長期性、艱巨性，要遵循客觀規律，形成農業農村持續健康發展的長效機制。一方面，增強農村致富的內生動力。我們黨帶領人民打贏脫貧攻堅戰，一個重要原因就是堅持把發展作為解決貧困問題的根本途徑，不斷改善貧困地區發展條件，增強貧困群眾發展能力，實現由『輸血式』扶貧向『造血式』幫助型轉變。實施鄉村振興戰略，同樣需要提升農民致富能力，強化鄉村就業服務，穩定農民收入來源，讓發展成為鄉村振興有效辦法、農民創造幸福生活的穩定途徑。另一方面，推動農村各類要素持續有效利用。依據鄉村的獨特優勢、資源及發展潛能，科學設計鄉村振興計劃和實施方案，鼓勵和支持農民最大限度地，把各類要素轉化為鄉村經濟社會發展的強大動力。鼓勵農民依托土地、林權、資金、勞動、技術等開展各種形式的合作與聯合，依法組建農民專業合作社、聯合社，引導農村集體經濟組織挖掘集體土地、房屋、設施等資源和資產潛力，依法通過股份制、合作制、股份合作制、租賃等形式，推動產業融合發展。」[1]

推動《鄉村振興促進法》的實施

栗戰書 2021 年 5 月 27 日在鄉村振興促進法實施座談會上也明確指出：「全面建設社會主義現代化國家，實現中華民族偉大復興，最艱巨最繁重的任務依然在農村，提高農民生活水平最廣泛最深厚的基礎依然在農村。」[2] 所以他認為《鄉村振興促進法》，對促進中國農業的高質高效、鄉村宜居宜業、農民的富裕富足，非常重

要，因為「一是鄉村促進法是以增加農民收入、提高農民生活水平、提升農村文明程度為核心的振興法，不只是促進經濟發展，而是要推動農業全面升級、農業全面進步、農業全面發展。二是這部法律要解決好農業農村承擔的保障好農產品供給安全、保護好農村生態屏障安全、傳承好中國農村優秀傳統文化等歷史任務，明確農業農村發展在國家發展中的戰略定位。三是全面加強農村社會主義精神文明建設，堅持農民主體地位，全面提升新時代農民素質，培養一代又一代高素質的新型農民。」[2] 而這一部法律所起到的作用，就是「一要因地制宜促進鄉村產業發展，促進農村一二三產業融合發展，確保糧食安全，進一步增加農民收入，提高農民生活水平。二是要培養造就新型職業農民隊伍，廣泛依靠農民、教育引導農民、組織帶動農民，提高鄉村振興建設美好家園。三要傳承好農村優秀傳統文化，倡導科學健康的生產生活方式，引導特色鮮明、優勢突出的鄉村文化產業發展。四要加強農村生態環境保護，推行綠色發展方式和生活方式，加強農業源污染防治，持續改良農村人居環境。五要加強農村基層政權建設，鞏固和確保黨長期執政的基層基礎。六要保障好維護好農民的合法權益，解決好農民群眾關心關切的利益問題，讓農民吃上長效『定心丸』。」[2]

假如這一部法律能貫徹落實得好，那麼它就不但能把中國傳統的小農生產方式，引入現代農業的發展軌道，同時還能「加快推進鄉村治理體系和治理能力現代化，加快推進農業農村現代化，走中國特色社會主義鄉村振興道路，讓農業成為有奔頭的產業，讓農民成為有吸引力的職業，讓農村成為安居樂業的美麗家園。」[3]

至於怎樣才能達至以上的目的，李克強 2021 年 3 月 5 日在第十三屆全國人民代表大會第四次會議上的《政府工作報告》中，有更具體的說明，這裏我就引錄他報告中，有關優先發展農業農村，全面推進鄉村振興戰略，加快中國農業農村現代化的一些主要建議供大家參考。他說：「全面實施鄉村振興戰略，促進農業穩定發展和農民增收。接續推進脫貧地區發展，抓好農業生產，改善農

村生產生活條件。做好鞏固拓展脫貧攻堅成果同鄉村振興有效銜
接。對脫貧縣從脫貧之日起設立 5 年過渡期，保持主要幫扶政策
總體穩定。健全防止返貧動態監測和幫扶機制，促進脫貧人口穩定
就業，加大技術培訓力度，發展壯大脫貧地區產業，做好易地搬遷
後續扶持，分層分類加強對農村低收入人口常態化幫扶，確保不發
生規模性返貧。在西部地區脫貧縣中集中支持一批鄉村振興重點
幫扶縣。堅持和完善東西部協作和對口支援機制，發揮中央單位和
社會力量幫扶作用，繼續支持脫貧地區增強內生發展力量。提高粮
食和重要農產品供給保障能力。保障粮食安全的要害是種子和耕
地。要加強種質資源保護利用和優良品種選育推廣，開展農業關鍵
核心技術攻關。提高高標準農田建設標準和質量，完善灌溉設施，
強化耕地保護，堅決遏止耕地『非農化』防止『非糧化』。推進農
業機械化、智能化。建設國家糧食安全產業帶和農業現代化示範
區。穩定種糧農民補貼，適度提高稻穀、小麥最低收購價，擴大完
全成本和收入保險試點範圍。穩定糧食播種面積，提高單產和品
質。多措並舉擴大油料生產。發展畜禽水產養殖，穩定和發展生猪
生產。加強動植物疫病防控。保障農產品市場供應和價格基本穩
定。開展糧食節約行動。解決好吃飯問題始終是頭等大事，我們一
定要下力氣也完全有能力保障好 14 億人的糧食安全。紮實推進農
村改革和鄉村建設。鞏固和完善農村基本經營制度保持土地承包
關係穩定並長久不變，穩步推進多種形式適度規模經營，加快發展
專業化社會化服務。穩慎推進農村宅基地制度改革試點。發展新型
農村集體經濟。深化供銷社、集體林權、國有集體林場、農墾等改
革。提高土地出讓收入用於農業農村比例。強化農村基本公共服務
和公共基礎設施建設，促進縣域內城鄉融合發展。啟動農村人居環
境整治提升 5 年行動。加強農村精神文明建設。保障農民工工資
及時足額支付。加強發展鄉村產業，壯大縣域經濟，加強對返鄉創
業的支持，拓寬農民就業渠道。千方百計使億萬農民多增收有奔
頭。」[4]

　　除了以上的政策之外，下面也介紹一些對振興農村也非常重要的做法，譬如：推動農業機械化的升級——現今中國主要的糧食作物，如小麥、水稻、玉米等的耕種收綜合機械化率，已達至 70-80%。所以繼續支持推動我國農機裝備水平和機械化水平的大幅提升，推動農業機械化快速發展，促進農機工業發展壯大，加快提升農業機械化產業鏈現代化水平，對增強中國的農業綜合生產能力、保障國家糧食安全、增加農民收入，都非常重要。而且還必須指出，中國農業的機械化程度，標誌着中國已逐漸由一個長期以來，以傳統農業文明為標誌的國家，轉變成為一個農業和工業都發達的現代化國家。而由於這一新格局的形成，再加上中國農業的機械化，得到現代化高科技、智能化和數字化等科技，在發展過程中的全方位的支撐，所以在中國就產生了一種不但重視農業科技現代化的文化，同時還在不知不覺中形成了一種，在中國歷史上和人類歷史上都沒有出現過的「新農業文明」形態，這可以用一個很簡單的公式來表示，即：

　　「新農業文明」
　　= 中國的農業現代化政策 + 農業機械化 + 智能化數字化

　　當然，在中國如真的要把這「新農業文明」完全建立起來，還需要做好許多配套和支撐的工作。下面是我參考了許多專家的意見後，將一些重點列出來，供大家參考：

1. 為鄉村振興提供法律服務和法治保障；實現鄉村公共法律服務網絡全覆蓋；保障困難群眾獲得優質法律援助；促進法律服務多元化專業化；推進「互聯網 + 公共法律服務」向農村地區延伸；大力推進法治鄉村建設等。[5]

2. 快速推進高標準農田建設。習近平指出：「耕地是粮食生產的命根子。」建設高標準農地，才能實現旱澇保收、高產穩產，同時還要健全高標準農田的管理機制，所謂「三分建、七分

管。」當然，農業農村部門下一步，需要做的是「匯聚眾力、多措並舉，緊緊扭住耕地保護和農田建設關鍵環節，全面推動藏糧於地、藏糧於技戰略落實落地，進一步鞏固提升糧食綜合生產能力。」(6)

3. 融創探索鄉村振興長效共建模式。據《人民日報》報導，現今中國許多地方，都在探索鄉村振興長效共建模式，即集「『產業帶動、文化激活、綠色發展』為一體的鄉村振興發展新模式，助力鄉村實現產業、人才、文化、生態、組織的振興。」(7)

4. 培育農業全產業鏈。根據顧鐘陽所說，鄉村振興長效共建模式，應包括「農業全產業鏈，即涵蓋農業研發、生產、加工、消費等各個環節。以往，農民就業增收主要在種養領域，現在通過全產業鏈向一二三產業融合發展領域升級，從農業單項生產環節向全產業鏈持續增收拓展。從『賣原料』向『賣產品』『賣服務』轉變，抗風險能力也在附加值提升中逐漸增強。從農業的多種功能考量，除了保障農產品有效供給之外，農業還具有生態、文化、旅遊、康養等多重價值，深入開發這些價值，市場空間、利潤空間都不小。推進全產業鏈建設，有助於發揮農業多種功能，提升鄉村多元價值，並可以促進農業現代化，拓展農民就業空間，增加農民致富渠道。促進小農戶與現代農業發展有機銜接，提高農民組織化程度，緊密農民與新型農業經營主體之間的利益聯結。今後，還應進一步聚合科技、資金、土地等要素，暢通全產業鏈資源要素，讓農民更多分享全產業鏈增產值收益，實現穩定增收。」(8)而同樣重要的是，要走農業環境綠色化的道路，促使農業新文明與生態文明能融合協調發展（下面有更深入的討論）。

5. 建設農村商業體系。2021 年 7 月 6 日，胡春華在遼寧省海城市召開的一個全國農村商業建設工作會議時指出：「做好農村商業體系建設工作，對於暢通國內大循環、服務擴大內需

河北省灤南縣的一位工作人員正在操控一架農用無人機，為田間的小麥施放殺蟲劑。(Shutterstock)

這個戰略基點有重大意義。要順應縣域內城鄉融合發展趨勢，加快完善縣域商業體系，增強縣城商業的綜合服務和輻射帶動能力，把鄉鎮建成服務周邊的重要商業中心，積極推進村級商業規範化建設，加強縣域商業市場主體培育。要有效提升農產品流通效率和水平，提高農產品商品化加工能力，加快補上冷鏈物流短板，加強農產品流通和城市市場的對接，保障農產品運輸快捷高效暢通。要支持農村電商持續健康發展，解決好網購快遞配送問題，加快提升電商產品質量和標準。要把農村食品安全放在更重要位置，嚴厲打擊各類侵權假冒行為，確保農村商業經營場所安全，持續加強農資市場監管，推動縣域消費環境實現大的改觀。」(9)

6. 培養農業管理服務經理人員。2021 年 6 月 1 日的《人民日報》報導：「隨着現代農業向集約化、專業化、組織化、社會

化邁進，農業經理人應運而生。他們有文化，帶着專業知識投入農村建設中，推動農村面貌煥然一新；他們懂技術，引進先進設備和新技術，指導農民科學種植；他們善經營，挖掘農產品附加值，延長產業鏈促農增收；他們會管理，將現代公司管理方法用在農業生產中，助力現代農業發展。」[10] 這一農業新興工種和行業如能真正建立起來，對農業的振興將有極大的影響；並且還會影響中國的農業大學等培養人才的機構的改革，訓練出更多在新農業方面具有知識面較廣的通才。

7. 實現智慧農場整體解決方案。中國現今正在大力發展在農場運用無人作業系統，加快農業機器人、無人駕駛拖拉機、噴藥無人機等高科技技術措施，將農場的操作有系統地全面智能化升級，從而更好地維護農田的質量和保證農作物的產量。除此之外，中國還派遣科技特派員到田間地頭去做科研；這些科技特派員，同時還參與做宣傳惠農的政策、推廣科技知識、導航產業發展、教導新型產銷模式的推廣等工作，助力農村產業的發展和鄉村振興。

小結

陳堂清 2021 年 6 月 1 日在《人民日報》撰文，引述習近平總書記的話，強調：「脫貧攻堅取得勝利後，要全面推進鄉村振興，這是三農工作重心的歷史性轉移。……我們要把全面推進鄉村振興作為實現中華民族偉大復興的一項重大任務，繼續大力宏揚脫貧攻堅精神，結合本地區本部門實際抓實，在全面推進鄉村振興中開啟新生活、進行新奮鬥，努力讓農民群眾過上更加美好的生活。」[11] 　　陳堂清在同一篇文章中，又再引習近平的話，強調：「農業出路在現代化，農業現代化關鍵在科技進步。」他並指出：「實踐表

明，科技創新是推進農業農村現代化的重要動力。」譬如「新沂市
把推動農業科技創新放在突出位置，不斷加強與科研院所、重點高
校合作。通過科技下鄉、產學研合作方式實施技術轉移，將大數據、
人工智能等科技創新成果運用到農業生產領域，着力打通科技成
果向農業生產力轉化的通道，為農業農村發展插上科技創新的翅
膀。」[11]

　　2021 年 6 月 18 日，《人民日報》記者針對振興中國糧食生產
的問題，總結性地指出：「糧食生產根本在耕地，命脈在水利，出
路在科技，動力在政策。」所以，中國還需要在增強農業綜合生產
能力、現代農業農村建設工程方面，努力再加把勁，勝利就在望了。

　　其次，假如從人類文明演進的角度，來看中國在農業農村振
興方面的政策和部署，農業農村振興可以說，不但是中國農業農村
農民的一次歷史性的工作重心的轉移，更重要的是中國正在倡導
和創建一種人類的「新農業文明」。

　　我在上面已經提到過有關「新農業文明」的公式。為了更完
整地表達「新農業文明」的總體性質，我把上面有關「新農業文明」
的公式，進一步在公式內再增加一項元素，即支撐「新農業文明」
發展的配套措施。因此，有關「新農業文明」的較為完整的公式，
應為：

　　「新農業文明」
　　＝ 中國的農業現代化政策 ＋ 農業機械化 ＋
　　　智能化數字化 ＋ 各種支撐配套措施

　　換言之，「中國的農業現代化政策 ＋ 農業機械化 ＋ 智能化
數字化 ＋ 各種支撐配套措施」，已將舊中國五千年的中華傳統農
業文明，脫胎換骨地轉型和提升至「中國特色社會主義新農業文
明」的理想高度和境界。假如世界上所有其他的國家都能合力，想
為人類構建一個多樣性的「全球新文明」，那麼可以先從建立一個
全新的「世界新農業文明」開始，然後再漸漸讓它轉變成為一個世

界大同的「新全球文明」（註：當然「新農業文明」只是「新全球
文明」的其中一個部分，但卻是非常主要的一個部分）。從人類文
明的發展和進化的角度來看，那將是最理想的，也是最實際可行的
辦法。因為就現今來說，大多數的發展中國家，如要達至可接受的
現代農業文明水準（譬如像中國那樣，先解決農村絕對貧窮的問
題），會比達至現代的工業文明更容易些。（註：因為在所有的發展
中國家，貧窮問題主要是集中在農村。若是農村的貧窮問題一天不
解決，世界的多樣現代文明就難以建立起來。）換言之，如發展中
國家都能學中國那樣，先把農村的絕對貧窮問題解決好，那麼世界
上的多樣現代文明的基礎，就可以建立起來。有了這樣的一個基
礎，然後再去追求達至更高的、世界性的多樣現代文明的理想境
界，我認為這是最實際可行的發展道路。

　　其次，對中國來說，除了要有條不紊地振興農業之外，同樣
重要的是，要全面打造城鄉協調發展，解決縮小城鄉發展差距和共
同富裕的問題（同時參考第 8 章有關的討論）。就這一個問題，最
近農村發展研究所所長魏後凱撰文指出：《中共中央國務院關於支
持浙江高質量發展建設共同富裕示範區的意見》一文，對浙江「提
出了建設，『城鄉區域協調發展引領區』的戰略定位，並把『縮小
城鄉區域發展差距，實現公共服務優質共享』作為六大任務之
一。」[12] 他同時指出：「當前，我國發展不平衡不充分問題集中
體現為城鄉發展不平衡和農村發展不充分推進城鄉協調發展，逐
步縮小城鄉差距，實現城鄉居民收入均衡化，基本公共服務均等化
和生活質量等值化，既是共同富裕的內在要求，也是形成強大國內
市場、構建新發展格局的重要基礎。浙江是我國城鄉協調發展水平
較高的地區，近年來在推進城鄉融合發展、縮小城鄉差距方面進行
了大膽的積極探索，建設城鄉協調發展引領區具有較好的基礎和
條件。在全面建設社會主義現代化國家新征程中，浙江應通過示範
區建設，推動鄉村振興與新型城鎮化全面對接，聚焦鄉村產業，公
共服務、以城帶鄉、農民福祉等關鍵問題，促進城鄉深度融合發展，

全面打造高質量的城鄉協調發展引領區，充分發揮其引領、示範、標杆和帶動作用。」[12]

　　當然，發展的最終目的是造福人民。所以魏後凱認為：「縮小城鄉差距，不能採取人為的『削高填低』辦法，而應該通過實施鄉村振興戰略，加快推進農業農村現代化，不斷提高農村居民收入和生活水平，全面增進農民的福祉，實現高水平的城鄉共享繁榮。增進農民福祉的關鍵舉措是提高農民收入水平。我國是一個城鄉差距較大的發展中大國，如何破解二元結構、縮小城鄉發展差距一直是政府追求的重要目標之一。近年來，我國農村居民收入增長較快，城鄉居民收入差距持續縮小，2020 年浙江城鄉居民收入已下降至 1.96，處於全國前列，但與發達國家（1.5 左右）相比仍有一定差距。……為此需要採取多方面的有效措施，進一步拓寬農民增收渠道，建立完善農民持續穩定增收的長效機制。一是要穩定農民家庭工資性收入增長，尤其要通過築牢現代鄉村產業體系，不斷提高農民家庭工資性收入中來自農村的工資收入比重。二是促進家庭經營性收入快速增長提高家庭經營收入所佔比重及其對農民增收的貢獻率。三是全面深化農村改革，激活農村資源，打通資源變資本、資本變財富的渠道，不斷拓寬增加農民財產性收入渠道，大幅度提高財產淨收入所佔比重及其對農民增收的貢獻率。」[12] 所以，振興農村對城鄉居民收入差距持續縮小，以達至中國新農業文明的建立，及構建中華新文明都是非常重要。

　　2020 年 12 月 28 日習近平在中央農村工作會議上指出：「從中華民族偉大復興戰略全局看，民族要復興，鄉村必振興。我國自古以農立國，創造了源遠流長、燦爛輝煌的農耕文明，長期領先世界。縱覽歷朝歷代、農業興旺、農民安定，則國家統一、社會穩定；農業凋敝、農民不穩，則國家分裂、社會動盪。到了近代，列強入侵，內憂外患，農村荒涼，民不聊生。」[13] 現今，「從世界百年未有之大變局看，穩住農業基本盤、守好『三農』基礎是應變局、開新局的『壓艙石』。」[13] 是平衡城鄉發展，建立中華新文明的支

撐點。所以對中國未來的 30 年來說，是一項非常艱巨繁重的任務，我們必須堅持用大歷史觀來看待、解決和提升中國的農業、農村、農民、鄉村振興，城鄉平衡和現代化，以及構建農業新文明的問題。從而再創造更多、更輝煌的、領先世界的新農業文明要素；構建人類更多、更多樣、更燦爛的新文明形態。

中國首部農業綠色發展專項規劃出台

農業農村部等六部門在 2021 年 9 月 15 日聯合印發了《「十四五」全國農業綠色發展規劃》（以下簡稱《規劃》）[14]。這是中國首部農業綠色發展專項規劃。這一《規劃》的重要性，不單單在於提出全國農業綠色發展的目標，更重要的是《規劃》為建立中國的新農業文明，奠定了牢不可破的基礎，及可持續發展的基石。《規劃》提出：「到 2025 年全國建成 10.75 億畝集中連片高標準農田，耕地品質等級達到 4.58，農田灌溉水有效利用系數達到 0.57，主要農作物化肥、農藥利用率均達到 43%，綠色、有機、地理標誌農產品認證數量達到 6 萬個，農產品品質安全例行監測總體合格率達 98%。」[14]《規劃》同時提出：「加強農業資源保護利用，加強農業面源污染防治，加強農業生態保護修復，提升可持續發展能力，加強耕地保護與質量建設，嚴守 18 億耕地紅線，加強耕地質量建設，加強東北黑土地保護，加強退化耕地治理，提高農業用水效率，發展旱作農業，集成推廣節水技術，加強農業用水管理，保護農業生物資源，加強農業物種資源保護，加強水生生物資源保護，加強外來入侵物種防控，推進化肥農業減量增效，促進畜禽糞污和秸稈資源化利用，加強白色污染治理，保護修復農業生態系統，建設田園生態系統，保護修復森林草原生態，開發農業生態價值，加強重點流域生態保護，推動長江經濟帶農業生態修復，加強黃河流域農業生態保護。『十四五』期間，我國以永久基本農業田，糧食生產

功能區和重要農產品生產保護區為重點，建成大規模集成連片高
標準農田，開展保護性耕作 1.4 億畝，新增農田治理面積 1,400 萬
畝，新增東北黑土地保護利用面積 1 億畝，新增高效節水灌溉面
積 6,000 萬畝。」(14)《規劃》還提出：要「推動農業綠色發展、低
碳發展、循環發展、打造綠色低碳農業產業鏈，全鏈拓展農業綠色
發展空間，構建農業綠色供應鏈，推進產業集聚迴圈發展，實施農
業生產『三品一標』提升行動，堅持加工減損、梯次利用、迴圈發
展、統籌農業產品初加工、精加工和副產品加工利用，促進農產品
商品化處理，以綠色為導向，推動農業與食品加工業、生產服務業
和資訊融合發展，加快綠色高效、建節能低碳的農產品精深加工技
術集成應用，建立健全綠色流通體系促進綠色農產品消費。『十四
五』期間，建設農業綠色技術創新載體，推進農業綠色技術創新平
台建設，佈局一批國家級、省部級（重點）實驗室、農業科學觀察
實驗室站，組織現代農業技術體系開展綠色技術創新，引導大型農
業企業集團搭建綠色技術創新平台，加快農業綠色發展科技創新
聯盟發展，依託國家農業綠色發展試點先行區，開展綠色技術應
用試驗，健全綠色農業技術、標準、產業、經營、政策和數字體
系。」(14) 跟從《規劃》所要求做到的，把中國的主要農田予以全
面的改造和提升，不但能提升和保證中國糧食生產，和重要農產品
的可持續供給能力，同時還可以保證國家糧食的安全。這對建立中
國的新農業來說，都是非常之重要的。而這種新農業形態，所彰顯
的一種中國新農業文明，在中國歷史上是從沒有過的！

　　除《規劃》之外，中共中央辦公廳、國務院辦公廳還印發了
《關於推動城鄉建設綠色發展的意見》一文，並發出通知，要求各
地區各部門結合實際，認真貫徹落實。(15)

　　《關於推動城鄉建設綠色發展的意見》的總體要求是：

「1. 立足新發展階段、貫徹新發展理念、構建新發展格局，
　　　堅持以人民為中心，堅持生態優先、節約優先、保護優

先，堅持系統觀念，統籌發展和安全，同時推進物質文
明建設與生態文明建設，落實碳達峰、碳中和目標任
務，推進城市更新行動、鄉村建設行動，加快轉變城鄉
建設方式，促進經濟社會發展全面綠色轉型，為全面建
設社會主義現代化國家奠定堅實基礎。

2. 堅持人與自然和諧共生，尊重自然、順應自然、保護自
然、推動構建人與自然生命共同體。

3. 到 2025 年，城鄉建設綠色發展體制機制和政策體系基
本建立，建設方式綠色轉型成效顯著，碳排放紮實推
進，城市整體性、系統性、生長性增長，『城市病』問
題緩解，城鄉生態環境品質整體改善，城鄉發展品質和
資源環境承載能力明顯提升，綜合治理能力顯著提高，
綠色生活方式普遍推廣。到 2035 年，城鄉建設全面實
現綠色發展，碳減排水準快速提升，城市和鄉村品質全
面提升，人居環境更加美好，城鄉建設領域治理體系和
治理能力基本實現現代化，美麗中國建設目標基本實
現。

4. 推進城鄉建設一體化發展：（一）促進區域和城市群綠
色發展。（二）建設人與自然和諧共生的美麗城市。（三）
打造綠色生態宜居的美麗鄉村。（四）建設高品質綠色
建築。（五）提高城鄉基礎設施體系化水準。（六）加強
城鄉歷史文化保護傳承。（七）實現工程建設全過程綠
色建造。（八）推動形成綠色生活方式。（九）統籌城鄉
規劃建設管理。（十）建立城市體檢評估制度。（十一）
加大科技創新度。（十二）推動城市智慧化建設。（十三）
推動美好環境共建共治共用。（十四）加強黨的全面領
導。（十五）完善工作制度。（十六）健全支撐體系。（十
七）加強培訓宣傳。」[15]

從這些《關於推動城鄉建設綠色發展的意見》，我們可以清楚看到，中國不但是在振興農業，實際是在打造一種新農業文明。其次，假如我們再回顧一下中國歷史，我們還可以看到農業起源與文明起源是息息相關的。譬如：「湖南道縣玉蟾岩、浙江浦江上山和義烏橋頭遺址的考古工作向世界證明了中國的水稻農業一萬多年前發源於長江中下游地區。距今 8,000 年前後『南稻北粟』兩大農業體系初步形成，距今 4,000 多年後從西方傳入了小麥，中原出現了『五穀豐登』景象，再加上『六畜興旺』，為中華文明形成準備了條件。1981 年牛河樑遺址的發現，開啟了中國文明起源的新階段，考古學家蘇秉琦的『滿天星斗說』影響深遠。可以說距今 5,300 年至 4,300 年前後的文明圖景，是通過考古人的努力徐徐展開的。以紅山文化為代表的西遼河流域、以良渚文化為代表的長江流域在距今 5,300 年前後相繼啟動了文明化進程，和以仰韶文化為代表的黃河流域及其他地區密切互動，形成被稱為『中國相互作用圈』的文化共同體。」(16)

「十四五」推進農業農村現代化的規劃

除《「十四五」全國農業綠色發展規劃》之外，2022 年 2 月 11 日國務院還印發了《「十四五」推進農業農村現代化規劃》（以下簡稱《現代化規劃》），「對『十四五』時期推進農業農村現代化的戰略導向、主要目標、重點任務和政策等作出全面安排，增強農業農村對經濟社會發展的支撐保障能力和『壓艙石』的穩定作用，持續提高農民生活水準。……《現代化規劃》指出，推進中國特色農業農村現代化必須堅持十個戰略導向，要立足國內基本解決我國人民吃飯問題，鞏固和完善農村基本經營制度，推進農業全產業鏈開發，有序推進鄉村建設，加強和創新鄉村治理，推動城鄉融合發展，促進農業農村可持續發展，促進農民農村共同富裕。」(17)

　　《現代化規劃》還對農業農村可持續發展，作出了許多詳細的政策方面的說明，由於篇幅的限制，這裏就不引錄了；但我認為這值得大家細讀，因為《現代化規劃》內的政策和措施，如果能夠得到貫徹落實，對推動和建立中國的農業文明，是非常的關鍵和重要。不過無論怎樣，《現代化規劃》，最最重要的是，一定要保證中國的農田必須永遠是良田。正如習近平所說：中國「18 億畝耕地必須實至名歸，農田就是農田，而且必須是良田。」[18] 因為耕地是中國人民的命根子，是中國農業文明的基本。這也是為什麼習近平經常強調說：「中國人的飯碗任何時候都要牢牢端在自己手中，飯碗主要裝中國糧。」而耕地「要有合理佈局，主產區、主銷區、產銷平衡區都要保面積、保產量。」[19]

　　另一方面，從中國農業文明的歷史發展脈絡來看，我們可以見到，中國正在開啟的大規模的全國性農業振興戰略目標，是可以被看作為中國正在開創的一種農業形態的歷史性新變化。一場文明延續，疊代與創新的巨變，使農村與城市的發展和文明，可以互相統一及創新性地一併發展。讓城鄉融為一體，把現代農業和現代工業融為一體，從而全面建立和發展中國特色社會主義的中華新文明。

參考資料

1.　邢朝國，〈建設美麗宜居的現代鄉村〉。2021 年 5 月 28 日，《人民日報》。

2.　栗戰書 2021 年 5 月 27 日在鄉村振興促進法實施座談會上的講話。2021 年 5 月 28 日，《人民日報》。

3.　習近平，〈走中國特色社會主義鄉村振興道路〉，《論堅持全面深化改革》。2018 年，中央文獻出版社，第 394 頁。

4.　李克強 2021 年 3 月 5 日，在第十三屆全國人民代表大會第四次會議上的《政府工作報告》。2021 年 4 月，三聯書店(香港)。

5.　〈在全國開展「鄉村振興 法治同行」活動〉。2021 年 6 月 10 日，《人民日報》。

6.　〈高標準農田建設快速推進〉。2021 年 6 月 7 日，《人民日報》。

7.　〈融創探索鄉村振興長效共建模式〉。2021 年 6 月 4 日，《人民日報》。

8.　顧鐘陽，〈培育農業全產業鏈〉。2021 年 6 月 18 日，《人民日報》。

9.　2021 年 7 月 6 日胡春華在遼寧省海城市召開全國農村商業建設工作會議。2021 年 7 月 7 日，《人民日報》。

10.　〈農業經理人 村裏的新能人〉。2021 年 9 月 7 日，《人民日報》。

11.　陳堂清，〈把全面推進鄉村振興工作抓緊抓實〉。2021 年 6 月 1 日，《人民日報》。

12.　農村發展研究所所長魏後凱，〈全面打造城鄉協調發展的引領區〉。2021 年 8 月 5 日，《人民日報》。

13.　習近平 2020 年 12 月 28 日在中央農村工作會議上的講話：〈真抓實幹做好新發展階段「三農」工作〉，見習近平，《論把握新發展階段、貫徹新發展理念、構建新發展格局》。2021 年 8 月，中央文獻出版社，第 463 頁。

14.　〈首部農業綠色發展專項規劃出台〉。2021 年 9 月 16 日，《人民日報》。

15.　2021 年 10 月 21 日，中辦國辦印發了《關於推動城鄉建設綠色發展的意見》。2021 年 10 月 22 日，《人民日報》。

16.　〈百年中國考古堅定文化自信〉。2021 年 10 月 23 日，《人民日報》。

17.　2022 年 2 月 11 日，國務院印發了《「十四五」推進農業農村現代化規劃》。2022 年 2 月 12 日，《人民日報》。

18.　〈農田就是農田，而且必須是良田〉。2022 年 2 月 19 日，《人民日報》。

19.　〈要實打實地調整結構〉。2022 年 2 月 20 日，《人民日報》。

第 6 章
中國的生態文明建設

「生態」、「環境保護」、「污染」、「生物多樣性」、「地球氣候變暖」、「綠色革命」、「新能源」、「垃圾分類處理」等概念，可以説是在第二次世界大戰之後，漸漸被人們關注、認識及重視起來的概念。到了上世紀中葉，這些概念和名詞便開始流行和普及起來，並被學界所看重，作為生物學的一個重要分支，在中學和大學教導學生，並在許多大學成立專業來培養這方面的人才。之後，世界各國的政府又開始把這一議題，作為重要的政治訴求，放進其政見和政綱之內，以吸引選民的注意力和用來攻擊政敵。而在社會上，這議題更經常引起民眾的討論和爭議，成為傳媒的熱門炒作話題和對象。在有些國家，更有人組織政黨（例如各種所謂「綠黨」的出現）來爭取這方面的話語權和攫取政治權力等。

中國在生態文明方面的思想和舉措

對中國來說，生態文明的建設是中國現代化發展籃圖中的一個非常重要環節。2021 年 5 月 2 日《中視快評》在題為〈建設人與自然和諧共生的現代化〉一文中指出：「環境就是民生，藍天就是幸福。良好生態環境是最普惠的民生福址。」[1] 而中國正在用新的生態文明思想和理念來引領新的實踐，「不斷將生態文明建設推向縱深，久久為功、持之以恆」，從而「實現人與自然和諧共生的現代化，滿足人民群眾日益增長的優美生態環境需要。」[1]

　　習近平 2021 年 4 月 22 日在領導人氣候峰會上的講話指出：
「人類進入工業文明時代以來，在創造巨大物質財富的同時，也加
速了對自然資源的攫取，打破了地球生態系統平衡，人與自然深層
次矛盾日益顯現。近年來，氣候變化、生物多樣性喪失、荒漠化加
劇、極端氣候事件頻發，給人類生存和發展帶來嚴峻挑戰。」[2] 他
2021 年 4 月 30 日在主持「政治局學習」促進經濟社會發展全面綠
色轉型時又指出：中國要「把生態文明建設擺在全局工作的突出位
置，全面加強生態文明建設，一體治理山水林田湖草沙，開展了一
系列根本性、開創性、長遠性工作，決心之大、力度之大、成效之
大前所未有，生態文明建設從認識到實踐都發生了歷史性、轉折
性、全局性的變化。」[3]

　　在同一學習會上，他還提出：「我國建設社會主義現代化具有
許多重要特徵，其中之一就是我國現代化是人與自然和諧共生的
現代化，注重同步推進物質文明建設和生態文明建設。要堅持不懈
推動綠色低碳發展，建立健全綠色低碳循環發展經濟體系，促進經
濟社會發展全面綠色轉型。推動產業結構、能源結構、交通運輸結
構、用地結構調整。要強化國土空間規劃和用途管控，落實生態保
護、基本農田、城鎮開發等空間管控邊界，實施主體功能區戰略，
劃定並嚴守生態保護紅線。要抓住資源利用這個源頭，推進資源總
量管理，科學配置、全面節約、循環利用，全面提高資源利用效
率。……要堅持精準治污、科學治污、依法治污，保持力度、延伸
深度、拓寬廣度，持續打好藍天、碧水、淨土保衛戰。要強化多污
染物協同控制和區域協同治理，加強細顆粒物和臭氧協同控制，基
本消除重污染天氣。要統籌水資源、水環境、水生態治理，有效保
護居民飲用水安全，堅決治理城市黑臭水體。要推進土壤污染防
治，有效管控農用地和建設用地土壤污染風險。要實施垃圾分類和
減量化、資源化，重視新污染物治理。要推動污染治理向鄉鎮、農
村延伸，強化農業面源污染治理，明顯改善農村人居環境。同時，
要積極推動全球可持續發展，秉持人類命運共同體理念，積極參與

全球環境治理，為全球提供更多公共產品，展現我國負責任大國形象。」(3)

中國在生態文明建設方面所採取的具體措施

2021 年 4 月 22 日在領導人氣候峰會上，習近平和各國領導就氣候變化問題，「共商應對氣候變化挑戰之策，共謀人與自然和諧共生之道」(2)，並提出一系列中國在生態文明建設方面所採取的具體措施和堅持，願與各國共同為推進全球環境治理而努力。習近平指出，中國將繼續以下的堅持，即：

「1. 堅持人與自然和諧共生。『萬物各得其和以生，各得其養以成』。大自然是包括人在內一切生物的搖籃，是人類賴以生存發展的基本條件。大自然孕育撫養了人類，人類應該以自然為根，尊重自然、順應自然、保護自然。不尊重自然違背自然只會遭到自然報復自然遭到系統性破壞，人類生存發展就成了無源之水、無本之木。我們要像保護眼睛一樣保護自然和生態環境，推動形成人與自然共生新格局。

2. 堅持綠色發展。綠水青山就是金山銀山。保護生態環境就是保護生產力，改善生態環境就是發展生產力，這是樸素的真理。我們要摒棄損害甚至破壞生態環境的發展模式，摒棄以犧牲環境換取一時發展的短視做法。要順應當代科技革命和產業革命變革大方向，抓住綠色轉型帶來的巨大發展機遇，以創新為驅動，大力推進經濟、能源、產業結構轉型升級，讓良好生態環境成為全球經濟社會可持續發展的支撐。

3. 堅持系統治理。山水林田湖草沙是不可分割的生態系

統。保護生態環境不能頭痛醫頭、腳痛醫腳。我們要按照生態系統的內在規律，統籌考慮自然生態各要素，從而達到增強生態系統迴圈能力、維護生態平衡的目標。

4. 堅持以人為本。堅持以人為本生態環境關係和各國人民的福祉，我們必須充分考慮各國人民對美好生活的嚮往、對優良環境的期待、對子孫後代的責任，探索保護環境和發展經濟、創造就業、消除貧困的協同增效，在綠色轉型過程中努力實現社會公平正義，增加各國人民獲得感、幸福感、安全感。

5. 堅持多邊主義。我們要堅持以國際法為基礎、以公平正義為要旨、以有效行動為導向，維護以聯合國為核心的國際體系，遵循《聯合國氣候變化框架公約》及其《巴黎協定》的目標和原則，努力實現 2030 年可持續發展議程；強化自身行動，深化夥伴關係，提升合作水準，在實現全球碳中和新征程中互學互鑒、互利共贏。要攜手合作，不要相互指責；要持之以恆，不要早令夕改；要重信守諾，不要言而無信。

6. 堅持共同但有區別的責任原則。共同但有區別的原則是全球氣候治理的基石。發展中國家面臨抗擊疫情、發展經濟、應對氣候變化等多重挑戰。我們要充分肯定發展中國家應對氣候變化所作的貢獻，照顧其特殊困難和關切。發達國家應該展現更大雄心和行動，同時切實幫助發展中國家提高應對氣候變化的能力和韌性，為發展中國家提供資金、技術、能力建設等各方面支援，避免設置綠色貿易壁壘，幫助他們加速綠色低碳轉型。」[2]

中國願與各國共同構建自然生命共同體

習近平在領導人氣候峰會上強調：「中華文明歷來崇尚天人合一道法合一道法自然，追求人與自然和諧共生。中國將生態文明理念和生態文明建設寫入《中華人民共和國憲法》，納入中國特色社會主義總體佈局。中國以生態文明思想為指導，貫徹新發展理念，以經濟社會發展全面綠色轉型為引領，以能源綠色低碳發展為關鍵，堅持走生態優先、綠色低碳的發展道路。去年，我正式宣佈中國將力爭 2030 年前實現碳達峰，2060 年前實現碳中和。這是中國基於推動構建人類命運共同體的責任擔當和實現可持續發展的內在要求作出的重大戰略決策。中國承諾實現從碳達峰到碳中和的時間，遠遠短於發達國家所用時間，需要中方付出艱苦努力。中國將碳達峰、碳中和納入生態文明建設整體佈局，正在制定碳達峰行動計劃，廣泛深入開展碳達峰行動，支援有條件的地方和重點行業、重點企業率先達峰。中國將嚴控煤電專案，『十四五』時期嚴控煤炭消費增長，『十五五』時期逐步減少。中國已決定接受《〈蒙特利議定書〉基加利修正案》，加強非二氧化碳溫室氣體管控，還將啟動全國碳市場上線交易。」[2]

　　從以上習近平的講話，我們可以清楚看到，中國在構建生態文明方面的認真度、決心、有為和有不為（註：即有利於保護環境的盡力而為，不利於保護環境的不為）。我認為這就是中華民族正在構建的一種現代文明或現代價值觀（註：這可被看作為「中華新文明」其中一個重要的組成部分）。為了人類的生存，為了保證人類命運能不斷進化，這也應是世界現代文明（或人類現代文明）必須堅持的全人類共同價值和文明觀。因此，中國願與各國共同構建自然生命共同體、生態文明共同體。而中國在這方面的努力，將有利於促進世界生態文明全球的建設、維護及現代化。

中國在建設生態文明方面的部署和努力

韓正 2021 年 5 月 18 日，在研究部署生態環境保護有關重點工作時指出：

「加大生態環境保護力度，建設人與自然和諧共生的現代化，滿足人民日益增長的優美生態環境需要，是在新發展階段推動高品質發展的應有之義。

實踐證明，生態環境保護和經濟發展是辯證統一、相輔相成的。要全面準確貫徹新發展理念，堅持節約資源和保護環境的基本國策，堅持問題導向，加強頂層設計，充分認識生態文明建設面臨的諸多矛盾和挑戰，持之以恆推進生態環境保護重點工作。

要繼續加大水污染防治力度，有效保障居民飲水安全，持續開展城鄉黑臭水體整治，着力改善大江大河水質。要做好長江流域生態修復，加強生物多樣性保護，研究建立科學的水生態監測考核指標體系，形成有效的激勵約束機制，深入推動長江經濟帶共抓大保護。要紮實推進黃河流域生態保護和高品質發展，堅持一體化保護和系統治理，在南水北調後續工程規劃建設中落實好保護生態環境的要求。要創新舉措，進一步加強農業面污染防治，改善農村人居環境。

加強大氣污染防治要突出重點，增強人民群眾的獲得感，要持續開展京津冀及周邊、汾渭平原等重點地區大氣污染治理攻堅，鞏固擴大藍天保衛戰成果。要繼續大力推進重點行業去產能工作，嚴控高耗能、高排放項目，減少污染物排放。要着力解決群眾身邊的突出生態環境問題，加強細顆粒物和臭氣的協同控制，確保大氣質量持續改善。」[4]

韓正還表示：要「實現碳達峰碳中和目標，態度要堅決，時程表、路程圖、施工圖要清晰。要推動減淤降碳協同增效，促進經

濟社會發展全面綠色轉型。要堅持系統觀念，統籌發展和安全，優化能源結構，構建清潔低碳安全高效的能源體系。」[4] 2021 年 5 月 27 日，韓正在碳達峰碳中和工作領導小組第一次全體會議上進一步強調：「推進碳達峰、碳中和工作，要堅持問題導向，深入研究重大問題。當前要圍繞推動產業結構優化、推進能源結構調整、支持綠色低碳技術研發推廣、完善綠色低碳政策體系、健全法律法規和標準體系等，研究提出有針對性和可操作性的政策舉措。」[5]

2021 年 5 月 21 日，習近平在中央全面深化改革委員會第十九次會議上指出：「要圍繞生態文明建設總目標，加強同碳達峰、碳中和目標任務銜接，進一步推進生態保護補償制度建設，發揮生態保護補償的政策導向作用。」[6]

從以上習近平和韓正的講話，可以看到中國在建設生態文明方面的措施和做法，是多麼的細緻和認真。習近平更一再強調：「生態環境保護是功在當代、利在千秋的事業。要清醒認識保護生態環境、治理環境污染的緊迫性和艱巨性，清醒認識加強生態文明建設的重要性和必要性，以對人民群眾、對子孫後代高度負責的態度和責任，真正下決心把環境污染治理好、把生態環境建設好，努力走向社會主義生態文明新時代，為人民創造良好生產生活環境。」[7]

弘文在他的書《站在歷史正確的一邊》中指出：「『生態興則文明興，生態衰則文明衰』。歷史上因為賴以生存的自然條件的改變而導致國家衰敗、文明消亡的例子歷歷在目、不勝枚舉。這一次新冠肺炎疫情全球性暴發，事實上正在以活生生的案例再次提醒人們，必須深刻反思、全面改進人與生態環境唇齒相依、命運與共的關係。」[7]

中國現今已是全球生態文明建設的積極參與者、貢獻者、引領者，中國將繼續為全球生態文明建設作出中國貢獻，為建設世界綠色家園，凝聚同舟共濟的力量，迎來更加繁榮、清潔、美麗的世界。

因此，要保障人類的生存權和發展權（註：這是最重要的人

權）、社會的進步、命運的進化，以及地球上多樣文明的美麗升級，建設人與自然和諧共生的現代化，可以說應是人類最重要的頭等大事。所以人類必須團結起來保護好地球，同心協力制止一切污染和破壞地球的行為。只有這樣，我們才對得起地球，對得起我們人類自己。我認為這是我們全人類以後在任何時候，都必須遵守和維護的生態文明道德觀。

現今，中國已成為全球生態文明建設的積極參與者、貢獻者、引領者。進入新時代，中國將繼續為全球生態文明建設作出中國貢獻，凝聚同舟共濟的力量，為建設世界綠色家園，建設更加繁榮、清潔、美麗的世界而不懈努力。譬如國家林草局和國家發展改革委員會在它們聯合印發的《「十四五」林業草原保護發展規劃綱要》中，提出到 2025 年中國森林覆蓋率將達到 24.1%，森林蓄積量達到 190 億立方米，及草源綜合植被蓋度達到 57% 等一系列保護發展目標。現今中國還在增加建設 44 處國家濕地公園，這對推動濕地保護、發揮濕地功能、弘揚濕地文化等都起到提升地球「生態文明」，保護全球環境的重要作用。

習近平在 2021 年 5 月 26 日向世界環境司法大會致賀信中指出：「地球是我們的共同家園。世界各國要同心協力，抓緊行動，共建人和自然和諧的美麗家園。中國堅持創新、協調、綠色、開放、共享的新發展理念，全面加強生態環境保護工作，積極參與全球生態文明建設合作。中國持續深化環境司法改革創新，積累了生態環境司法保護的有益經驗。中國願同世界各國、國際組織攜手合作，共同推進全球生態環境治理，共同推進全球生態文明的構建。」[8]

習近平 2021 年 6 月 5 日向巴基斯坦世界環境日主題活動致賀信時指出：「中華文明歷來崇尚天人合一。中國將生態文明建設納入中國特色社會主義總體佈局。作為全球生態文明建設的參與者、貢獻者、引領者，中國堅定致力於踐行多邊主義，捍衛以聯合國為核心的國際體系和以國際法為基礎的國際秩序，提升全球環境治理水平。中國願同各方共商生態保護大計，為全球環境治理注

入新動力，打造人與自然生命共同體，共建清潔美麗世界。」[9] 習近平強調：「地球是人類的共同家園，生態興則文明興。人類應該尊重自然、順應自然、保護自然，推動形成人與自然和諧共生新格局。氣候變化、生物多樣性喪失、荒漠化加劇和極端天氣頻發，給人類生存和發展帶來嚴峻挑戰。世界是同舟共濟的命運共同體，國際社會要以前所未有的雄心和行動，推動構建公平合理、合作共贏的全球環境治理體系，推動人類可持續發展。」[9]

　　從習近平多次的表態，我們可以看到，中國在推進全球生態文明的構建方面的堅定決心。為此，2021 年 7 月 7 日中國生態環境部成立了習近平生態文明思想研究中心，「不斷提高全社會生態文明意識，牢固樹立社會主義生態文明觀，堅定不移走生產發展、生活富裕、生態良好的文明發展之路，努力建設人與自然和諧共生的現代化。」[10] 而在具體執行方面，中辦、國辦在 2016 年 8 月印發了《關於設立統一規範的國家生態文明試驗區的意見》，進一步完善生態文明制度體系，推進生態文明領域國家治理體系和治理能力現代化。「目前，已設立了福建、江西、貴州、海南四個國家生態文明試驗區，四省結合當地實際與特點，以體制創新、制度供給、模式探索為重點，為完善生態文明制度體系探索路徑、積累經驗。」[11] 可見中國在生態文明建設方面的政策和措施是層出不窮。這裏我還可以舉兩個具體的例子，說明一下中國在生態文明建設方面的重大決心和具體措施。

例 1：《黃河流域生態保護和高質量發展規劃綱要》的印發

　　中共中央、國務院在 2021 年 10 月 8 日印發了《黃河流域生態保護和高質量發展規劃綱要》[12]。這裏我引錄一些有關資料和訊息供大家參考。

　　《黃河流域生態保護和高質量發展規劃綱要》指出：「黃河發源於青藏高原巴顏喀拉山北麓，呈『几』字型流經青海、四川、甘肅、寧夏、內蒙古、山西、陝西、河南、山東 9 省區，全長 5,464

公里，是我國第二長河。黃河流域西接昆侖、北抵陰山、南倚秦嶺、東臨渤海，橫跨東中西部，是我國重要的生態安全屏障，也是人口活動和經濟發展的重要區域，在國家發展大局和社會主義現代化建設全局中具有舉足輕重的戰略地位。……黃河是中華民族的母親河，孕育了古老而偉大的中華文明，保護黃河是事關中華民族偉大復興的千秋大計。……將黃河流域生態保護和高質量發展作為事關中華民族偉大復興的千秋大計。」[12]

　　當前，中國的生態文明建設全面推進，「綠水青山就是金山銀山理念深入人心，沿黃河人民群眾追求青山、碧水、藍天、淨土的願望更加強烈。……加快綠色發展給黃河流域帶來新機遇，特別是加強生態文明建設、加強環境治理已經成為新形勢下，經濟高質量發展的重要推動力。推動黃河流域生態保護和高質量發展，具有深遠歷史意義和重大戰略意義。保護好黃河流域生態環境，促進沿黃河地區經濟高質量發展，是協調黃河水沙關係、緩解水資源供需矛盾、保障黃河安瀾的迫切需要；是踐行綠水青山就是金山銀山理念、防範和化解生態安全風險、建設美麗中國的現實需要；是強化全流域協同合作、縮小南北發展差距、促進市場主體活力和創造力的內在需要；是大力保護傳承弘揚黃河文化、彰顯中華文明、增進民族團結、增強文化自信的時代需要。」[12]

　　黃河一直「體弱多病」，生態本底差，其最大的矛盾是水資源短缺，生態脆弱，洪水威脅大，高質量發展不充分，缺乏有較強競爭力的新興產業集群，最大的弱項是民生發展不足。而《黃河流域生態保護和高質量發展規劃綱要》就是希望能做到「統籌推進山水林田湖草沙綜合治理、系統治理、源頭治理、着力保障黃河長治久安，着力改善黃河流域生態環境，着力優化水資源配置，着力促進全流域高質量發展，着力改善人民群眾生活，着力保護、傳承、弘揚黃河文化，讓黃河成為造福人民的幸福河」[12]，為創造和提升中國的生態文明、中華新文明，以及世界新文明，作出更多更大的貢獻。

習近平 2021 年 10 月 22 日在山東省濟南市主持召開深入推動黃河流域生態保護和高品質發展座談會，在會上他指出：「沿黃河省區要落實好黃河流域生態保護和高品質發展戰略部署，堅定不移走生態優先、綠色發展的現代化道路。第一，要堅持正確政績觀，準確把握保護和發展關係。第二，要統籌發展和安全兩件大事，提高風險防範和應對能力。第三，要提高戰略思維能力，把系統觀念貫穿到生態保護和高品質發展全過程。第四，要堅定走綠色低碳發展道路，推動流域經濟發展質量變革、效率變革、動力變革。」[13] 習近平同時還強調：「『十四五』是推動黃河流域生態保護和高品質發展的關鍵時期，要抓好重大任務貫徹落實，力爭儘快見到新氣象。一是加快構建抵禦自然災害防線。二是全方位貫徹『四水四定』原則。要堅決落實江水定城、以水定地、以水定人、以水定產，走好安全有效保障、水資源高效利用、水生態明顯改善的集約節約的發展之路。三是大力推動生態環境保護治理。四是加快構建國土空間保護利用新格局。五是在高質量發展上邁出堅實步伐。」[13]

從習近平的講話，我們可以看到，中國在推動黃河流域生態保護和高品質發展，已有清晰的政策和戰略部署。我相信中國如能咬定目標，不懈奮鬥，腳踏實地埋頭苦幹，治理和保護好黃河，必將可以達至讓黃河成為永遠造福中華民族的幸福河，繼續傳承弘揚黃河文化的中心帶，成為推動中華文明，朝着建設中華新文明的方向邁進和持續發展的一個重要區域，成為構建世界新文明具影響力的支柱之一。

其次，我們還可以看到，中國在推行河湖長制多年來，在建設人水和諧共生方面已取得了一定的成功。（註：在 2016 及 2017 年，中國先後印發了《關於全面推行河長制的意見》和《關於在河泊實施湖長制的指導意見》，確定了全面推行河湖長制的任務表及路線圖。）這對維護中國河湖的健康生命，實現河湖功能永續利用，建設人水和諧共生的生態文明，至關重要。

例 2：中國生物多樣性的保護

　　為了介紹中國生物多樣性保護理念和實踐，增進國際社會對中國生物多樣性保護的了解，中國國務院新聞辦公室在 2021 年 10 月，秉持人與自然和諧共生的理念，以弘揚這一理念為目的，發佈了一份《中國生物多樣性保護》白皮書。白皮書中指出，中國生物多樣性是「以建設美麗中國為目標，積極適應新形勢新要求，不斷加強和創新生物多樣性保護舉措，持續完善生物多樣性保護體制，努力促進人與自然、人與人、人與社會和諧共生、良性循環、全面發展、持續繁榮。」[14]

　　白皮書秉持着人與自然和諧共生的理念，着重提高生物多樣性的保護成效、提升生物多樣性的治理能力、和深化全球生物多樣性的保護合作等。在白皮書的〈前言〉部分，就清楚闡明了中國對生物多樣性保護在多方面的內容。例如白皮書指出：

> 「『生物多樣性』是生物（動物、植物、微生物）與環境形成的生態復合體以及與此相關的各種生態過程的總和，包括生態系統、物種和基因三個層次。生物多樣性關係人類福祉，是人類賴以生存和發展的重要基礎。人類必須尊重自然、順應自然、保護自然，加大生物多樣性保護力度，促進人與自然和諧共生。
>
> 　　當前，全球物種滅絕速度不斷加快，生物多樣性喪失和生態系統退化，對人類生存和發展構成重大風險。
>
> 　　面對全球生物多樣性喪失和生態系統退化，中國秉持人與自然和諧共生理念，堅持保護優先、綠色發展，形成了政府主導、全民參與，多邊治理、合作共贏的機制，推動中國生物多樣性保護不斷取得新成效，為應對全球生物多樣性挑戰作出新貢獻。
>
> 　　地球是人類共同生活和守護的家園，生物多樣性是人類賴以生存和發展的基礎，是地球生命共同體的血脈和根

基。面對生物多樣性喪失的全球性挑戰，全人類是休戚與共
的命運共同體。中國已經踏上全面建設社會主義現代化國家
的新征程，生態文明建設具備更多條件，同時，也面臨很多
挑戰，生物多樣性保護任重道遠。展望未來，中國將秉持人
與自然生命共同體理念，把生物多樣性保護作為生態文明建
設重要內容，持續推進生物多樣性治理體系和治理能力現代
化，改善自然生態系統狀況，提升生態服務功能，提高生態
產品供給能力，實現自然生態系統良性循環，不斷滿足人民
日益增長的優美生態環境需求。中國將始終做萬物和諧美麗
家園的維護者、建設者和貢獻者，與國際社會攜手並進、共
同努力，開啟更加公正合理、各盡所能的全球生物多樣性治
理新進程，實現人與自然和諧共生美好願景，推動構建人類
命運共同體，共同建設更加美好的世界。」(14)

白皮書還透露，中國在「1972 年，聯合國召開人類環境會議，
與會各國共同簽署了《人類環境宣言》，生物資源保護被列入二十
六項原則之中。1993 年，《生物多樣性公約》正式生效，公約確立
了保護生物多樣性、可持續利用其組成部分以及公平合理分享利
用遺傳資源。」(14)

評論員和音 2021 年 10 月 11 日在《人民日報》指出，《生物
多樣性公約》締約方大會第十五次會議，於 2021 年 10 月 11 日在
中國昆明舉行，大會將以「『生態文明：共建地球生命共同體』為
主題。這是聯合國環境公約締約方大會首次將『生態文明』作為大
會主題，彰顯了習近平生態文明思想鮮明的世界意義，體現了中國
與國際社會一道，共謀全球生態文明建設、共促人與自然和諧共生
的信心和決心。」(15) 和音還闡釋指出：「站在對人類文明負責的
高度，中國主張尊重自然、順應自然、保護自然，探索人與自然和
諧共生之路。中國堅持用生態文明理念指導發展，把生態文明建設
放在突出地位，融入中國經濟社會發展各方面和全過程，努力建設

人與自然和諧共生的現代化。」(15)

　　中國在建設生態文明方面，是堅定的引領者、堅決的行動派、重要的貢獻者。因此，我深信「中國將繼續攜手各國共築生態文明之基，同走綠色發展之路，持續滙聚構建人與自然生命共同體(15)。而在這次《生物多樣性公約》締約方大會 2021 年第十五次會議上，中國在推動制定《2020 年後全球生物多樣性框架》（Post-2020 Global Biodiversity Framework）及通過《昆明宣言》（The Kunming Declaration），為未來全球生物多樣性保護設定目標、明確路徑，為全球生物多樣性治理和環境治理，注入新動力及積極作出中國的貢獻。具體一點來說，就是中國與其他國家正設法扭轉當前生物多樣性逐漸喪失的不良趨勢，確保最遲在 2030 年使生物多樣性走上恢復之路，進而全面實現人與自然和諧共生的 2050 年願景。

　　《人民日報》評論員和音在 2021 年 10 月 13 日的一篇題為〈攜手同行，開啟人類高質量發展新征程〉的文章中指出：「地球是人類共同生活和守護的家園，生物多樣性使地球充滿生機，也是人類生存和發展的基礎。保護生物多樣性有助於維護地球家園，促進人類可持續發展。當前，全球物種滅絕速度不斷加快，生物多樣性喪失和生物多樣性退化對人類生存和發展構成重大風險。昆明大會以『生態文明：共建地球生命共同體』為主題，推動制定《2020 年後全球生物多樣性框架》，為未來全球生物多樣性保護設定目標、明確路徑，具有重大意義。習近平主席站在對人類文明負責、為子孫後代負責的高度，強調構建人類與自然和諧共生、經濟與環境協同共進、世界各國共同發展的地球家園，為共建地球生命共同體描繪了美好藍圖。」(16)

　　而這一藍圖，習近平在《生物多樣性公約》第十五次締約方大會領導人峰會上的主旨講話中，闡釋得很清楚。習近平說：

　　「『萬物各得其和以生，各得其養以成』。生物多樣性使地球充滿生機，也是人類生存和發展的基礎。保護生物多樣性有

助於維護地球家園，促進人類可持續發展。

　　人與自然應和諧共生。當人類友好保護自然時，自然的回報是慷慨的；當人類粗暴掠奪自然時，自然的懲罰也是無情的。我們要深懷對自然的敬畏之心，尊重自然、順應自然、保護自然，構建人與自然和諧共生的地球家園。

　　綠水青山就是金山銀山。良好生態環境既是自然財富，也是經濟財富，關係經濟社會發展潛力和後勁。我們要加快形成綠色發展方式，促進經濟發展和環境保護雙贏，構建經濟與環境協同共進的地球家園。

　　以生態文明建設為引領，協調人與自然關係。我們要解決好工業文明帶來的矛盾，把人類活動限制在生態環境能夠承受的限度內，對山水林田湖草沙進行一體化保護和系統治理。

　　以綠色轉型為驅動，助力全球可持續發展。我們要建立綠色低碳迴圈經濟體系，把生態優勢化為發展優勢，使綠水青山產生巨大效益。我們要加強綠色國際合作，共用綠色發展成果。

　　以人民福祉為中心，促進社會公平正義。我們要心繫民眾對美好生活的嚮往，實現保護環境、發展經濟、創造就業、消除貧困等多面共贏，增強各國人民的獲得感、幸福感、安全感。

　　以國際法為基礎，維護公平合理國際治理體系。我們要踐行真正的多邊主義，有效遵守和實施國際規則，不能合則用、不合則棄。設立新的環境保護目標應該兼顧雄心和務實平衡，使全球環境治理體系更加公平合理。

　　中國將持續推進生態文明建設，堅定不移貫徹創新、協調、綠色、開放、共用的新發展理念，建設美麗中國。

　　為加強生物多樣性保護，中國正加快構建以國家公園為主體的自然保護地體系，逐步地把自然生態系統最重要、

自然景觀最獨特、自然遺產最精華、生物多樣性最富集的區域納入國家公園體系。中國正式設立三江源、大熊貓、東北虎豹、海南熱帶雨林、武夷山等第一批國家公園，保護面積達 23 萬平方公里，涵蓋近 30% 的陸域國家重點保護野生動植物種類。同時，本着統籌就地保護與遷地保護相結合的原則，啟動北京、廣州等國家植物園體系建設。

　　為推動實現碳達峰、碳中和目標，中國將陸續發佈重點領域和行業碳達峰實際方案和一系列支撐保障措施，構建起碳達峰、碳中和『1+N』政策體系。中國將持續推進產業結構和能源結構調整，大力發展可再生能源，在沙漠、戈壁、荒漠地區加快規劃建設大型風電光伏基地專案。」[17]

習近平最後指出：「人不負青山，青山定不負人。生態文明是人類文明發展的歷史趨勢。讓我們攜手起來，秉持生態文明理念，站在為子孫後代負責的高度。共同構建地球生命共同體，共同建設清潔美麗的世界。」[17] 從習近平的講話，我們可以清楚看到，中國在生態文明建設方面要達至的目的和已取得的顯著成就。

　　現今我們人類正處在一個充滿挑戰，但也充滿希望的時代，所以國際社會必須要加強合作，心往一處想、勁往一處使。2021 年 10 月 14 日《人民日報》一篇評論員文章指出：「當前，百年變局和世紀疫情交織疊加，世界進入動盪變革期，不穩定性不確定性顯著上升。人類社會面臨的治理赤字、信任赤字、發展赤字、和平赤字有增無減，實現普遍安全、促進共同發展依然任重道遠。人類進入工業文明時代以來，在創造巨大物質財富的同時，也加速了對自然資源的攫取，打破了地球生態系統平衡，人與自然深層次矛盾日益顯現。近年來，氣候變化、生物多樣性喪失、荒漠化加劇、極端氣候事件頻發，給人類生存和發展帶來嚴峻挑戰。同時，世界多極化趨勢沒有根本改變，經濟全球化展現出新的韌性，維護多邊主義、加強溝通協作的呼聲更加強烈。我們所處的時代充滿挑戰，也

充滿希望。人類社會應向何處去？習近平主席明確指出『為了我們共同的未來，我們要攜手同行開啟人類高質量發展新征程』。」[18]

　　「大自然孕育撫養了人類，人類應該以自然為根，尊重自然、順應自然、保護自然；不尊重自然，違背自然規律，只會遭到自然報復。只有以生態文明建設為引領，協調人與自然關係，才能共建萬物和諧的美麗家園。綠水青山就是金山銀山，保護生態環境就是保護生產力，改善生態環境就是發展生產力。只有以綠色轉型為驅動，助力全球可持續發展，才能促進經濟發展和環境保護雙贏。生態環境關係各國人民的福祉，必須充分考慮各國人民對美好生活的嚮往、對優良環境的期待、對子孫後代的責任。只有以人民福祉為中心，促進社會公平正義，才能讓發展成果，良好生態更多更公平惠及各國人民。世界只有一個體系，就是以聯合國為核心的國際

在江西鄱陽湖國家自然保護區濕地內生活的優美的東方白鸛。（Shutterstock）

體系；只有一個秩序，就是以國際法為基礎的國際秩序；只有一套
規則，就是以聯合國憲章宗旨和原則為基礎的國際關係基本準則。
只有國際法為基礎，維護公平合理的國際治理體系，才能保障各國
平等發展權利，促進共同發展繁榮。」[18]

　　「人類是一個整體，地球是一個家園。面對共同挑戰，任何
人任何國家都無法獨善其身，人類只有和衷共濟、和合共生這一條
出路。站在人與自然和諧共生的高度來謀劃經濟社會發展，促進人
與自然、人與人、人與社會和諧共生、良性循環、全面發展、持續
繁榮，我們就一定能開啟人類高質量發展新征程」[18]，才能共同
把地球生命共同體（a community of all life on Earth）建立起來，
把生態文明和人類文明提升至一個理想的境界。而這一理想境界
並非是什麼烏托邦，而是我所指的 Real-Utopia（或 Retopia）。

小結

2021 年 11 月 6 日《人民日報》一篇評論員文章指出：「生態文明
是人類文明發展的歷史趨勢，生態文明建設是關係中華民族永續
發展的根本大計。」[18] 中國共產黨自十八大以來，便督促政府要
全面地「加強生態文明建設，一體治理山水林田湖草沙，開展了一
系列根本性、開創性、長遠性工作，決心之大、力度之大、成效之
大前所未有，生態文明建設從認識到實踐都發生了歷史性、轉折
性、全域性的變化。」[18]

　　該文章進一步指出：「回溯人類歷史，進入工業文明時代以
來，傳統工業化迅猛發展，在創造巨大物質財富的同時也加速了對
自然資源的攫取，打破了地球生態系統原有的迴圈和平衡，造成了
人與自然關係緊張。新中國成立 70 多年來，我們在一窮二白的基
礎上，用幾十年時間走完了發達國家幾百年走過的工業化歷程，躍
升為世界第二大經濟體，在創造經濟社會快速發展奇蹟的同時，也

積累了大量的生態環境問題。同時我國環境容量有限，生態系統脆弱，獨特的地理環境加劇了地區間的不平衡。」[19] 因此，習近平對「建設生態文明，對生態環境工作歷來都看得很重，因為這是「關係人民福祉，關乎民族未來」的頭等大事。

該文章還指出：「生態文明建設是新時代中國特色社會主義的重要內容和重要特徵。加強生態文明建設，是貫徹新發展理念、推動經濟社會高質量發展的必然要求，也是人民群眾追求高品質生活的共識和呼聲。」[19] 而「踐行綠水青山就是金山銀山的理念，堅持節約資源和保護環境的基本國策，堅持節約優先、保護優先、自然恢復為主的方針，堅定走生產發展、生活富裕、生態良好的文明發展道路」[19] 的理念，現今已被廣大中國人民所接受。（註：這些理念，現今可以說，也已被全世界的人民所接受和認同。）

《人民日報》在另一篇文章中更進一步指出，中國共產黨自十八大以來，中國政府還通過全面深化改革，加快推進生態文明頂層設計和制度體系建設，相繼出台了《關於加快推進生態文明建設的意見》和《生態文明體制改革總體方案》。文章還引習近平的話，深刻指出：「生態是統一的自然系統，是相互依存、緊密聯繫的有機鏈條。人的命脈在田，田的命脈在水，水的命脈在山，山的命脈在土，土的命脈在林和草，這個生命共同體是人類生存發展的物質基礎。一定要算大賬、算長遠賬、算整體賬、算綜合賬，如因小失大、顧此失彼，最終必然對生態環境造成系統性、長期性破壞。」[20] 而習近平在近年更一再強調：「人與自然是生命共同體，人類必須尊重自然、順應自然、保護自然。」[20] 而「生態文明建設功在當代、利在千秋。我們要牢固樹立社會主義生態文明觀，推動形成人與自然和諧發展現代化建設新格局，為保護生態環境作出我們這代人的努力！」[20]

2021 年 11 月 2 日中共中央國務院公佈了《關於深入打好污染防治攻堅戰的意見》。《意見》指出：

「良好生態環境是實現中華民族永續發展的內在要求，是增進民生福祉的優先領域，是建設美麗家園的重要基礎。黨的十八大以來，以習近平同志為核心的黨中央全面加強對生態文明建設和生態環境保護的領導，展開了一系列根本性、開創性、長遠性工作，推動污染防治的措施之實、力度之大、成效之顯著前所未有，污染防治攻堅戰階段性目標任務圓滿完成，生態環境明顯改善，人民群眾獲得感顯著增強，厚植了全面建成小康社會的綠色底色和品質成色。同樣應該看到，我國生態環境保護結構性、根源性、趨勢性壓力總體上尚未根本緩解，重點區域、重點行業污染問題仍然突出，實現碳達峰、碳中和任務艱巨，生態環境保護任重道遠。為進一步加強生態環境保護，深入打好污染防治攻防戰，現提出如下意見。

堅持方向不變、力度不減。保持戰略定力，堅定不移走生態優先、綠色發展之路，鞏固拓展『十三五』時期污染防治攻堅成果，繼續打好一批標誌性戰役，接續攻堅、久久為功。

堅持問題導向、環保為民。把人民群眾各反映強烈的突出生態環境問題擺上重要議事日程，不斷加以解決，增強廣大人民群眾的獲得感、幸福感、安全感，以生態環境保護實際成效取信於民。

堅持精準科學、依法治污。遵循客觀規律，抓住主要矛盾和矛盾的主要方面，因地制宜、科學施策，落實最嚴格制度，加強全過程監管，提高污染治理的針對性、科學性、有效性。推進山水林田湖草沙一體化保護和修復，強化多污染物同控制和區域協同治理，注重綜合治理、系統治理、源頭治理，保障國家重大戰略實施。

堅持改革引領，創新驅動。深入推進生態文明體制改革，完善生態環境保護領導體制和工作機制，加大技術、政

策、管理創新力度，加快構建現代環境治理體系。

　　此外，還要加快推動綠色低碳發展，深入打好藍天保衛戰，深入打好碧水保衛戰，深入打好淨土保衛戰，切實維護生態環境安全，提高生態環境治理現代化水平，加強組織實施。」(21)

　　從以上《意見》可以清楚看到，中國在建設生態文明方面所付出的努力。中國除在自身的生態環境治理方面的努力之外，中國還是全球生態文明建設的參與者、貢獻者、引領者。中國堅定不移走生態優先、綠色低碳和高質量發展道路，持續為各國應對全球氣候變化作出貢獻。這可以從 2021 年聯合國氣候變化框架公約第 26 次締約方大會（COP26）中清楚看到。COP26 中國代表團團長、中國生態環境副部長趙英民指出：「COP26 最主要的成果是與會各國就包括第 6 條在內的《巴黎協定》實施細則達成共識。《巴黎協定》第 6 條主要是關於建立國際碳交易市場。他表示本次大會有三方面特點，充分彰顯了中國作為一個負責任大國，在推動全球變化進程中發揮的積極建設性作用：首先是習近平主席出席領導人峰會，發表書面致辭，就全球應對氣候變化、重振全球經濟這一時代課題提出了三點倡議，應該說為整個人類未來發展指明了方向（註：即堅持生態優先、綠色低碳、發展可再生能源）。第二是中美、中歐雙邊的有關聯合文件在大會上起到關鍵推動作用。第三是中國代表團和與會各方面進行了積極溝通，並堅持『公平』、『共同但有區別的責任』、『基於各自能力』原則，為大會的成功貢獻了中國智慧。」(22)

　　中國和美國 2021 年 11 月 10 日，在英國格拉斯哥舉行的《聯合國氣候變化框架公約》第二十六次締約方大會期間，發佈了《中美關於在 21 世紀 20 年代強化氣候行動的格拉斯哥聯會宣言》（以下簡稱《聯合宣言》）。中國氣候變化特使解振華指出：《聯合宣言》的內容首先「重申了《巴黎協定》確定的低於 2 攝氏度以內、爭取

1.5 攝氏度的溫升控制目標，並在《巴黎協定》框架下，採取 21 世紀 20 年代提高力度的強化氣候行動，以實現《巴黎協定》目標加強協定的實施。雙方認識到，當前各方努力與實現《巴黎協定》目標所需努力之間存在差距，將根據不同國情，攜手加強氣候行動與合作，加速綠色低碳轉型與技術創新，以彌補缺口。第二，雙方商定將攜手並與各方一道推動格拉斯哥聯合氣候變化大會取得成功，在減緩、適應、支援方面取得平衡、有力度、包容性的成果，體現共同但有區別的責任原則，考慮不同國情。雙方在《巴黎協定》溫控目標、自主貢獻、全球適應目標、資金等問題上形成了一些共識，將合作並與其他各方一道，在本屆大會上完成《巴黎協定》實施細則的談判。第三，雙方提出落實 4 月《中美應對氣候危機聯合聲明》提出的相關行動與合作任務，決定在清潔電力和煤炭、甲烷、停止非法毀林等領域開展具體的行動與合作。在清潔電力和煤炭領域，雙方將在可再生能源、輸電、分散式發電、提高電網能效等方面展開政策對話、政策交流與合作，並宣佈了各自行動；在甲烷方面，美方已經制訂了甲烷減排的行動計劃，中方也將制定訂甲烷行動計劃，雙方將加強在甲烷的量、政策、計劃方面的交流合作，促進聯合研究；在停止非法毀林方面，雙方將通過加強各自法律的執行來支援該領域的行動。此外，雙方還決定減排的法規和標準、清潔能源轉型、電氣化、迴圈經濟以及碳捕集、利用與存封技術的部署和應對等方面展開務實合作。第四，雙方決定推動中美氣候變化合作機制化、具體化、務實化，計劃建立關於 21 世紀 20 年代強化氣候行動的工作組，繼續開展技術和政策交流，促進地方政府、企業、智庫和學術界的參與，並評估 4 月上海聯合聲明和本份《聯合宣言》的實施。」[23]

中國在英國格拉斯哥舉行的《聯合國氣候變化框架公約》第二十六次締約方大會期間做出積極的努力，與其他國家一齊，促成了 COP26 三方面的成果：(1) 達成《格拉斯歌氣候公約》，與會各國同意逐步減少使用煤炭、增加對發展中國家的氣候援助，並在

2022 年底提出更高的減排目標；(2) 中美聯合發表宣言，明確雙方將在氣候變化領域加強合作（見上面中美《聯合宣言》的意見）；(3) 中國、美國、巴西等 110 個國家承諾在 2030 年之前停止和扭轉砍伐森林行為。[22] 中國外交部發言人汪文斌於 2021 年 11 月 10 日強調：「在應對氣候變化方面，中國不僅確定了目標，而且制定了具體的時間表、路線圖。中方將繼續踐信守諾，腳踏實地落實 2030 年應對氣候變化國家自主貢獻目標，為全球應對氣候變化作出中國貢獻。」[24]

很明顯的，人類如要這地球保持生態文明，讓地球不受污染和損害，那麼各國必須合作，採取有效措施和行動，把地球維護好。而中國政府在這方面的指導思想和做法，則非常明確，就是責無旁貸、全力以赴！而在生態文明建設上，中國所做的工作，在 2021 年 11 月 11 日中國共產黨第十九屆中央委員會第六次全體會議通過的《中共中央關於黨的百年奮鬥重大成就和歷史經驗的決議》[25] 裏，作了以下這樣的總結：

「改革開放以後，黨日益重視生態環境保護。同時，生態文明建設仍然是個明顯的短板，資源環境約束趨緊，生態系統退化等問題越來越突出，特別是各類環境污染、生態破壞呈高發態勢，成為國土之傷民生之痛。如果不抓緊扭轉生態環境惡化趨勢，必須付出極其沉重的代價。黨中央強調，生態文明建設是關乎中華民族永續發展的根本大計，保護生態環境就是保護生產力，改善生態環境就是發展生產力，決不以犧牲環境為代價換取一時的經濟增長。必須堅持綠水青山就是金山銀山的理念，堅持山水林田湖沙一體化保護系統治理，像保護眼睛一樣對待生態環境，像對待生命一樣對待生態環境，更加自覺地推進綠色發展、循環發展、低碳發展，堅持走生產發展、生活富裕、生態良好的文明發展道路。

黨從思想、法律、體制、組織、作風全面上發力，全方

位、全地域、全過程加強生態環境保護，推動劃定生態保護紅線、環境品質底線、資源利用上線，開展一系列根本性、開創性、長遠性工作。黨組織實施主體功能區域戰略，建立健全自然資源資產產權制度、國土空間開發保護制度、生態文明建設目標評價考核制度和責任追究制度、生態補償制度、河湖長制、林長制、環境保護『黨政同責』和『一崗雙責』等制度，制定修訂相關法律法規。優化國土空間開發保護格局，建立以國家公園為主體的自然保護地體系，持續開展大規模國土綠化行動，加強大江大河和重要湖泊濕地及海岸帶生態保護和系統治理，加大生態系統保護和修復力度，加強生物多樣性保護，推動形成節約資源和保護環境的空間格局、產業結構、生產方式、生活方式。黨領導着力打贏污染防治攻堅戰，深入實施大氣、水、土壤污染防治三大行動計劃，打好藍天、碧水、淨土保衛戰，開展農村人居環境整治，全面禁止進口『洋拉坂』。展開中央生態環境保護督察，堅決查處一批破壞生態環境的重大典型案件、解決一批人民群眾反映強烈的突出環境問題。我國積極參與全球環境氣候治理，作出力爭二〇三〇年前實現碳達峰、二〇六〇年前實現碳中和的莊嚴承諾，體現了負責任大國的擔當。

　　黨的十八大以來，黨中央以前所未有的力度抓生態文明建設，全黨全國推動綠色發展的自覺性和主動性顯著增強，美麗中國建設邁出重大步伐，我國生態環境保護發生歷史性、轉折性、全局性變化。」[25]

中國水利部在 2021 年 12 月 5 日，更提出了強化我國七大流域的治理管理任務。從水利部所透露的消息，我們知道，我國七大流域將得到「統一規劃、統一治理、統一調度、統一管理」[26]（註：即在統一規劃上，將健全定位準確、邊界清晰、功能互補、統一銜接的流域專業規劃體系；在統一治理上，堅持區域服從流域的基本

原則,統籌協調上下游、左右岸、干支流關係,科學確定工程佈局、規模、標準;在統一調度上,強化流域多目標統籌協調調度,建立健全和各方利益協調統一的調度體制機制,強化流域防洪統一調度、水資源統一調度、生態流量水量統一調度;而在統一管理上,構建流域統籌、區域協同、部門聯動的管理格局,加強流域綜合執法,充分發揮河湖長制作用,推進流域聯防聯控聯治,強化河湖統一管理、水權水資源統一管理,一體提升流域水利管理能力和水準。[26])這對推動和提高我國七大流域的治理管理能力和水平,以進入一個新的水利高質量發展階段,當然是非常重要,而對提高中國生態文明建設的關鍵作用就更不言而喻了。除強化我國七大流域的治理管理任務之外,中國各地區還在國家文化公園建設方面,做了大量的工作。現今,除在長城、大運河、長江、黃河地區建立了國家文化公園,在長江沿岸也在建設長江國家文化公園。[27]

最近,國務院印發了《中共中央國務院關於深入打好污染防治攻堅戰的意見》,「提出了更高標準打好藍天、碧水、淨土保衛戰,設立了 2025 年和 2035 年兩個階段污染防治目標。其中,明確了打好重污染天氣消除攻堅戰、城市黑臭水體治理攻堅戰、農業農村污染治理攻堅戰等 8 個標誌性戰役。」[28] 日的是要做到標本兼治、攻堅克難,讓我國生態環境保護發生歷史性、轉折性、全球性變化。

該《意見》按照 3 個層次部署,實施 8 個標誌性戰役。「一是持續打好的,保留了『十三五』時期的柴油貨車污染治理、城市黑臭水體治理、長江保護修復、農業農村污染治理 4 個標誌性戰役,提出新的目標任務,鞏固已有成果,持續攻堅克難,力爭『十四五』時期取得更大成效。二是鞏固拓展的,將渤海綜合治理攻堅拓展為重點海域綜合治理攻堅戰,範圍上擴大到長江口–杭州灣、珠江口鄰近海域,統籌實施污染防治行動,加強海洋生態保護修復,通過攻堅戰的縱深突破,帶動全國海洋生態環境整體改善。三是新增訂好的,加強 PM2.5 和臭氧協同控制,部署了重污染天氣消除攻堅

戰、臭氧污染防治攻堅戰，進一步提升人民群眾藍天獲得感；落實國家重大戰略，新增黃河生態保護治理攻堅戰，推動共同抓好大保護、協同推進大治理。」⁽²⁸⁾

《意見》還明確了深入打好污染防治攻堅戰的工作原則：「一是落實頂層設計。細化任務分解，抓緊編製 8 個標誌性戰役行動計劃，進一步將路線圖轉化為時程表、施工圖，確保可操作、可落地、能見效。二是強化統籌協調。加強政策統籌、機制統籌、力量統籌，細化實化攻堅戰配套政策措施，開展跟蹤調度和總結評估。三是加強指導幫扶。完善中央統籌、省負總責、市縣抓落實的攻堅機制，指導地方因地制宜細化落實舉措，做到內容聚焦、目標明確、措施務實，確保不折不扣貫徹落實好黨中央、國務院決策部署。」⁽²⁸⁾

《意見》更從 7 個方面，明確了提高生態環境治理現代化水準的重點任務：「一是全面強化生態環境法治保障，在法治軌道上推進生態環境治理。二是健全生態環境經濟政策，實施有利於綠色發展的政策措施。三是完善生態環境資金投入機制，把生態環境資金投入作為基礎性、戰略性投入予以重點保障。四是實施環境基礎設施補短板行動，構建一體化的環境基礎設施體系。五是提升生態環境監管執法效能，加強全過程監管。六是建立完善現代化生態環境監察體系，實現環境品質、生態品質、污染源監測全覆蓋。七是構建服務型科技創新體系，加強生態環境科技成果轉化服務。」⁽²⁸⁾

除國務院印發了《中共中央國務院關於深入打好污染防治攻堅戰的意見》之外，在 2021 年 12 月 24 日第十三屆全國人民代表大會常務委員會第三十二次會議上，還通過了《中華人民共和國雜訊污染防治法》，防控產生干擾他人正常生活、工作和學習的工業生產、建築施工、交通運輸和社會生活中產生的噪音。⁽²⁹⁾

今天，中國在生態文明建設方面已邁出許多重大步伐，我國的生態環境保護已發生歷史性、轉折性、全域性變化。習近平實行的生態文明新思想、新理念、新觀點，在建設生態文明方面，進行

了頂層設計和全面部署。《人民日報》的一篇評論指出：中國「堅定不移走生態優先、綠色發展之路，馳而不息，久久為功，我們一定能建成天更藍、山更綠、水更清的美麗中國，實現人與自然和諧共生的現代化，為共建地球生命共同體貢獻中國智慧、中國力量。」[30] 而我認為，更重要的是中國在「生態文明」方面的建設，能為「中華新文明」和「世界新文明」的建立，添磚加瓦，打好牢固的基礎，以實現永續發展的目的；並使中國能在本世紀中葉，建成為一個富強、民主、文明、和諧美麗的社會主義現代化強國。

2022 年 1 月 29 日，《人民日報》就習近平近年來所發表的《論堅持人與自然和諧共生》的文章和講話，作了介紹，並圍繞有關習近平在生態文明建設方面的論述，扼要地指出：習近平「以前所未有的力度抓生態文明建設，從思想、法律、體制、組織、作風上全面發力，全方位、全地域、全過程加強生態環境保護，展開一系列根本性、開創性、長遠性工作」[31]，使「全黨全國推動綠色發展的自覺性和主動顯著增強，美麗中國建設邁出重大步伐，我國生態環境保護發生歷史性、轉折性、全域性變化」[31]，讓中國能走上「生產發展、生活富裕、生態良好的文明發展道路，努力建設人與自然和諧共生的現代化，……深刻回答了為什麼建設生態文明、建設什麼樣的生態文明、怎樣建設生態文明等重大理論和實踐問題。」[31]

可以這樣說，習近平的生態文明思想，不但解決了中國自身的發展問題，並走出了一條新的發展道路；同時還解決了人與自然和諧共生的現代化問題，並通過中國的發展經驗和實踐，證明給世人看「人與自然是生命共同體，人類必須尊重自然、順應自然、保護自然」[32]。

從以上的引錄和論證，及從人類文明發展史的角度，我們可以清楚看到，習近平 2019 年 4 月 28 日在中國北京世界園藝博覽會開幕式上所說：「生態興則文明興，生態衰則文明衰」[32] 這一句話的份量，因為，這一句話不但是顛撲不破的真理，並且是「人類

命運共同體文明」不可或缺的重要組成部分。

建設海洋生態文明的重要性

最後，有必要指出，如要地球上的生態文明能夠全面地興旺，重要的是，我們還需把海洋命運共同體構建起來。2022 年 2 月 11 日王岐山在「一個海洋」峰會高級別會議上發表視頻致辭時説：「海洋是人類生存和發展的重要基礎。」[33] 所以我們「要共同建設海洋生態文明，落實好聯合國 2030 年可持續性發展目標，打造藍色夥伴關係，加強海洋環境污染防治，保護海洋生物多樣性，兼顧好海洋發展與保護；要共同推動藍色經濟發展，優化海洋經濟空間佈局，有序推動海上可再生能源開發利用，發展綠色低碳海運業，提升海洋科技創新能力；要共同加強全球海洋治理，堅定維護《聯合國海洋公約》等國際法，穩步推進國家管轄外海域多樣性養護和可持續利用協定談判，發達國家要向發展中國家轉讓海洋技術，保障海洋遺傳資源各種利用共用。中方願意積極參與國際航行船舶靠港使用岸電國際合作。」[33] 王岐山還表示：「中國始終是海洋可持續發展的推動者、全球海洋治理的建設者、國際海洋秩序的維護者，將同各國一道打造和平海洋、合作海洋、美麗海洋。」[33]

　　但從人類文明進化的角度看，可惜和遺憾的是，現今人類仍然還是把海洋作為垃圾桶，不斷的在污染海洋。假如人類不停止這種破壞行動，那麼將來人類必定得為這種破壞海洋環境的行動，付出沉重的代價！甚至陷入海洋環境被全面催毀，人類難以生存的境地！

參考資料

1. 〈建設人與自然和諧共生的現代化〉,《中視快評》。2021 年 5 月 2 日,《大公報》。

2. 習近平 2021 年 4 月 22 日在領導人氣候峰會上的講話。2021 年 4 月 23 日,《人民日報》。

3. 習近平 2021 年 4 月 30 日在主持「政治局學習」上的講話。2021 年 5 月 1 日,《人民日報》。

4. 韓正在中國環境科學研究院主持座談會時的講話。2021 年 5 月 19 日,《人民日報》。

5. 韓正 2021 年 5 月 27 日,在碳達峰碳中和工作領導小組第一次全體會議上的講話。2021 年 5 月 28 日,《人民日報》。

6. 習近平 2021 年 5 月 21 日,在中央全面深化改革委員會第十九次會議上的講話。2021 年 5 月 22 日,《人民日報》。

7. 弘文,《站在歷史正確的一邊》。2021 年,中國言實出版社,第 103、106 頁。

8. 〈習近平向世界環境司法大會致賀信〉(2021 年 5 月 26 日)。2021 年 5 月 27 日,《人民日報》。

9. 〈習近平向巴基斯坦世界環境日主題活動致賀信〉(2021 年 6 月 5 日)。2021 年 6 月 6 日,《人民日報》。

10. 〈習近平經濟生態研究中心成立〉。2021 年 7 月 8 日,《星島日報》。

11. 〈山海畫廊　釋放發展潛能(聚焦生態文明試驗區)〉。2021 年 8 月 16 日,《人民日報》。

12. 《黃河流域生態保護和高質量發展規劃綱要》。2021 年 10 月 9 日,《人民日報》。

13. 習近平 2021 年 10 月 22 日,在山東省濟南市主持召開深入推動黃河流域生態保護和高品質發展座談會。2021 年 10 月 23 日,《人民日報》。

14. 2021 年 10 月,中華人民共和國國務院新聞辦公室發佈了《中國的生物多樣性保護》白皮書。2021 年 10 月 9 日,《人民日報》。

15. 〈堅持綠色發展,構建人與自然生命共同體(和音)〉。2021 年 10 月 11 日,《人民日報》。

16. 〈攜手同行,開啟人類高質量發展新征程(和音)〉。2021 年 10 月 13 日,《人民日報》。

17. 習近平 2021 年 10 月 12 日,在《生物多樣性公約》第十五次締約方大會領導人峰會上的主旨講話:〈共同構建地球生命共同體〉。2021 年 10 月 13 日,《人民日報》。

18. 〈開啟人類高質量發展新征程〉。2021 年 10 月 14 日，《人民日報》。

19. 〈關係中華民族永續發展的根本大計〉。2021 年 11 月 6 日，《人民日報》。

20. 〈努力建設人與自然和諧共生的現代化(新時代的關鍵抉擇)〉。2021 年 11 月 6 日，《人民日報》。

21. 《中共中央國務院關於深入打好污染防治攻堅戰的意見》(2021 年 11 月 2 日)。2021 年 11 月 8 日，《人民日報》。

22. 2021 年 11 月 15 日，《大公報》，第 A24 頁。

23. 〈中國氣候變化事務特使——中美合作是唯一正確選擇〉。2021 年 11 月 14 日，《人民日報》。

24. 2021 年 11 月 11 日，《大公報》。

25. 2021 年 11 月 11 日，中國共產黨第十九屆中央委員會第六次全體會議通過了《中共中央關於黨的百年奮鬥重大成就和歷史經驗的決議》。2021 年 11 月 17 日，《大公報》。

26. 〈我國七大流域將強化流域治理管理〉。2021 年 12 月 6 日，《人民日報》。

27. 〈長江國家文化公園建設正式啟動〉。2021 年 1 月 4 日，《人民日報》。

28. 〈美麗中國建設，有了新的時程表〉。2021 年 12 月 20 日，《人民日報》。

29. 2021 年 12 月 24 日，第十三屆全國人民代表大會常務委員會第三十二次會議上通過了《中華人民共和國雜訊污染防治法》。2021 年 1 月 4 日，《人民日報》。

30. 〈美麗中國建設邁出重大步伐〉。2021 年 12 月 8 日，《人民日報》，「人民觀點」。

31. 〈習近平同志《論堅持人與自然和諧共生》〉。2022 年 1 月 29 日，《人民日報》。

32. 〈習近平同志《論堅持人與自然和諧共生》主要篇目介紹〉。2022 年 1 月 29 日，《人民日報》。

33. 王岐山在「一個海洋」峰會高級別會議上的致辭。2022 年 2 月 12 日，

第 7 章

「中華新文明」的構建與
「美國文明」的困境

在第 2 章我就中華文明的歷史發展進程，從工業革命的角度，分
析了中國步入現代化及創新驅動的第四次工業革命的過程，同時
說明這第四次工業革命，對中國社會未來的發展，以及中華民族現
代文明的建設，是非常之重要的。而在這一章，我則從中華民族文
明的形成與西方文明（特別是美國文明）的形成的這一角度，作一
比較，目的是希望通過比較，講清楚譬如「中華新文明」與「美國
文明」孰優孰劣的問題。

中華民族文明的形成

清華大學唐加文教授指出：「中國民族是世界上惟一文明從未中斷
過的民族。中國曾經被打敗，但中國文明從未被摧毀！」因此，與
世界上其他偉大的古代文明比較，如巴比倫文明、埃及文明和印度
文明，中華文明是惟一從 4200 年前進入文明的門檻開始，能完整
地不斷發展至今天，仍沒有滅亡的文明。之後出現的希臘文明，是
由巴比倫文明與埃及文明相遇後衍生出來的文明；而波斯文明則
是由巴比倫文明與印度文明相遇後衍生出來的文明；所以與以上
四大文明比較，它們少了原始性的地位，但它們對以後世界文明發
展和進化的影響，却更巨大。故此，我稱這一時期形成的各種文明，
為「初創文明期」或初創文明發展階段（也可被看作為「史前社會

文明化」的階段），即相當於中華文明在 4200 年前，逐步進入中華
文明門檻的時期。

　　中國在 4,200 年前，傳說有六位王者，即是炎帝、黃帝、蚩
尤、堯、舜、禹，他們用了 700–800 年的準備時間，把中華民族具
獨特性的「初創文明」建立了起來。（註：黃帝接過炎帝的初創文
明（即是有文字、有城市式的群居方式、有青銅器等的文明標誌），
初步鞏固了我們中華民族的初創文明，這就是為什麼我們經常被
稱作為炎黃子孫的一個原因。）

　　之後，從夏朝、商朝到周朝，「初創文明」進入了一個我稱為
「文明形成期」（或「人類文明形成期」）時代（見第 8 章的有關討
論）。之後出現了一個很奇怪的現象，就是全人類最具智慧的人，
差不多都先後在同一時期，但在不同的地方出現了。在中國有老
子、孔子、庄子、韓非子和孟子等（這時期又被稱為「諸子百家」
時代）；而其他國家則有蘇格拉底、柏拉圖、加里士多德、釋迦牟
尼、耶穌、穆罕默德等等。從那個時候開始，世界上人類的文明，
就有了質的變化和飛躍，因而建立了許多不同的哲理思想和認知
模式，主要都是集中於試圖解決三個方面的問題：人和物的關係，
人和神的關係，及人和人的關係。而不同的文明，在發展方向方面，
則各有不同和側重，形成了多種不同文明在這地球上共存的格局。
我稱這一時期形成的各種文明，為「智者文明期」或「智者文明時
代」。

　　在公元前 5 世紀前後，人類的智能大爆發了一段時間，但之
後就跟着進入了一段頗長的帝國時代：西半球的羅馬帝國和東半
球的秦漢帝國。（註：據西方歷史學家的分析和研判，所謂「帝國」
（Empire）可被分成以下三種發展類型：最初出現的是由封建帝皇
統治的帝國（Feudal Empire），例如羅馬帝國；跟着出現的是以依
靠商貿建立起來的帝國（Commercial Empire），例如東印度公司
（East India Company）；最後出現的是依靠國家的工業力量和強大
的軍力建立起來的帝國（National or State Empire），大多是以侵略

和殖民的方式建立起來的,例如大英帝國。現今以上的帝國都已不存在了。)

羅馬帝國在公元 476 年滅亡,之後,歐洲進入了中世紀長達千年的所謂黑暗時期(Dark Ages)。在這時期,基督教和伊斯蘭宗教文明崛起,並傳播愈來愈廣,使歐洲和中亞的文明,被這兩大宗教文明予以控制和壟斷,其影響之深及廣直至今天。這期間歐洲出現了文藝復興(Renaissance)、宗教改革(Reformation)、啓蒙運動(Enlightenment)等,對歐洲文明以後的發展,起着關鍵性的提升作用。但跟着歐洲文明又循着兩條頗不相同的道路繼續發展和相互影響。這兩條不同的路是:(1) 歐洲文明被引進美國,在美國不斷發展,形成一種以基督宗教文明(Christian Civilization)為基礎及資本主義(Capitalistic Civilization)為主導的西方「人文文明」(Western Humanistic Civilization);(2) 在歐洲則出現了以科技為主導的「工業文明」。之後,歐洲的「工業文明」(Industrial Civili-zation)進入美國,在美國被提升至人類文明發展前所沒有的高度,最終形成我們現今所認識的「美國文明」(American Civilization)(註:或「西方文明」(Western Civilization))。故此,籠統簡約地說,所謂「美國文明」,主要是由三種不同的文明因子(elements or components of civilization)組合而成的。如用公式來表示,即是:

　　「美國文明」
　　=「基督教文明」+「資本主義文明」+「科技文明」

中華文明的形成

回顧歷史,中國的文明發展,在初期出現過一段非常開放的時期,那就是中國被鮮卑族的游牧文明統治的一段時期,隨着之後的隋朝和唐朝(註:據說隋煬帝和唐太宗都有鮮卑族血緣),又大量

引進了希臘和印度文明，並開發了絲綢之路和與日本的交往，使當時的長安成了一個世界級的文明中心。到了宋朝，商業非常繁榮，中國已發展成為一個商業文明非常發達的國家。有人估計宋代的 GDP 是唐代的兩倍，而當時北宋的汴梁，已是一個世界級的商業文明中心城市。宋朝的那幅《清明上河圖》，就是北宋汴梁的真實寫照。而《馬可·波羅遊記》所寫的元朝繁榮景象，就進一步說明元朝的文明，已到達了更高的興旺發達程度。元朝在藝術、戲劇方面的建樹很多，而更重要的是由於元朝的版圖，向外作大幅度的延伸和擴張，所以也把中華文明的影響力，推至極致的境界。經過這幾個朝代，中華文明的發展可以說已達至頂峰。我稱這幾個朝代的中華文明為「頂峰文明期」或「中華文明頂峰期」。

　　至於明朝、清朝的文明，雖然繼承了唐、宋、元幾個朝代的文明輝煌，但並沒有再在文明方面作出太多新的突破。明朝的鄭和

《清明上河圖》的複製動畫版於 2010 年 11 月在香港展出，期間廣受觀眾欣賞。《清明上河圖》繪於 900 多年前，描繪北宋首都汴京當時之日常生活狀況。(亞新社)

下西洋，其船隻之巨大和堅固，在當時世界上並無其他國家可與之匹敵。但明朝却沒有突破性地意識到，有必要把航運推向建立中國「海洋文明」可持續發展的方向。所以這兩個朝代所呈現出來的文明，我只能稱之為「自滿型文明」，即是説，中華文明在那時是進入了一個自滿、保守、封閉、停滯的時期。在清朝末期，西方列強入侵我中華大地，中國遭受了前所未有的羞辱和苦難。「自滿型文明」遭遇了極大的摧殘和破壞，如果這種「自滿型文明」再不與時俱進地振作起來，就會淪為一種永久性的「衰落文明」（Degenerative Civilization）。所以明朝和清朝的「自滿型文明」，應是中華文明發展史上一個相對來說最弱的時期。在這時期，中華文明已經大大的落後於西方文明，而這中華文明的自滿期（也可被看作為衰落期），一直要等到新中國成立之後才結束。

新中國的成立，不但使中華文明重新振作起來，並且還為中華文明的崛起，成功地開啟了一條中國式的現代化道路，實現了人類歷史上前所未有的大革新，把中華文明提升至極高的新水平和境界，形成一種我稱之為「中華新文明」或「中華新文明時期」。由於現今中國正在進入「中華新文明」發展的初級階段，所以若把這一階段稱之為「中華新义明初創期」，可能是更為貼切一些。在進入這一初級階段之前，中國人民為建立這一「中華新文明」已做了許多工作、付出了許多艱辛和努力，特別是在改革開放這40多年的時間內。現今進入了21世紀，中國的「中華新文明」的經濟基礎，已達至小康水平，並準備把中國推上更高的水平和更高級的中華新文明階段。當新中國成立100年時，中國基本上已可以實現全面性的現代化，建成一個社會主義現代化國家，一個具標誌性的「中華新文明」國家。把這一階段的「中華新文明」與「美國文明」比較，我敢斷言將會是更為優越。因為中國的綜合實力（包括硬實力和軟實力）將會愈來愈強，最後必定會超越美國。所以在推動世界文明建設方面，中國將會作出更多有益世界文明發展的貢獻。

　　下面就讓我就「中華新文明」的各種因子以及「美國文明」的各種因子的組成，以及它們的優劣作一比較。這樣可以讓我們更清楚地看到，為什麼「中華新文明」比「美國文明」更為優越的原因和理由。為了方便比較起見，我先把上面提到過的，有關構成「中華新文明」和「美國文明」的兩個程式再次列出：

(1)「中華新文明」
　　＝「中華傳統文明」+「中國特色社會主義文明」+
　　「科技文明」

(2)「美國文明」
　　＝「基督教文明」+「資本主義文明」+「科技文明」

　　就「科技文明」來說，我在第 2 章已作了詳盡的論述和比較，這裏就不再重複了。我只是想指出，現時來說，美國的「科技文明」比中國的「科技文明」，肯定更為先進和優越。但中國正在急起直追，所以再過 20 到 30 年時間，相信中國在科技方面的水平，將可以和美國拉平，而在有些方面，必定還會超過美國。因為根據《中共中央關於制定國民經濟和社會發展第十四個五年規劃和二〇三五年遠景目標的建議》，展望 2035 年，我國經濟實力、科技實力、綜合國力將大幅躍升，即到 2035 年基本實現社會主義現代化，到本世紀中葉把我國建成富強民主文明和諧美麗的社會主義現代化強國。

　　就美國的「基督教文明」與中國的「中華傳統文明」來比較，我認為「中華傳統文明」比美國的「基督教文明」要來得優越得多。因為美國的「基督教文明」是一種狹隘和落後的，與迷信捆綁在一起、熱衷於擁抱無知和偏見的劣質文明（low quality civilization）。美國的「基督教文明」還具有高度的自私自利個性和排他特性，因為他們相信天地間只有一個神。任何人要是不相信這個神，那麼他們就會把他看成是異教徒（heathen）、敵人（enemy）和魔鬼（devil），

並必須把他消滅掉。這是「美國文明」其中一個非常重要的文明觀和價值觀，而更可怕的是，美國還把這種價值觀作為普世價值，要求全人類都必須擁抱它。任何人或任何其他文明，只要是不認同美國這種價值觀的，就是美國的敵人。由於中國文明並不認同這部分的意識形態和價值觀，所以美國就把中國看成敵人。

中國文明除了不認同美國這部分狹隘、荒謬、幼稚的劣質文明外，中國還認為優質的文明必須擁有開放、包容、寬宏大量、崇德尚群、中和之境、整體思維等的內涵。而美國的文明就恰恰缺乏這種開放、包容和寬宏大量等的素質，所以「美國文明」在世界文明發展史上，就顯得非常的落後、劣質，及非常的霸道。其次，中國文明歷來推崇「和而不同」、「協和萬邦」、「同舟共濟」、「合作互幫」、「交流互鑒」、「融通和諧」等傳統，及以「人為中心」的思想理念；而不像西方那樣，只提倡以「神為中心」的思想理念。現今中國更進一步，倡導要在以「人民至上、生命至上」的現代化文明思想和概念上，構建人類命運共同體，用人類命運共同體的意識來「建設持久和平、普遍安全、開放包容、清潔美麗的世界」。這種文明新概念，進一步充實了「中華傳統文明」的內涵。換言之，「中華傳統文明」所彰顯的素質和價值，肯定遠比美國所推崇的狹隘的文明觀，更能令人類的文明發展，提升至更高的境界。所以美國停滯不前的（static）「基督教文明」與中國「穩」字（stable）當頭的「中華傳統文明」比較，孰優孰劣大家可以看得一清二楚（有關這一個問題，下面還有進一步的討論）。

最後，比較一下「中國特色社會主義文明」與「資本主義文明」孰優孰劣的問題。從經濟的角度來衡量，有關這一個問題，我在拙作《中國模式+話語權 vs 西方模式+話語權》中，已有頗詳盡的討論，這裏就不再重複。在這裏我只想就「中國特色社會主義民主」與「資本主義民主」孰優孰劣的問題比較一下。因為民主是資本主義制度用來標榜其優越性的標杆，所以將中國特色社會主義民主與資本主義民主作一比較，就可以知道為什麼中國特色社會

主義文明，是比資本主義文明更為優越。

　　資本主義民主，事實上是一種選舉制度。要選舉能贏，就得花大量的金錢（即競選費用）。鐘聲 2021 年 5 月 16 日在《人民日報》撰文指出：「據報導，一些美國國會議員用在籌款上的時間，竟與用在立法工作上的時間相差無幾，每天可以長達 5 小時。在國會山任職超過 20 年的前聯邦眾議員詹姆斯・莫蘭坦承：『金錢是美國政治的一大瘟疫，扭曲了政治過程，富豪握有不成比例的政治影響力。』……新加坡學者馬凱碩的評論更加一針見血：『美國已不再是一個民主國家，而是一個財閥國家，有一個 1% 人所有、1% 人所治、1% 人所享的政府。』」[1] 美國的選舉涉及的「權錢交易」，完全可以披上合法的外衣。民主政治只是一種「金錢至上」的遊戲，「民主」因此變成了「錢主」，所以美式民主並不是真民主。但遺憾的是，美國的政客要人相信，美式的民主是世界上最好的民主，並用它來打壓和欺凌別國；但結果是往往坑害了其他的國家，而美國則自食其傲慢自大和自欺欺人的惡果。最好的一個真實的近期例子，就是美國入侵阿富汗。美國持續 20 年試圖將「西方的民主模式、制度和自由市場經濟」強加於阿富汗，搞「民主改造」、移植美式民主，完全無視阿富汗的歷史文化、國情和治理能力，其結果當然是以失敗告終。鐘聲在 2021 年 8 月 27 日《人民日報》撰寫的一篇題為〈強推「民主改造」只會自食惡果〉的評論中指出：「歷史早已反覆證明，把外來模式生搬硬套到歷史文化和國情截然不同的國家，必然要遭遇水土不服，最終難以立足。在這方面，美國的教訓非常多。然而，美國的政客至今無法擺脫輸出美式民主的衝動。他們有一種自以為是的『文明優越感』，將民主視為美國的『專利』。他們以為打着『民主』的旗號，就可以任意踐踏國際規則，干涉他國內政，甚至發動戰爭，達到維護美國霸權的目的。正是這樣的心理，讓美國一次又一次重複自己的錯誤。」鐘聲在同一篇評論中明確指出：「民主沒有固定模式，更不能先入為主、越俎代庖。美國應真正從強推『民主改造』的失敗中吸取教訓。

如果美國繼續在輸出美式民主的死胡同莽撞前行，其在阿富汗遭遇的失敗不會是最後一次。」

但可惜的是，美國仍然繼續在想方設法，向其他國家輸出美式民主。而現今，美國主要針對的是，向中國輸出美式民主。其真實的目的，當然明眼人都可以看到，只是用民主作為幌子，來遏制中國的發展。美國這種惡劣的做法，中國當然堅決反對，事實上中國也不會傻到吃美國這一套，所以美國就把中國看成為頭號敵人。這可說是一種美國劣質文明行為的寫照。

現在讓我們來看看，中國又是怎樣看待民主的？中國外交部發言人華春瑩，在回應 2021 年 5 月西方人士搞的一次所謂「民主峰會」時指出：「中國實行的是社會主義民主政治。這是一種全過程、最廣泛的民主，體現人民意志，符合中國國情，得到人民的擁護的民主。中國堅持以人民為中心，堅持人民為上。中國堅持問需於民、問計於民，讓人民當家做主。打個比方，十四五規劃充分發揮互聯網時代特點。廣大人民群眾都可通過網絡渠道來表達意願、反映訴求。人民的事情由人民商量着辦。這才是真正的民主。」

華春瑩的闡述，可以用一個簡單的公式來表示：

中國的民主形式 =「協商民主」+「全過程民主」

而所謂「協商民主」，就是習近平經常強調的：「在社會主義制度下，有事好商量、眾人的事情由眾人商量。找到全社會意願和要求的最大公約數，是人民民主的真諦。」而所謂「全過程民主」指的是，要讓人民有投票選舉的權利，而更重要的是要讓人民在日常政治生活中有持續參與的權利，有進行民主決策、民主管理、民主監督的權利。習近平曾強調：「我們走的是一條中國特色社會主義政治發展道路，人民民主是一種全過程的民主，所有的重大立法決策者是依照程序、經過民主醞釀，通過科學決策、民主決策產生的。」因此中國所實行的「協商民主」+「全過程民主」，不但豐富了民主集中制的形式、深化了民主內涵、提升了民主品質，同時還

把人類的政治文明上升至更為高級的發展階段，避免把中國的民主發展，局限在西方式的選舉鬥爭和黨爭的囹圄之中。

民主對中國政府來說，只用來為人民謀幸福安全，而不會像美國那樣，用民主和選舉來打壓政敵，用各種謊言來忽悠民眾，用民主作為政治工具和武器來打壓別國，從而為自己國家攫取政治利益，擴大勢力範圍和霸權。中國所倡導和實行的社會主義民主（或全過程民主），是一種新型的民主，是人類歷史上第一次出現的真正能為群眾、為人民服務的民主。中國的社會主義民主，為國際社會樹立了正確的民主觀，捍衛了各國選擇適合自己的民主的權利和發展道路。而總的來說，就是豐富了民主的內涵，把人類文明的發展和進步，提升至一個新的階段。

但另一方面，我們又可以看到，被西方推崇的民主優等生印度，在處理新冠疫情時，所表現出來的能力是多麼的差勁，對疫情完全失控，放棄了大量的失去救治希望的患者（美國自己在這方面的做法，事實上也好不了多少），因而犯下了多麼嚴重的不人道罪行。可見民主並非萬能，而印度作為一個民主國家，其治國理政能力，卻遠沒有中國這不實行西方民主的國家的治國理政能力來得強。可以說完全不能與中國這個處理新冠疫情的優等生，這個採用社會主義民主集中制的政治體制的國家比較。從以上的例子可以看到，「中國特色社會主義文明」的政治體制，比「資本主義文明」的政治體制，不知優越多少倍。

鐘聲在《人民日報》另一篇題為〈失序之責誰來負〉的評論中指出：「民主的目標理當是『治』，治理效果乃衡量民主實踐優劣的標尺。」[2] 從這次新冠疫情在美國和印度這兩個民主國家所呈現出來的亂象，可以看到民主制度是多麼的脆弱和容易運作失靈。民主政治所顯現出來的內部矛盾、對抗、極化、撕裂、失序、暴亂和政府經常性地癱瘓，都成了常態。「今年 1 月 18 日，美國著名政治學者弗朗西斯・福山在《外交》雜誌網站以〈腐朽透頂〉為題撰文指出：「美國政府仍然被勢力強大的精英集團所把持，這些集

團按照自身的利益扭曲政策，敗壞整個政權的合法性。而這個體制仍然過於僵化，以至於無法自我改革。」(2) 福山點到了民主政治體制的兩個死穴：過於僵化及無法自我改革。

在同一篇評論中，鐘聲進一步指出：「一個能夠實現有效治理的社會，必然離不開強大的自我淨化、自我完善、自我革新、自我提高之力。顯而易見，美國政治怪圈難以孕育這樣的力量。」(2) 我認為不但是美國的政治，美國的民主體制及美國的資本主義，都是造成美國整個治理體制僵化及無法自我改革的始作俑者或罪魁禍首。而奇怪的是，像印度這樣的國家，還要緊跟着美國，幫助美國宣揚美式的民主和西方各種劣質文明理念（例如自私、自滿、傲慢等），而不去好好的發揚印度自己的，比美國更為高尚的「佛系」及大慈大悲的文明。

習近平 2021 年 7 月 6 日在中國共產黨與世界政黨領導人峰會上，共同探討有關題為「為人民謀幸福與政黨的責任」時指出：各國「通向幸福的道路不盡相同，各國人民有權選擇自己的發展道路和制度模式，這本身就是人民幸福的應有之義。民主同樣是各國人民的權利，而不是少數國家的專利。實現民主有多種方式，不可能千篇一律。一個國家民主不民主，要由這個國家的人民來評判，而不能由少數人說了算！我們要加強交流互鑒，完善溝通機制、把握社情民意、健全組織體系、提高治理能力，推進適合本國國情的民主政治建設，不斷提高為人民謀幸福的能力和成效。」(3)

在這裏值得順便提一下，像中國這種實行特色社會主義民主的國家，還是最有能力推動建設巨大的跨區性基礎工程的，譬如像「南水北調」這樣的巨大工程，假如在美國這種所謂民主的國家，要做這樣巨大的基礎工程，基本上是沒有可能的。因為這種巨大的工程，不但技術要求高（註：眾所周知，美國在基礎建設方面是非常落後的）、投資大、回本期慢和長，而最為重要的是會損害到許多人和地方的利益，並要求許多人要作出移民搬遷，捨小家為大家。這種要犧牲許多人的利益的事，在崇向自由、人權、自私自利、

和選舉政治泛濫的民主國家是無法做得到的；而只有像中國這種實行民主集中制（即「協商民主」+「全過程民主」）的國家，才可以做得到。因為中國可以做到如習近平所指出的：「一是堅持全國一盤棋，局部服從全局，地方服從中央，從中央層面通盤優化資源配置。二是集中力量辦大事，從中央層面統一推動，集中保障資金、用地等建設要素，統籌做好移民安置等工作。三是尊重客觀規律，科學審慎論證方案，重視生態環境保護，既講人定勝天，也講人水和諧。四是規劃統籌引領，統籌長江、淮河、黃河、海河四大流域水資源情勢，兼顧各有關地區和行業需求。五是重視節水治污，堅持先節水後調水，先治污後通水、先環保後用水。六是精確精準調水，細化制定水量分配方案，加強從水源到用戶的精準調度。」(4)

其次，也必須看到中國共產黨在中國能堅持 100 年，必定有其成功的秘訣。舉例來說，這包括：(1) 如習近平所說：「把馬克思主義基本原理同中國具體實際相結合、同中華優秀傳統文化相結合。」（即成功地把馬克思主義中國化，並在實踐中不斷探索總結，避免犯教條主義、本本主義和經驗主義等的錯誤。）(2) 充分掌握了，並學懂了怎樣把歷史唯物主義所倡導的，生產力和生產關係、經濟基礎和上層建築相互作用、制約、支配整個社會進程的科學原理，並必須成功地在實踐中有效作出發揮；把中國特色社會主義事業在中國建立起來，並予以發揚光大和可持續發展的重要性，不斷夯實中國的治國理政思想基礎，以及構建中華新文明的堅實基礎。

習近平曾指出：「治理一個國家，推動一個國家實現現代化，並不只有西方制度模式這一條路，各國完全可以走出自己的道路來。」在中國特色社會主義道路上，中華民族迎來了從站起來、富起來到強起來的偉大飛躍。從文明發展的角度來考量，顯示中華民族的文明，不但有巨大的創新能力、自我革新能力，並且還具有極強的韌性。能在面對世界之變、時代之變、歷史之變的世界百年未有之大變局中，不但保持屹力不倒，並且還不斷在努力邁出新步

伐，促使全國人民共同富裕，促進社會文明程度得到新的提高，人與自然和諧共生，與世界上所有的國家走和平發展道路。中國這種追求人類高質量發展的文明素養和勁頭，願意擔起為各國人民謀幸福、為全人類謀進步的歷史責任，美國並不熱衷；美國熱衷的只是追求「美國第一」、「獨善其身」，以及政治表演和炒作。這些都已成了美國無法有效治理自己國家的痼疾。這就是為什麼我說，美國的文明（特別是政治文明）不但劣質，而且還會不斷走衰。習近平指出：「人類是一個整體，地球是一個家園。面對共同挑戰，任何人任何國家都無法獨善其身，人類只有和衷共濟、和合共生這一條出路。政黨作為推動人類進步的重要力量，要錨定正確的前進方向，擔起為人民謀幸福、為人類謀進步的歷史責任。」[3] 而美國卻不這樣做，因為美國的文明，特別是美國自詡擁有的最文明的民主選舉制度，並不鼓勵美國的政黨去這樣做。

鐘聲在〈失序之責誰來負〉一文中指出：「美國一些政客常常自誇美式民主制度的『精巧設計』，而現實呈現的，卻是『精巧設計』所孕育的『否決政治』怪胎（註：即福山所說的 Vetocracy）。美國共和、民主兩黨惡鬥不斷升級，政府可以停擺，國會可以癱瘓，決策難以出籠。眾所周知，兩黨在經濟、種族、氣侯變化、執法、國際參與及其他一系列問題上的分歧日益明顯，議員們在諸多重大公共事項上更多從黨派利益出發投票，政策之爭日益變為身份之爭，無休止的纏鬥使國家治理陷入低效無能的泥潭。……支持不同黨派的選民在極端政客的挑唆煽動之下勢不兩立，政治狂熱激發的政治仇恨，如同瘟疫一般在全國蔓延，成為美國社會持續動盪撕裂的根源。……究竟該由誰來承擔治理之責？這個問題在美國竟然不容易找到答案。新冠肺炎疫情肆虐之際，『甩鍋』專家們的噚聲叫喊不絕於耳，總統指責州长，州長指責聯邦政府……美國上空只見『甩來甩去的鍋』，而美國民眾的生命安全得不到及時充分保障。」[2] 像這種亂作一團的美式民主，像這樣劣質的美國政治文明，到底好在哪裏？像美國這種如此劣質的文明，還值得中國引

入嗎？但可悲的是，在香港却有好些糊塗人，迷戀着這種劣質文明，要香港人學習和採用，嗚呼哀哉！

　　中國一個智庫在 2021 年 6 月 30 日，發佈了一份報告，指出：「當前世界上許多政黨志在探索如何提高執政能力，以贏得民眾支持，中國共產黨的經驗探索不乏借鑒意義。」[5] 報告將中國共產黨的成功實踐概括為「ABCDE」，即：人民至上（All for the People）、藍圖擘畫（Blueprint Plan）、能力建設（Capacity Building）、共享發展（Development Sharing）及高效治理（Effective Governance）。

　　習近平指出：「人民是我們黨的工作的最高裁決者和最終評判者。」我想不論是什麼政黨，都應視這為真理。因為很明顯的，當政者始終得與人民想在一起、幹在一起，才能得到人民的支持和認同。而中國共產黨之所以成功，主要是因為中國共產黨建立了一套非常嚴謹、文明、有效的治國理政要求。習近平在「七一勳章」頒授儀式上講得非常清楚，就是黨員、官員必須「堅定信念、踐行宗旨、拼搏奉獻、廉潔奉公。……江山就是人民，人民就是江山。……堅持人民立場、人民至上，堅持不懈為群眾辦實事做好事，始終保持同人民群眾的血肉聯繫。……不以功臣自居，不計較個人得失，不貪圖享受，守紀律、講規矩。……要明大德、守公德、嚴私德，清清白白做人、乾乾淨淨做事，做到克己奉公、以儉修身，永保清正廉潔的政治本色。」[6] 試問美國的當政者、政客和官員，有多少個能達到以上這些高要求？

　　很明顯的，假如美國真的想贏中國，那麼就一定要在以上這些習近平所指出的，在道德文明、價值觀、治國理政能力等方面贏中國。問題是，美國能做到嗎？美國所崇尚的「美國優越論」、「民主、自由、人權」能解決美國堆積如山，千瘡百孔的道德文明、價值觀、治國理政能力方面的敗壞和窘困問題嗎？麥克‧史賓賽說：「美中長期鬥爭的結果，將取決於雙方是否了解和尊重雙邊長期以來形成的深刻文明差異。」[7] 這的確是。但如真的要解決這所

謂雙邊長期以來形成的深刻文明差異，我認為最關鍵的是，要看美國能否走出馬凱碩在他的《中國贏了嗎？》一書中所指出的，美國為自己打造的各種「美國優越論」的迷思和困境。(7)

王岐山 2021 年 7 月 9 日，在出席基辛格秘密訪華 50 周年紀念活動時的致辭指出：「中國共產黨的百年奮鬥是為了實現人民幸福民族復興。中國的發展是世界的機遇，中美兩國應成為共同發展的伙伴。當前中美關係正處在關鍵時刻，雙方要按照兩國元首除夕通話精神，堅守原則、相互尊重、求同存異，尊重彼此主權安全發展利益，通過對話協商妥善處理分歧摩擦，平衡解決彼此關切；着眼新形勢新變化，不斷拓展共同利益；持續加強人文交流，夯實兩國民心基礎。對美國最大挑戰不是中國，而在美國本身，美對華戰略要避免形成誤導、誤判之間的惡性循環。只要秉持全人類命運與共的理念，中美兩國之間的問題就不會根本對立、不可調和，就能找到一條和平共處、合作共贏的道路。」(8) 美中 50 年前這一接觸的初衷，符合歷史潮流和兩國利益，仍然具有重要現實意義。雙方應着眼長遠，加強戰略溝通，繼續開展各領域對話交流，使中美關係超越分歧、聚焦合作。」(8) 基辛格說：「當前，我們面臨的局勢更需要美中合作。全世界和美中兩國都應當認識到，促成 1971 年訪問的前提依然是有效的，甚至比當時更有效。」(9) 基辛格還坦言：「由於歷史和文化原因，美中兩國看問題的視角有所不同。儘管並非所有問題都能得到迅速解決，但我們應該牢記這樣一個前提：美中間的戰爭將是一場難以言狀的災難。」(9) 我希望美中間的戰爭永遠不會發生，不然這將不但是一場難以言狀的災難，而且對人類的文明來說，將會是毀滅性的。

但自從拜登上台之後，中美之間的博弈，並沒有明顯緩和下來，美國對中國的圍堵、打壓，沒有停過。2021 年 7 月 26 日中國外交部副部長謝鋒，在天津和美國常務副國務卿舍曼會談，在「會談中，除了闡述對中美關係的原則立場，敦促美方改變極其錯誤的對華認知和極其危險的對華政策，中方還重點就美方在新冠病毒

溯源、台灣、涉疆、涉港、南海等問題上的錯誤言行向美方再次表達強烈不滿，要求美方立即停止干涉中國內政，停止損害中國利益，停止踩紅綫和玩火挑釁，停止打着幌子搞集團對抗。根本原因就是美方一些人把中國當作『假想敵』，想通過樹立中國這個『假想敵』重新點燃國家目標感，通過妖魔化中國，轉移美民眾對國內政治、經濟、社會的不滿，把美國深層次結構性矛盾甩鍋到中國身上。」[10] 謝鋒指出：「美方的『競爭、合作、對抗』三分法就是遏止打壓中國的『障眼法』。對抗遏止是本質，合作是權宜之計，競爭是話語陷阱。有求於中國時就要合作；在有優勢的領域就脫鈎斷供，封鎖制裁；為了遏止中國，不惜衝突對抗。只想解決美方關切的問題，只想解決想要的結果，單方面受益，既要壞事做絕，還想好事佔盡，天下哪有這樣的道理？」[10] 謝鋒表示：「美方沒有資格在中方面前指手劃腳談民主人權。如果沒有中國共產黨堅強有力的領導、沒有一套行之有效的政治制度、沒有一套適合國情的發展道路，如果老百姓都被剝奪了民主、自由、人權，中國人民怎能釋放出如此巨大的創造力和如此巨大的生產力？西方民調顯示，中國民眾對中國政府的滿意度超過 90%，這在任何國家都是驚人的。」[10]

　　中國國務委員兼外長王毅在同一天也會見了美國常務副國務卿舍曼。舍曼再次提出應遵守所謂「基於規則的國際秩序」。王毅詰問：「美方所謂的『規則』指的是什麼？如果是指聯合國憲章和國際法，中國早就明示，各國都應遵守。如果是指美方自己和少數國家制定的所謂『規則』，有什麼道理強加給中國？中國沒有參與制定，為什麼要遵守？」[11] 王毅並還就如何有效管控分歧，防止中美關係失控提出三點要求，明確三條底綫：「第一，美國不得挑戰、詆毀甚至試圖顛覆中國特色社會主義道路和制度。中國的道路和制度是歷史的選擇，也是人民的選擇，事關 14 億中國人民的長遠福祉，事關中華民族的前途命運，是中方必須堅守的核心。第二，美國不得試圖阻撓甚至打斷中國的發展進程。中國人民當然也

有過上更美好生活的權利,中國也有實現現代化的權利,現代化不是美國的專權,這涉及人類的基本良知和國際公義。中方敦促美方盡快消除對華實施的所有單邊制裁、高額關稅、長臂管轄以及科技封鎖。第三,美國不得侵犯中國國家主權,更不能破壞中國領土完整。涉疆、涉藏、涉港等問題從來不是什麼人權、民主問題,而是反『疆獨』、反『藏獨』、反『港獨』的大是大非問題,任何國家都不會允許國家主權安全受到損害。至於台灣問題,更是重中之重。兩岸雖尚未統一,但大陸和台灣同屬一個中國、台灣是中國領土一部分這一基本事實從來沒有改變,也不會改變。如果『台獨』膽敢挑釁,中國有權利採取任何需要的手段予以制止。我們奉勸美方在台灣問題上務必恪守承諾,務必慎重行事。」(11)

同一天的《環球時報》發表題為〈中國人受夠了美國的狂妄,不再含蓄〉的社評,指出:「美國必須接受一個基本現實:中國這些年就是發展得比美國快,未來中國經濟總量超過美國的趨勢不可逆轉,它需要學習與一個強大、獨立自主的中國和平相處。」(12)是時候美國人必須放棄「美國的所有物質富裕及影響力都建立在信仰上帝和隨信仰而來的根本價值之上」(13) 的這種天命思想;自以為高人一等的國家精神文明的玄想;盛氣凌人的霸權思想、嫉妒的妄想;各種非理性的、失衡的、反科學的心態;以及戰略焦慮感的迷思等。現今,我們人類已進入數字化、智能化和生物科技高度發達和可持續發展的時代,有必要繼續堅持古人愚蠢地發明的,這種落後及劣質的文明嗎?而香港的年輕人又有這必要去跟從和崇拜這種美式的文明嗎?有必要去學習美國那些幼稚和反科學的所謂文明嗎(註:例如在新冠肺炎疫情蔓延期間,許多美國人和美國政客反對戴口罩、反對打疫苗,把病毒溯原問題政治化等)?做美式劣質文明的奴隸嗎?

小結

但我們必須看到，美式文明的劣根性，並不會很快便消失。所以，正如中國新任駐美國大使秦剛在上任時說：「當前，世界正經歷百年未有之大變局。中美作為不同歷史文化、不同社會制度、不同發展階段、具有不同文明傳統和願景的兩個大國「正在進入新一輪相互發現、認知和調適中，尋求新時代彼此相處之道。中美關係又處在一個新的緊要關口，既面臨許多困難和挑戰，也有巨大機遇和潛力，何去何從，關乎兩國人民的福祉，關乎世界的未來。一個健康穩定發展的中美關係，是兩國人民和國際社會的普遍期盼。」[14]秦剛並指出：「按照中美兩國元首除夕通話精神，同美國各界架起溝通、合作的橋梁，維護中美關係的基礎，維護中美兩國人民的共同利益，共同推動中美關係重回正確發展軌道，讓互相尊重、平等相待、合作共贏、和平共處的中美相處之道有可能變成現實。」[14]中國通過秦剛傳達的善意和真誠，美國如能理智地予以接受，改弦易轍，走出美國自己造成的困境（特別是有關台灣的問題），這將是兩國人民之幸，世界之大幸！但假如美國仍然執迷不悟，繼續用威逼利誘的方法，組織中國周邊的國家一齊用軍力來圍堵中國，置中國於死地，那麼恐怕在今年或以後之幾年內，中美很有可能會有一次生死之戰，將人類文明推向倒退 100 年。而另一個可能就是美國把阿富汗搞亂了，放縱了存在阿富汗的許多恐怖主義組織，讓他們重新壯大起來，危害美國自己及整個世界！使人類文明陷入一個長期黑暗時代的困境之中。

　　習近平 2021 年 9 月 21 日，在北京以視頻方式出席第七十六屆聯合國大會一般性辯論時強調：「每一個負責任的政治家都必須以信心、勇氣、擔當、回答時代課題，作出歷史抉擇。我們要堅持人民至上、生命至上、呵護每個人的生命、價值、尊嚴。中國將繼續支持和參與全球科學溯源，堅持反對任何形式的政治操弄。在發展中保障和改善民生，保護和促進人權，做到發展為了人民、發展

依靠人民、發展成果由人民共享。一個和平發展的世界應該承載不同形態的文明，必須兼容走向現代化的多樣道路。民主不是哪個國家的專利，而是各國人民的權利。近期國際形勢的發展再次證明，外國軍事干涉和所謂的民主改造貽害無窮。我們要大力弘揚和平、發展、公平、正義、民主、自由的全人類共同價值，摒棄小圈子和零和博弈。國與國難免存在分歧和矛盾，但要在平等和相互尊重基礎上開展對話合作。一國的成功並不意味着另一國必然失敗，這個世界完全容得下各國共同成長和進步。我們過去沒有，今後也不會侵略、欺負他人，不會稱王稱霸。」[15] 習近平在同一講話中還指出，中國將大力支持發展中國家能源綠色低碳發展，不再建境外煤電項目，並提出六點倡議，推動全球發展：「一是堅持發展優先；二是堅持以人民為中心；三是堅持普惠包容；四是堅持全新驅動；五是堅持人與自然和諧共生；六是堅持行動導向。」[15] 而第六點有關堅持行動導向的，是特別重要，所以要進一步明確如下。習近平指出，所謂堅持行動導向，指的就是「加大發展資源投入，重點推進減貧、糧食安全、抗疫和疫苗、發展籌資、氣候變化和綠色發展、工業化、數字經濟、互聯互通等領域合作，構建全球發展命運共同體。」[15] 而我認為，中國的倡議，其目的是非常清晰的，那就是希望世界各國能團結起來攜手共進，共同開創人類命運更好的明天，以及達至人類文明更高的發展層次。

中西文明誰優誰劣還要看法治

習近平一再強調：「法治興則國家興，法治衰則國家亂。什麼時候重視法治、法治昌明，什麼時候就國泰民安；什麼時候忽視法治、法治鬆弛，什麼時候就國亂民怨。」周葉中 2021 年 11 月 10 日在《人民日報》為文指出說：「在我們這樣一個大國，在全面建設社會主義現代化國家新征程上，要實現經濟發展、政治清明、文化昌

盛、社會公正、生態良好，必須把全面依法治國堅持好、貫徹好、
落實好，更好發揮法治固根本、穩預期、利長遠的保障作用，堅持
依法應對重大挑戰、抵禦重大風險、克服重大阻力、解決重大矛
盾。」[16] 同時，我認為還要把普法的工作做好，使人民都能做到
尊法學法守法用法，讓法治成為全社會共同「信仰」。而我更認為，
優良的法治在構建新的中華文明或在夯實中華新文明方面，也特
別重要；因為好的法治是引領時代潮流、世界文明進步和人類文明
進化的重要旗幟和基石。

　　強世功在《文明終結與世界帝國》一書中指出：「在歐洲崛起
並推動全球化的過程中，產生了不少關於全球治理的理論構想。而
在過去一百多年的『美國世紀』裏，美國推動全球治理的科學發
展，其核心就在於推動國際法治，即建立一個基於規則治理的世
界，最終極大地推進了全球化的歷史進程。『五四』新文化運動從
西方引入了科學和民主的理念，這裏所謂的『科學』不僅局限於自
然科學和人文科學，而且包括進行社會治理、國家治理和全球治理
的社會科學。中國要積極參與全球治理，為人類作出更大貢獻，就
必須全面吸收過往全球治理的歷史經驗和優秀成果，其中包括歷
史上偉大帝國的治理經驗，也包括歐洲殖民帝國的治理經驗，尤其
是美國建構世界帝國的歷史經驗。在以主權國家為主體的聯合國
體制中，通過談判確立規則並執行規則無疑是現實可行的道路，由
此形成的尊重規則、崇尚法治的國際傳統無疑有利於積極推進並
完善以規則治理的世界。事實上，在中美競爭較量的同時，中美談
判就是圍繞規則而展開的談判。中美或許可以通過規則談判來建
構一個相互競爭但同時合作的世界，為全球治理提供新的規則和
經驗。在這個意義上，我們尤其需要虛心學習美國建構世界帝國的
技藝——法治，只有在明確的規則預期基礎上才能將不同的民族、
文化和文明團結起來。在這個意義上，中國特色社會主義制度的優
勢也需要逐漸落實到法治優勢上。沒有人權保護，沒有財產保護，
沒有獨立居中、公正裁判的司法，很難建立真正的法治。然而，我

們也要認識到，美國締造的世界帝國及其規則治理始終『以資本為中心』，而中國積極參與全球治理，則須構建起『以人民為中心』的規則體系。」(17)

　　不過，我們也要認識到，正如習近平在 2021 年 11 月 9 日在給美中關係全國委員會年度晚宴的賀信中所指出：「中美關係是當今世界最重要的雙邊關係之一。中美分別作為最大的發展中國家和最大的發達國家以及聯合國安理會常任理事國，能否處理好彼此關係攸關兩國和兩國人民根本利益，攸關世界前途命運。當前中美關係正處於重要歷史關口，兩國合則兩利、鬥則俱傷，合作是唯一正確選擇。」(18) 習近平強調：「中方願本着相互尊重、和平共處、合作共贏的原則，同美方加強各領域交流合作，共同應對重大國際和地區問題、全球性挑戰，同時妥善管控分歧，推動中美關係重回健康穩定發展的正確軌道。希望美中關係全國委員會及關心支援中美關係發展的各界朋友堅定信心、繼續努力，為中美友好事業貢獻更多智慧和力量，更好造福兩國人民和世界各國人民。」(18) 但遺憾的是美國仍在不斷地建構其「世界帝國」，破壞國際法治秩序。2021 年 11 月 12 日《星島日報》的一篇社論指出：「美國遏華路線不變，仍從不同方面打壓中國，除了在中國周邊締結新軍事聯盟，加強圍堵中國，亦準備協助外國人搞基建，抗衡中國『一帶一路』，又不時大打『台灣牌』，試圖各方位牽制中國崛起。」(19) 所以美國能否容忍中國的存在，讓中國與美國平起平坐？或讓中國新文明有足夠的空間去發展？暫時看來還不是太樂觀，因為在戰略上，美國不論是民主黨抑或共和黨，都是想要壓制中國。美國（不像中國）似乎從來都不從兩國人民和世界人民的根本利益出發，從長遠的角度看待和把握中美關係。美國所關心的只是美國的利益和價值觀，其他的美國都壓制或反對。假如這樣繼續下去，中美之間又如何能做到加強對話、管控分歧、聚焦合作呢？

　　最後必須指出，為什麼「美國文明」會陷入困境的另一個原因，是他們仍然在一定程度上，被「社會達爾文主義」所困。他們

繼續把達爾文的進化論，作錯誤的解讀或加以歪曲，來支持他們
「白人至上」的民族優越和強者勝的觀點，以及資本主義「強者
（即資本家）剝削弱者（工人）」的正當性。因為他們認為，達爾
文進化論所推崇的，在生物界出現的「弱肉強食」和「適者生存」
現象，就是支持他們搞「白人至上」、「民族優越」和「強權必勝」
的觀點的理論根據。但很多人可能不知道，在生物界出現的「弱肉
強食」現象，只是少數動物的行為，而事實上由於這種行為，導致
很多靠「弱肉強食」生存的動物，都走上了滅絕之路。而「適者生
存」現象所指的「適者」，並不一定是「弱肉強食」的動物所顯示
的那種「強者」，而恰恰相反，可能是那種「弱者」。因為「適者」
所指的是能適應環境而生存的那些動物，而人類就是那種能懂得
怎樣建立各種社會結構，去合力適應惡劣環境、改變環境、戰勝環
境的「強者」，而並不是那種只會欺凌弱者，或相互殺戮的那種所
謂「強者」。

　　總的來說，從人類文明進化的角度來看，很明顯的中華文明
的優點是傳承了中國傳統文明的「穩」（stable）。而現今再正確拿
捏傳承了的這一「穩」字，並在其上再進一步增添及創造了多種具
「動態」和「進取」（dynamic and progressive）的「中華新文明」
要素。這不但使新中國能夠成功做到中國之治和實現中國夢，並且
還能夠把中國的物質文明、政治文明、精神文明、社會文明、生態
文明等做到長期協調發展，及把整體的中華文明和人類文明提升
至永續發展的高度。而西方文明（或美國文明），則因為正朝着破
壞這些可持續發展的進化要素來發展，恐怕為未來人類文明的進
化，只會帶來破壞性的災難！

參考資料

1. 〈民主竟然由錢主（鐘聲）〉。2021 年 5 月 16 日，《人民日報》。

2. 〈失序之責誰來負（鐘聲）〉。2021 年 5 月 17 日，《人民日報》。

3. 習近平 2021 年 7 月 6 日，在中國共產黨與世界政黨領導人峰會上，探討有關題為「為人民謀幸福與政黨的責任」的主旨講話。2021 年 7 月 7 日，《人民日報》。

4. 習近平，〈加快構建國家水網　保障水安全〉。2021 年 5 月 15 日，《大公報》。

5. 智庫報告：《人民標尺──從百年奮鬥看中國共產黨政治立場》。2021 年 6 月 30 日，《人民日報》。

6. 習近平在「七一勳章」頒授儀式上的講話。2021 年 6 月 30 日，《人民日報》。

7. 馬凱碩（Kishore Mahbubani）著，林添貴譯，《中國贏了嗎？》。2020 年，天下文化。

8. 王岐山在出席基辛格秘密訪華 50 周年紀念活動時的致辭。2021 年 7 月 9 日，《文匯報》；2021 年 7 月 10 日，《人民日報》。

9. 基辛格在出席基辛格秘密訪華 50 周年紀念活動時的致辭。2021 年 7 月 9 日，《文匯報》；2021 年 7 月 10 日，《人民日報》。

10. 中國外交部副部長謝鋒 2021 年 7 月 26 日，在天津和美國常務副國務卿舍曼會談。2021 年 7 月 27 日，《大公報》。

11. 2021 年 7 月 26 日，中國國務委員兼外長王毅在天津會見了美國常務副國務卿舍曼。2021 年 7 月 27 日，《大公報》。

12. 《環球時報》社評：〈中國人受夠了美國的狂妄，不再含蓄〉。2021 年 7 月 27 日，《大公報》。

13. 邁可・桑德爾（Michael J. Sandel）著，賴盈滿譯，《成功的反思》（*The Tyranny of Merit*）。2021 年，先覺出版，第 91 頁。

14. 秦剛，〈中國新任駐美國大使抵達美國履新〉。2021 年 7 月 30 日，《星島日報》。

15. 習近平 2021 年 9 月 21 日，在北京以視頻方式出席第七十六屆聯合國大會一般性辯論，並發表題為「堅定信心　共克時艱　共建更加美好的世界」的講話。2021 年 9 月 23 日，《大公報》。

16. 周葉中，〈不斷書寫法治中國新篇章〉。2021 年 11 月 10 日，《人民日報》。

17. 強世功，《文明終結與世界帝國》。2021 年，三聯書店。

18. 習近平致〈美中關係全國委員會 2021 年度 9 日在紐約舉行晚宴〉的賀信。2021 年 11 月 11 日，《人民日報》。

19. 〈凝共識實現復興夢　須強勢高效領導〉。2021 年 11 月 12 日，《星島日報》，「社論」。

第 8 章

構建人類命運共同體文明
以及建立未來世界的多樣性文明

習近平 2017 年 10 月 18 日，在中國共產黨第十九次全國代表大會上作報告指出：「改革開放之後，我們黨對我國社會主義現代化建設作出戰略安排，提出『三步走』戰略目標。」[1] 即從 2017 到 2020 年，是全面建成小康社會決勝期。這一目標 2021 年 7 月 1 日習近平在慶祝中國共產黨成立 100 周年大會上莊嚴宣告已基本達到。之後，從 2020 年到本世紀中葉，分兩個發展階段來安排（a two-stage development plan, Stage 1 and Stage 2）。

「第一個階段 [Stage 1]，從二〇二〇年到二〇三五年，在全面建成小康社會的基礎上，再奮鬥十五年基本實現社會主義現代化。到那時，我國經濟實力、科技實力將大幅躍升，躋身創新型國家前列；人民平等參與、平等發展權利得到充分保障，法治國家、法治政府、法治社會基本建成，各方面制度更加完善，國家治理體系和治理能力現代化基本實現；社會文明程度達到新的高度，國家文化軟實力顯著增強，中華文化影響更加廣泛深入；人民生活更為富裕，中等收入群體比例明顯提高，城鄉區域發展差距和居民生活水平差距顯著縮小，基本公共服務均等化基本實現，全體人民共同富裕邁出堅實步伐；現代社會治理格局基本形成，社會充滿活力又和諧有序；生態環境根本好轉，美麗中國目標基本實現。」[1]

「第二個階段 [Stage 2]，從二〇三五年到本世紀中葉，在基本實現現代化的基礎上，再奮鬥十五年，把我國建成富強民主文明

和諧美麗的社會主義現代化享有更加幸福安康強國。到那時，我國物質文明、政治文明、精神文明、社會文明、生態文明將全面提升，實現國家治理體系和治理能力現代化，成為綜合國力和國際影響力領先的國家，全體人民共同富裕基本實現，我國人民將享有更加幸福安康的生活，中華民族將以更加昂揚的姿態屹立於世界民族之林。」[1]

根據這種安排，從改革開放到 2035 年到本世紀中葉，我認為中國在全面建設社會主義現代化方面，應該是完全有把握可以實現的。不過在另一方面，根據中國對社會主義現代化國家的發展要求來看，從改革開放到 2035 年到本世紀中葉的整個時期，只能被看作為「社會主義初級階段」。在「社會主義初級階段」結束後，中國還會向更高級階段邁進。假如把這整個時期的進程，放置在歷史和時間的維度（time line）來看，從改革開放到 2035 年到本世紀中葉，這一「社會主義初級階段」，只是整個社會主義歷史發展階段的一個「初級階段發展期」；等到這初級階段發展期完結後，「高級階段發展期」便開始。而有關這兩個發展時期的發展目的和規劃等，我在先前出版的幾本拙著中，已有詳細的討論，所以這裏就不贅。在這裏我只想就有關「社會主義初級階段發展期」（an initial socialist modernization development period）以及「社會主義高級階段發展期」（a modern and mature socialist development period）（這兩個時期，從人類文明發展（或如習近平所説的「創造人類文明新形態」）的角度及人類文明發展（或「創造人類文明新形態」）所引發或帶來的各種有關問題，作進一步的探討。因為，我認為中國在這整個社會主義發展過程中，已經及將會在不知不覺中，為中國構建起一個（我稱為）「中華新文明」（或「中華新文明發展框架」），以及支撐這「中華新文明」（或「中華新文明發展框架」）的各種要素。

那麼這一「中華新文明」的形成，到底會有些什麼內容？又有些什麼特色呢？這一「中華新文明」又會否或怎樣影響和促進未

來的世界新文明的建立，和人類命運的演進和進化，以及創造人類文明各種什麼樣子的新形態呢？在下面我將會就這一系列問題，作較為詳細的討論。而有關這方面的討論，根據我的了解，似乎還沒有人做過，所以在這一章中，我會盡力把「中華新文明」的框架和概念，及其劃時代的意義（meaning）、重要性（importance）、以及對世界未來文明的發展、人類新文明形態的創造的影響（impact），扼要地擘劃出來，作為拋磚引玉，供大家作進一步的研究和探討。希望通過有關這方面的研究、探討、實踐和貫徹落實，能為人類文明未來的發展和進步，作出更多中國的貢獻。

「中華新文明」的要素

《新征程面對面》一書指出：「社會文明程度是衡量一個國家現代化水平的基礎指標，是其思想觀念、精神面貌、文明風尚、行為規範的綜合反映，體現着特定社會意識形態的發展水平。」[2] 那麼在「社會主義初級階段發展期」以及「社會主義高級階段發展期」這兩個時期，到底會產生和發展（或已產生和發展了）哪些綜合反映和體現這兩個發展時期的具有水平的文明要素呢？下面我舉幾個例子說明一下（註：其他還有好些文明要素的例子，在本書的其他章節中已提及，在這一章就不重複了）。

促進新文明發展的要素

和平與發展

和平的概念，雖然不能算是一個新的文明要素，因為它古已有之。但對中國來說，正如國紀平在《人民日報》的一篇文章中所指出：「社會主義中國一步步發展壯大，有力促進了世界和平發展、人類

文明進步，為維護國際秩序、完善全球治理提供了全新的理念和行動。」⁽³⁾

中國人民對外友好協會會長林松添，2021 年 5 月 7 日在《人民日報》撰文指出：「中華文明綿延 5,000 多年，世代賡續，生生不息，始終保持旺盛生機與活力，為人類文明進步作出重要貢獻。中華文明以和為貴、兼濟天下、海納百川，重視互學互鑒、兼收並蓄，致力於實現國泰民安、睦鄰友好、天下太平的美好願景，具有宏闊的視野、開放的胸襟。……近代以後，由於封建統治的腐敗，中國在世界發展潮流中落後了。在西方列強堅船利炮的進攻下，中國淪為半殖民地半封建社會，陷入了內憂外患積貧積弱黑暗境地。中華民族歷來愛好和平，但從不屈服於外來侵略和壓迫。面對西方列強的野蠻行徑，中國人民救亡圖存的鬥爭從未停息。……上個世紀七十年代末以來，中國牢牢把握和平與發展這一時代主題，順勢而為，開啟改革開放的偉大進程。對內一心一意謀發展，不斷深化改革，解放和發展生產力，致力於讓全體人民過上好日子。對外高舉和平、發展、合作、共贏的旗幟，始終奉行獨立自主的和平外交政策，堅持互利共贏的開放戰略，積極參與並推動經濟全球化，堅定維護國際關係基本準則，堅定維護世界公平正義，堅決反對霸權、霸凌和單邊主義，在實現自身發展的同時，為維護世界和平穩定、促進共同發展不斷作出貢獻。……今天，隨着世界多極化、經濟全球化、社會資訊化、文化多樣化深入發展，和平發展的大勢不可逆轉。中國要發展，需要和平穩定的國際環境，需要順應潮流，抓住寶貴發展機遇。堅持和平發展，使中國與世界形成緊密的良性互動：融入世界、擴大開放，中國現代化建設加快推進；擁抱世界、促進合作，中國不斷為世界和平與發展注入強大正能量。中國走和平發展之路，致力於解決中國面臨的歷史課題和現實問題，既順應了中華民族走向復興的歷史大勢，又順應了當今時代發展大勢，符合中國國情、符合中國人民願望。……習近平強調：『中國走和平發展道路，不是權宜之計，更不是外交辭令，而是從歷史、現實、

未來的客觀判斷中得出的結論，是思想自信和實踐自覺的有機統一。和平發展道路對中國有利、對世界有利，我們想不出有任何理由不堅持這條被實踐證明是走得通的道路。』……新征程上，我們面對的是國內艱巨繁重的改革發展穩定任務，是外部環境深刻複雜變化帶來的嚴峻風險挑戰。『中國之治』的獨特優勢、『東升西降』的歷史趨勢都說明時與勢在中國一邊，道義和人心在中國一邊。走和平發展道路，我們有堅實的物質基礎和社會基礎，有堅定信心和強大底氣。……只有走和平發展道路，各國才能共同發展，國與國才能和平相處。中國堅持走和平發展道路，也希望世界各國共同走和平發展道路。」(4)

從上面的一段話，我們可以看到現今的中國，早就認識到只有消除戰爭，才能實現和平，才能使人民安居樂業，才可能有國際的穩定繁榮，才是順應歷史發展的唯一選擇。習近平曾強調：「沒有和平，中國和世界都不可能順利發展，沒有發展，中國和世界也不可能有持久和平。」堅持和平發展道路，可以說是中國自身文化傳統和社會制度的要求。因為，中國人自古的傳統處世方法，就是喜歡走和平發展之道，即對內追求公平正義、社會和諧、共同富裕，對外主持公道、捍衛真理、伸張正義。中國國際問題研究院院長徐步指出：「今天，經濟全球化深入發展，國與國之間的聯繫越來越緊密。各種紛繁複雜的全球性挑戰日益增多，需要各國攜手合作應對，世界日益成為休戚與共的命運共同體。和平、發展、合作、共贏是當今時代潮流。那種只顧自己不顧別人，以武力征服、威脅別人來謀求自身發展空間和發展資源的做法，越來越行不通。要和平不要戰爭、要發展不要貧窮、要穩定不要混亂，是各國人民真實而樸素的共同願望。」(5)

現今大家都可以看到，為什麼新中國成立後，中國是堅定不移走和平發展的道路；不斷為人類謀和平和發展；構建不衝突不對抗、相互尊重、合作共贏的新型大國關係，新型人類文明形態；努力鞏固與周邊國家建立睦鄰友好關係；和積極參與引領全球治理

體系改革和建設。中國的做法，可以說不但已成功地為自己的國家
走出了一條為世界持久和平和發展的新路，同時（從人類文明發展
的角度來看），還為現今中國正在構建與其他國家可以互相融通及
和平發展的文明要素；建立一系列能使「中華新文明」與「世界新
文明」互通的新文明標準；創造一種（或多種）人類文明新形態；
豐富人類文明多樣性的建設。

共同富裕

《求是》雜誌社原社長李捷在《人民日報》為文指出：中國「關於
社會建設的思想，堅持以人民為中心的發展思想，讓發展成果更多
更公平惠及全體人民，不斷促進人民的全面發展，朝着實現全體人
民共同富裕不斷邁進。」[6] 可以這樣說，中國現今已尋找到和走
出了一條生產發展、生活富裕、生態良好、促進社會進步、解決發
展不平衡不充分的問題的方法、讓人民可以共同富裕起來的文明
發展道路。而這一條道路，也是一條能使全人類共同文明起來的道
路。

　　怎樣去實現共同富裕呢？中國又是怎樣做的呢？在這裏我
引錄幾段刊登在《新征程面對面》一書裏的有關闡釋，供大家參考。

　　「共同富裕，簡單地說，就是全體人民都過上好日子。在人
類社會幾千年的發展中，人們對這種美好生活有過無數次的憧憬，
但在階級社會條件下從來沒有真正實現過。在奴隸社會和封建社
會，由於生產水平低下，社會物質財富只能滿足少數統治者的富足
生活，大多數人處於艱難困苦的生活狀態，『朱門酒肉臭，路有凍
死骨』形成顯明對照，實現共同富裕既無主觀可能，也不具備客觀
條件。到了資本主義社會，社會財富呈幾何級數增長，但由於資本
和勞動力在分配上的極不均衡，導致社會的大部分財富流入少數
人手中，雖然工人的生活狀況有所改善，但與資本家的差距越來越
大，共同富裕在以資本為中心的社會是無法實現的。社會主義本身

就是作為資本主義的對立面而出現的，目標就是要改變人剝削人、少數佔有絕大多數財富的不公平狀況，消除兩極化，最終實現共同富裕。……蘇聯作為第一個社會主義國家，在實現全體人民共享共富上曾經作了初步探索，但後來蘇共內部特權思想、特權現象不斷滋長，形成既得利益集團，逐漸偏離了社會主義的價值追求。中國共產黨從成立之日起，就把讓全體人民過上美好生活寫在自己的旗幟上，並矢志不渝地為之奮鬥。特別是改革開放後，我們黨鮮明提出逐步實現共同富裕的目標，並制定了一系列戰略加以推進，實現了人民生活從溫飽到總體小康再到全面小康的歷史性跨越。」[2]

　　但也必須指出：「共同富裕不是同時同步富。任何事物的發展，從局部到整體，從量變到質變，都是一個循序漸進的過程，不可能一蹴而就、一步到位。尤其對我們這樣一個社會主義大國來說，總體發展底子薄，各地資源稟賦和基礎條件不同，讓所有地區、所有人同時同步富裕，既不可能也不現實。正是基於此，新時期以來，我們採取了非均衡發展戰略，允許和鼓勵一部分地區、一部分人先富起來，從而帶動整個國家以世界上少有的速度發展起來。新世紀以來，黨和國家通過實施一系列區域發展戰略、打贏脫貧攻堅戰、加大收入分配調節力度、推進公共服務均等化等措施，使不同地區、不同人群發展不平衡的狀態得到緩解。……共同富裕不是搞平均主義。這實際上涉及效率和公平的關係問題。只講效率不要公平，不符合共同富裕的原則，也背離社會主義的初衷；只求公平不要效率，搞平均主義也是不可取的。這方面我們是吃過虧的。計劃經濟年代，我們在分配制度上實現平均主義，吃『大鍋飯』，幹好幹壞一個樣，有的人累死累活還是吃不飽，有的人偷奸耍滑磨洋工照樣掙工分，勞動人民的生產積極性受到極大挫傷，生產效率低下。到 20 世紀 70 年代末，我國有一半人口仍處在溫飽綫以下。」[2] 這種情況在實行改革開放後，才被扭轉過來，使人民的獲得感、幸福感、安全感不斷上升。但「美好生活不僅包括物質上的保證，也包括精神上的滿足。從當今時代來看，隨着人類生

產生活領域的不斷拓展和延伸，人們追求美好生活不僅停留在衣食住行等基本層面，對精神文化、民主法治、公平正義、發展安全和生態環境等方面的需求也越來越強烈。」(2)

「國際經驗表明，發展不平衡不充分是很多國家走向現代化必然面臨的現象，如果處理不好，任其發展，會阻碍整個國家的發展，甚至會使國內矛盾激化，產生社會動盪和分裂。美國作為頭號發達國家發展不平衡的問題一直存在，並且至今也沒有完全解決好。拿區域發展舉例，美國發達地區主要集中在東西岸，中部地區面積較大但相對落後，2020 年美國大選中，拜登贏得多數選票的477 個縣經濟總量佔全美的 70%，特朗普得 2,497 個縣僅佔 30%。可見，區域發展失衡是造成美國政治分歧和社會撕裂的一個重要原因。實現共同富裕，是中國特色社會主義制度的優勢所在，是社會主義優越性的集中體現。在朝着共同富裕邁進的道路上，必須採取更加有力的舉措，加快解決發展不平衡不充分問題，避免今天的窪地成為明天的陷阱。」(2) 特別是在促進東中西協調發展方面，要讓所有地區的人民都實現共同富裕，使中等收入群體人口人數大大的增加。在這方面中國還需要繼續努力，才能保證社會公平得到有力維護，才能解決縮小貧富差距這一世界性難題。

很高興見到 2021 年 7 月 9 日的一則報導指出：「去年春天習近平總書記考察浙江時賦於我省『努力成為新時代全面展示中國特色社會主義制度優越性的重要窗口』的新目標定位。……在歷史性解決了絕對貧困問題後，把共同富裕作為現代化建設重要目標，作出重大戰略部署，中國特色社會主義必將迎來新的更大發展，必將為人類社會文明進步、世界社會主義發展作出更大貢獻。……建設共同富裕示範區，就是要在浙江大地率先展現共同富裕美好社會的基本圖景，讓人民群眾真切感受到共同富裕看得見、摸得着、真實可感，以浙江的先行探索為全國推動共同富裕探路。……要着力強化科技創新、打造全球變革高地，推動發展質量變革、效率變革、動力變革，重塑政府、社會、企業和個人關係；着力加快縮小

地區發展差距，創新實施山海協作升級版、對口工作升級版、念好新時代『山海經』；着力加快縮小城鄉發展差距，深入推進以人為核心的新型城鎮化，高質量實施鄉村振興戰略，構建城鄉新格局；着力加快縮小收入差距，率先在優化收入分配格局上取得積極進展；着力推動人的生命週期公共服務優質共享，打造『浙有善育』『浙裏優學』、『浙裏健康』等金名片；着力打造精神文明高地，守好紅色根脈；着力建設共同富裕現代化基本單元，全省域推進城鎮未來社區，鄉村新社區建設；着力一體推進法治浙江、平安浙江建設，持續打造最安全、最公平、最具活力的中國省份。」[7] 可見中國在推動高質量發展建設、在高質量發展中促進共同富裕方面的具體設想和做法，以及所採取的措施，其認真程度，不但是一絲不苟，而且還把理想和實踐，融合得如此的嚴謹，既有條理，又有明確的目的！這彰顯了中國特色社會主義，正在為中國創造一種可持久發展建設的中華新文明的新格局、新形態。而這新格局，是決不允許貧富差距愈來愈大、窮者愈窮、富者愈富的。正如習近平2021 年 10 月 16 日在第 20 期《求是》雜誌上發表題為〈紮實推動共同富裕〉的一篇文章中所說：「全體人民共同富裕是一個總體概念，是對全社會而言的，要從全域上來看。我們要實現 14 億人民共同富裕，必須腳踏實地、久久為功，不是所有人都同時富裕，也不是所有地區同時達到一個富裕水準，不同人群不僅實現富裕的程度有高有低，時間上也會有先有後，不同地區富裕程度會存在一定差異，不可能齊頭並進。這是一個在動態中向前發展的過程，要持續推動，不斷取得成效。」在這裏順便指出一下，由於這一個原因（當然還有其他許多下面將會討論的原因），所以必須看到，創造中華新文明，也是一個在動態中不斷向前發展的過程。而在這過程中，必須不斷地推動社會主義核心價值觀深入人心，提升公民在思想、道德、科學、文化方面的素質，以達到建立中華新文明各要素向前發展的動力和決心。

人類命運共同體

在最近發佈的一個中國智庫報告指出：「從人類政治文明發展的維度來看，中國共產黨推動構建人類命運共同體，已經成為維護世界和平穩定、促進人類文明進步的重要力量，也正為越來越多國家的人民所認同。中國共產黨提出的人類命運共同體理念超越了國家、種族、制度等差異，是完善全球治理體系、有利於人類社會持久發展進步的重大理論創新，符合國際社會根本利益和普遍期待。」[8] 報告認為：「中國共產黨從推動共建型和平、增益型發展、互鑒型文明三個維度，為解決國際社會面臨的諸多突出挑戰、構建人類命運共同體探索了實現路徑。」[8] 其他有關構建人類命運共同體的目的和未來的發展，這我在拙著《人類命運的演進印跡和路程》（修訂版）一書裏，已有詳細的討論和闡釋，這裏就不再重複了。在這裏我只想指出，把構建人類命運共同體，看作為維護世界和平穩定、促進人類文明持久發展進步升級的理念，同時把人類命運共同體看作為一種「人類命運共同體文明」以及構建世界新文明的要素，這我同意的確是一項重大的理論創新。但這一創新的理念，如要得到世界上更多的人認同，還需要我們在這方面爭取更多的話語權，和積累更多的實踐證明。

　　當今世界正經歷百年未有之大變局，正如習近平所強調的：在新的征程上，重要的是「我們必須高舉和平、發展、合作、共贏旗幟，……弘揚和平、發展、公平、正義、民主、自由的全人類共同價值，堅持合作、不搞對抗，堅持開放、不搞封閉，堅持互利共贏、不搞零和博弈，反對霸權主義和強權政治」；這樣我們才能有效地驅動人類命運共同體文明的構建，推動新的世界多樣文明的建設和發展，進一步強化世界不同文明的交流互鑒，和共同發展及提升。

中國的人權觀

中國國務院新聞辦公室在 2021 年 6 月 24 日發表了《中國共產黨尊重和保障人權的偉大實踐》白皮書。2021 年 6 月 25 日《人民日報》評論員指出：白皮書「全面介紹了中國共產黨百年來爭取人權、尊重人權、保障人權、促進人權的理論和實踐，充分展現了中國共產黨在更高水平上保障人權、促進人的全面發展，推動人權事業發展進步的堅定決心和務實行動。」[9] 評論還指出：習近平強調「中國共產黨和中國政府堅持以人民為中心的發展思想，始終把人民利益擺在至高無上的地位，把人民對美好生活的嚮往作為奮鬥目標，不斷提高尊重與保障中國人民各項基本權利的水平。……中國共產黨的百年奮鬥史，就是一部爭取人民解放、保障人民權利、致力於人的全面發展的光輝歷史。100 年來，中國共產黨堅持人民至上，堅持將人權的普遍性原則與中國實際相結合，堅持生存權發展權是首要的基本人權，堅持促進人的全面發展，不斷增強人民群眾的獲得感、幸福感、安全感，成功走出了一條中國特色社會主義人權發展道路。特別是黨的十八大以來，在以習近平同志為核心的黨中央堅強領導下，全面建成小康社會取得偉大歷史性成就，脫貧攻堅戰取得全面勝利，有力促進了經濟、社會、文化權利和公民、政治權利全面協調發展，顯著提高了人民生存權、發展權的保障水平，推動中國人權事業全面發展。中國共產黨的 100 年，是創造中華民族史上人權發展奇蹟的 100 年，也是為世界人權事業發展作出巨大貢獻的 100 年。100 年來，中國共產黨心懷天下，堅持走和平發展道路，堅持促進共同發展。中國堅定維護世界和平，堅持以合作促發展、以發展促人權，積極參與人權事務，為全球人權治理貢獻中國智慧、提供中國方案，推動世界人權事業發展，與世界各國一道，共同構建人類命運共同體。」[9] 評論還引習近平的話指出：「中國人民實現中華民族偉大復興中國夢的過程，本質上就是實現社會公平正義和不斷推動人權事業發展的過程。……堅

持中國共產黨領導、社會主義制度與尊重和保障人權相統一，堅持以發展促進人權保障，堅持以人民為中心的人權理念，堅持以促進人的全面發展為目的，堅持以構建人類命運共同體為使命，中國共產黨成功走出了一條符合國情的人權道路，豐富發展了人權文明多樣性，在中國大地上留下了為人民謀幸福、為民族謀復興的豐碑，在世界文明史上書寫了為人類謀和平發展、構建人類命運共同體的光輝篇章。」(9)

人權是人類文明進步的標誌，是豐富和發展人類文明多樣性的要素之一。但從上面所述，我們可以看到，中國對人權的看法，與西方（特別是美國）的看法很不一樣。而有關中西方對人權的看法上的分歧，我在拙著《中國模式+話語權 vs 西方模式+話語權》一書中，已有很詳細的討論，這裏就不再重複了。在這裏我只想指出，正如金燦榮所說：「今天美國對中國的態度發生了重大轉變，將中國定義為主要戰略競爭對手之一，甚至是美國唯一的長期對手。」(10) 而中國所提出的「人類命運共同體」等多邊經濟發展倡議，使得「美國部分人認為中國此舉既有挑戰美國的戰略動機，又對西方國家在世界各地推廣『民主化』形成了挑戰。」(10) 現今美國更不斷地利用「人權」作為武器來打壓中國；打着「民主」和「人權」的幌子，干涉別國內政；大搞單邊制裁和「雙重標準」。在這種情況下，中國是有需要作出回應的；而《白皮書》的發表，就是很好的一種回應。但我認為，中國單單在「人權」方面作出回應還不夠，因為這樣是難以實質地奪回話語權及佔領「人權」的道德高地的。因此，我建議中國應改變思路和方式，從倡議構建人類新文明作為切入點，在一個更高的層次，連消帶打地與美國搞合作，共同構建未來世界的新文明。這樣不但可以消弭美國對中國崛起的憂慮，同時又可以矮化美式「人權」的重要性。因為我們中國是可以從促進國與國和諧共處、互利合作、開拓創新、普惠共贏，發展「世界新文明」的角度，以及怎樣去實現全人類共同進步、安定繁榮、天下一家、世界大同的目的，與美國斡旋。這比現今讓美國利

用「人權」帶着我們不停地轉圈，從戰略上來講，會更有利（註：同時也見下面的有關討論）。而當然最重要的是，中國必須堅持走出一條中國特色的人權發展道路，積極參與國際人權治理，豐富發展人權文明多樣性，和人權文明高質量的發展；把「人民至上、生命至上」的中國人權觀發揚光大，把生存權和發展權作為首要基本人權的理念，在全世界的範圍內予以夯實；捍衛各國在人權方面的正當權利和發展道路，同時要在中國及在全世界，不斷增強人民的獲得感、幸福感、安全感，讓人類新文明在這地球上可以建立起來，從而可以文明有效地，保障和促進人權的發展和具體落實。

中國人權研究會 2021 年 12 月 28 日在《人民日報》發佈《美國人權政治化行徑毀損人權善治根基》的研究報告：「揭示出美國為了維護自身的政治利益和全球霸權地位，在國際人權領域大搞人權政治化，採取選擇性、雙重標準、單方面強制等手段，嚴重侵蝕了全球人權治理賴以支撐和運行的重要基礎，對全球人權事業發展構成重大威脅，產生了極其惡劣的破壞性後果。」

中國的神舟 12 號飛船正在與中國的空間實驗室天宮 2 號對接。（Shutterstock）

　　該報告指出：「美國對人權態度的歷史演變顯示，無論是早期對人權的漠視甚至排斥，還是後期熱衷於將人權作為大棒到處揮舞，本質上都是將人權視為政治鬥爭的工具，並依據人權與其政治戰略的契合關係來決定對人權的態度。……人權非政治化是全球人權治理得以順利的基礎和前提，防止和遏止人權政治化，是促進世界人權事業健康發展的重要保障。美國為了維護自身利益，逆歷史潮流而動，變本加厲推行人權政治化，破壞全球人權事業的健康肌膚，將一個又一個國家推入社會動盪的漩渦。世界各國人民越來越認清其『人權衛士』面具之下的真面目，反對美國逆時代潮流而動的卑劣行徑，這將使美國竭盡全力維護的國際霸權遭到全面反噬，在全球人權事業發展的凱歌聲中鳴響起美國霸權衰落喪鐘。」

　　我認為中國維護正確的人權觀和反對美國的錯誤人權觀很有必要。因為只有這樣，才能保證正確的人權觀得以彰顯；只有真誠尊重不同國家獨特的文化、歷史和經濟現實的人權，才能實現人類命運共同體及世界新文明的建立。

科技創新

中國在 2021 年 7 月 10 日公佈了《全民科學素質行動規劃綱要(2021–2035)》。這一《科學素質綱要》對推動中國的科學文明建設非常重要。《科學素質綱要》的〈前言〉引習近平的話指出：「科技創新、科學普及是實現創新發展的兩翼，要把科學普及放在與科技創新同等重要的位置。沒有全民科學素質普遍提高就難以建立起宏大的高素質創新大軍，難以實現科技成果快速轉化。」[11]〈前言〉還指出：「科學素質是國民素質的重要組成部分，是社會文明進步的基礎。公民具備科學素質是指崇尚科學精神，樹立科學思想，掌握基本科學方法，了解必要科技知識，並具有應用其分析判斷事物和解決實際問題的能力。提升科學素質，對於公民樹立科學的世界觀和方法論，對於增強國家自主創新能力和文化軟實力、建

設社會主義現代化強國,具有十分重要意義。……當今世界正經歷百年未有之大變局,新一輪科技革命和產業變革深入發展,人類命運共同體理念深入人心;同時國際環境日趨複雜,不穩定性不確定性明顯增加,新冠肺炎疫情影響廣泛深遠,世界進入動盪變革期。我國已轉向高質量發展階段,正在加快構建以國內大循環為主體、國內國際雙循環相互轉向促進的新發展格局。科技與政治、經濟、文化、社會、生態文明深入協同,科技創新正在釋放巨大能量,深刻改變生產生活方式乃至思維模式。人才是第一資源、創新是第一動力的重要作用日益突顯,國民素質全面提升已經成為經濟社會發展的先決條件。科學素質建設站在了新的歷史起點,開啟了躋身創新型國家前列的新征程。」[11] 但現今中國在這方面還存在一些問題和不足。「主要表現在:科學素質總體水平偏低,城鄉、區域發展不平衡;科學精神弘揚不夠,科學理性的社會氣氛不夠濃厚;科學有效供給不足、基層基礎薄弱;落實『科學普及與科技創新同等重要』的制度安排尚未形成。」[11] 所以中國必須把科技創新的價值和科學精神的引領作用發揮好,以高素質創新支撐高質量發展,「圍繞加強和創新社會治理、需要科學素質建設更好促進人的現代化,營造科學理性、文明和諧的社會氛圍,服務國家治理體系和治理能力現代化。並堅持協同推進,深化供給側改革,擴大開放合作。」[11] 大家都清楚知道,中華傳統文明最弱的一個環節,就是沒有充份發揮中華人民的科學創新能力,導致中華傳統文明在這方面被西方文明佔了優勢。現今中國已注意到這一點,所以正在大力營造熱愛科學,崇尚創新的社會氛圍,提升中國作為一個社會主義國家的文明程度,不但要把中華傳統文明的短板補上,並且還要為構建中華新文明及未來的世界多樣文明作出更多的貢獻。

現今大家都清楚知道這樣一個道理,那就是:科技立則民族立,科技強則國家強。所以從國家戰略的發展角度來考量,中國必須加快壯大科技力量,加快科技創新步履。中國在 100 多年前,由於經受不起西方科技文明的壓境,中華文明的發展受到了極大的

創傷。現今中國正在復興，在不久的將來，中國的科技很快會趕超美國科技的發展。這就是為什麼美國現今要想盡一切明的和暗的辦法，來遏制中國在科技方面的發展。假如我們相信會出現「文明衝突」的話，那麼可能出現的，我認為將會是「科技文明」的衝突。而這科技文明衝突的出現，必定是由美國挑起的，因為美國的霸權主義，是要靠科技（特別是軍事科技）來支撐的。而中國則反對霸權主義，而是希望能與美國合作，來進一步推動科技的發展，為構建人類命運共同體文明，打好更牢固堅強的基礎。

全過程人民民主

有關中國的社會主義民主政治，以及全過程人民民主制度，我在拙著《中國模式+話語權 vs 西方模式+話語權》及《中國必勝》二書中已有較為詳盡的論述，這裏不再重複。在這裏我只想指出：中國的社會主義民主政治所創導的全過程人民民主制度，是在我國政治發展史乃至世界政治發展史上，具有重大意義的全新政治制度。這一政治制度和體制的產生和形成，大大的提升了人類文明的境界和質量。2021 年 10 月 13–14 日習近平在中央人大工作會議上的講話中，更進一步闡明了中國所實行的，這一特色社會主義民主制度，為什麼比西方的民主制度更優越和先進。

　　習近平指出：「民主不是裝飾品，不是用來做擺設的，而是要用來解決人民需要解決的問題的。

　　如果人民只有在投票時被喚醒、投票後就進入休眠期，只有競選時聆聽天花亂墜的口號、競選後就毫無發言權，只有拉票時受寵、選舉後就被冷落，這樣的民主不是真正的民主。

　　一個國家是不是真民主，應該由這個國家的人民來評判，而不應該由外部少數人指手劃腳來評判。國際社會哪個國家是不是民主的，應該由國際社會共同來評判，而不應該由自以為是的少數國家來評判。

實現民主有多種方式，不可能千篇一律。用單一的標尺衡量世界豐富多彩的政治制度，用單調的眼光審視人類五彩繽紛的政治文明，本身就是不民主。

我國全過程人民民主不僅有完整的制度程序，而且有完整的參與實踐。我國全過程人民民主實現了過程民主和成果民主、程序民主和實質民主、直接民主和間接民主、人民民主和國家意志相統一，是全鏈條、全方位、全覆蓋的民主，是最廣泛、最真實、最管用的社會主義民主。」(12)

在講話中，習近平還強調指出：「民主是全人類的共同價值，是中國共產黨和中國人民始終不渝堅持的重要理念。評價一個國家政治制度是不是民主的、有效的，主要看國家領導層能否依法有序更替，全體人民能否依法管理國家事務和社會事務、管理經濟和文化事業，人民群眾能否暢通表達利益要求，社會各方面能否有效參與國家政治生活，國家決策能否實現科學化、民主化，各方面人才能否通過公平競爭進入國家領導和管理體系，執政黨能否依照憲法法律規定實現對國家事務的領導，權力運用能得到有效制約和監督。」(12)

習近平還說：「黨的十八大以來，我們深化對民主政治發展規律的認識，提出全過程人民民主的重大理念。我國全過程人民民主不僅有完整的制度程序，而且有完整的參與實踐。我國全過程人民民主實現了過程民主和成果民主、程序民主和實質民主、直接民主和間接民主、人民民主和國家意志相統一，是全鏈條、全方位、全覆蓋的民主，是最廣泛、最真實、最管用的社會主義民主。我們要繼續推進全過程人民民主建設，把人民當家作主具體地、現實地體現到黨治國理政的政策措施上來，具體地、現實地體現到黨和國家和各個機關各個方面各個層級工作上來，具體地、現實地體現到實現人民對美好生活嚮往的工作上來。」(12)

習近平的講話很具針對性，不但豐富和拓展了中國特色社會主義民主政治，和中國人民代表大會制度的政治內涵、理論內涵、

實踐內涵，而更重要的是把民主制度置放在最廣大人民根本利益之中、置放在推動人類文明進步的方向去發展；而不像一些西方的所謂民主國家那樣，把民主置放在少數民眾、集團和國家的利益以及落後的意識形態和價值觀之中、置放在限制人類文明進步的方向去發展，拖人類先進文明發展的後腿！換言之，從民主的發展道路的角度來看，中國所踐行和發展的全過程人民民主，不但可以做到人民依法實行民主選舉、民主協商、民主決策、民主管理、民主監督，並且還可以讓人民有序地參與民主政治活動，體現全人類的民主共同價值，把人民的全過程民主貫穿在完整的制度程序上和完整的參與實踐中。也就是說，中國的全過程人民民主，能把人民民主具體地、生動地體現在人民當家作主的全過程、各環節，而不像西方的民主那樣，把民眾體現民主的過程和價值，只局限在選舉形式上；就西方整個民主制度來說，已是病入膏肓。

其次，美國還將民主私有化、工具化、武器化，來干涉其他國家的內政和發動戰爭，為他國造成內亂和大量人道主義災難。美國還喜歡用自身的標準劃線，將世界上一些國家和地區劃入「民主陣營」，將另一些國家歸入「非民主陣營」或「非民主國家」，搞意識形態鬥爭和新冷戰。而從中國的角度來看，其目的很清楚，就是要維護美國的世界霸權地位和遏制中國的發展。

中國外交部發言人 2021 年 12 月 11 日就美國舉辦「領導人民主峰會」發表談話，指出：「今天的美式民主病態盡顯，金錢政治、身份政治、政黨對立、政治極化、社會撕裂、種族矛盾、貧富分化等問題愈演愈烈。美式民主是建立在資本基礎上的『富人遊戲』，91% 的美國國會選舉由獲得最多資金支援的候選人贏得。名為『一人一票』，實為『少數精英統治』，普通選民只有拉票時受寵、選舉後就被冷落。權力制衡變成『否決政治』，黨派利益凌駕於國家發展之上。選舉制度弊端明顯，操弄選區劃分的『傑利蠑螈』做法盛行，損害公平正義。美式民主失靈失效是難以掩蓋的事實：國會暴亂震驚全球，弗洛德之死激起廣泛抗議浪潮，疫情失控釀成

人間慘劇，『富者愈富，貧者愈貧』成為殘酷的現實。」[13] 而「中國[則]堅持按照中國的國情和實際來推進中國的民主建設。中國的民主是人民民主，人民當家作主是中國民主的本質和核心。中國共產黨領導下的全過程人民民主，把選舉民主與協商民主結合起來，把民主選舉、民主協商、民主決策、民主管理、民主監督貫通起來，涵蓋經濟、政治、文化、社會、生態文明等各個方面，使國家政治生活和社會生活各環節、各方面都體現人民意願、聽到人民聲音，實現了過程民主和成果民主、程式民主和實質民主、直接民主和間接民主、人民民主和國家意志相統一，是全鏈條、全方位、全覆蓋的民主，是最廣泛、最真實、最管用的社會主義民主。中國的民主，推動了國家發展，促進了社會進步，實現了人民幸福。」[13] 中國更反對以民主之名干涉他國內政，呼籲各國要以和平、發展、公平、正義、民主、自由的全人類共同價值為指引，努力推動構建人類命運共同體。具體一點來說，就是用各種具正能量的，如上面所說的，全人類共同的價值要素作為推手，來建立中華新文明、多樣的世界新文明，以及人類命運共同體文明（a community of shared future for human civilization）。

小結

除以上指出的六個「中華新文明」與「世界新文明」的新文明要素之外，其他的如新農業文明、生態文明、第四次工業革命文明、新的經濟、社會、政治文明等等（註：這些我在本書的其他章節都已作了詳細的討論，這裏就不再展開討論了），是未來世界各國在共同構建和平、發展、合作、共贏的國際新關係和新秩序時，都得具備的構建「世界新文明」的要素。而這些新文明要素，在歷史上大多都沒有出現過，或出現過但並沒有得到應有的重視，和讓他們有足夠的展現機會。所以從歷史文明的發展角度來看，並根據中國的

情況，我們可以把人類文明的發展史，分成為以下三個時期：

I.　根據考古的資科顯示，人類文明大概是從「夏文化」(12) 時代開始到「周朝」時代建立起來的。這一歷史時期，我稱之為「人類文明形成期」(The period of appearance and formation of human civilization, or Age of Civilization Formation)；

II.　從形成期之後到第二次工業革命後期，為「人類文明大發展期」(The period of rapid development of human civilization, or Age of Development of Old Civilization)，即大約從秦至清帝國時期(14)；

III.　從第二次工業革命後期至今及之後的持續發展期，可被看作為「人類文明新發展期」(簡稱為「新文明」或「世界新文明」發展期，The period of new development of human civilization, or Age of Development of New Civilization)。(註：我的分類法雖然較為籠統和簡單，但我認為它將會很有價值，因為它容易為現今人類，不斷在這「人類文明新發展期」創造和構建的各種新文明形態，予以歸類，並與舊的文明（或舊的文明要素）區分開來。譬如：「宗教文明」肯定只能從屬於舊的文明範疇，而「數字文明」則只能從屬於新的文明範疇（見下面的有關討論))。

　　薩謬爾‧亨廷頓在他很出名的《文明衝突與世界秩序的重建》一書中，對「文明」的意義（meaning）和本質，有很詳細的論述。這裏我引錄幾句，供大家參考。

　　　　「人類的歷史是一部文明史。

　　　　文明的概念濫觴於 18 世紀，法國哲學家為了和『野蠻』的概念對照而發展出來。文明社會異於原始社會者在於前者是穩定、都市化和開化有教養的。文明是好的，不文明是不好的，文明的概念提供一個評斷社會的尺度。

文明是一個文化實體。

文明是最廣義的文化實體。

文明和文化都指人類的整體生活方式，文明不過是文化的擴大，兩者都涉及『價值觀、規範、制度及思考方式』，據此某個特定社會世世代代的人民都賦予根本的重要性。

人類按文化特性區分為不同的文明。

文明『包含但無法為其他要素所涵蓋。』」[15]

我詳細閱讀了《文明衝突與世界秩序的重建》一書，但可惜並沒有看到薩謬爾・亨廷頓在討論有關「文明」時，採用我以上分類文明發展的方法，把人類的文明史分成為三個發展時期（或時代），即：「人類文明形成期」；「人類文明大發展期」及「人類文明新發展期」。我相信，假如他能洞識到這點，他就不會落入「人類文明衝突」的陷阱這種頗為狹隘和封閉式（narrow-minded and closed-mindset）的想法。薩謬爾・亨廷頓在寫作《文明衝突與世界秩序的重建》一書時，雖然同意文明應該是多樣地存在的，但他顯然沒有充分意識到，人類是還可以顛覆性地，不斷創造和創建各種新的文明要素和文明的。而那些舊的文明和文明要素，除了有可能會起衝突之外，是也會不斷新陳代謝，推陳出新地更新自己、起變化和進步，形成多樣的世界文明新形態；而這一過程（和趨勢），就像人類進化（human evolution）的過程那樣，是有着強大的自我革新（renewal）、改變（change）、借鑒（advocating mutual exchanges and mutual learning）及適應（adaptive）的能力（ability and power）的；而並不是一定需要用「弱肉強食」和衝突的方式，來維持其生存和發展的。（註：在寫作《文明衝突與世界秩序的重建》一書時，薩謬爾・亨廷頓的認知水平和思想，顯然是還停留在舊的，被歷史固化的概念之下的狀態。）特別是當發展進入現今這一「人類文明新發展期」時，需要的是不同文明之間的合作和創新，從而產生各種協同效應，以及各種文明要素之間的合作和創造，而不是你死我

活的衝突排斥和鬥爭。試想想，假如國家之間不合作，我們人類能把「生態文明」、「太空文明」、「健康衛生文明」等世界多樣的文明新形態，予以建立起來和持續發展下去嗎？

而在這裏特別值得指出的是，在薩謬爾‧亨廷頓寫作《文明衝突與世界秩序的重建》一書時，對中美之間有可能會出現「科技文明」衝突，以致影響世界秩序的重建這一問題，似乎還沒有想到好的解決辦法。而我在上面已指出過，假如這一問題真的出現（現今看來機會是愈來愈大），只有採用中美之間合作的方式，才是最佳的解決辦法。

臧峰宇指出：「人類文明史是多元文明相互促進的歷史，文明是多彩的，也是平等和包容的。在新時代，我們黨統籌推進『五位一體』總體佈局，實現了物質文明、政治文明、精神文明、社會文明、生態文明協調發展，體現了文明發展的總體性，拓展了發展中國家走向現代化的途徑。正是因為承認和尊重文明的多樣性，秉持共商共建的全球治理觀，推動多元文明交流互鑒，努力弘揚全人類共同價值，宣導構建人類命運共同體，中國特色社會主義文化發展呈現出悠遠綿長的力量，為人類開創美好未來提供了中國方案。」[16] 換言之，很明顯的，中國走特色社會主義道路，不但創造和形成了一種新文明觀，同時還「實現了中華優秀傳統文化的創造性轉化與創新性發展，深刻回答了人類文明向何處去的重大時代問題。」[16] 並且，還有力地回答了我在本書中所關心和論述的，有關人類文明是（和應該）怎樣演進，以及人類命運是（和應該）如何進化的問題！

創造共同富裕文明

在眾多的特色社會主義文明要素之中，有關促進共同富裕這一要素，我認為是建立中華新文明及世界新文明最為重要，也是最艱難解決的要素（註：這在上面已經提過）。由於這是中國已具體預備

實現的一種全新的人類文明要素，所以值得在這裏再討論一下。

習近平 2021 年 8 月 17 日在主持召開的中央財經委員會第十次會議上強調指出：必須認識到「共同富裕是全體人民的富裕，是人民群眾的物質生活和精神生活都富裕，不是少數人富裕，也不是整齊劃一的平均主義，要分階段促進富裕。要鼓勵勤勞創新致富，堅持在發展中保障和改善民生，為人民提高受教育程度、增強發展能力創造更加惠普公平的條件，暢通向上流動通道，給更多人創造致富機會，形成人人參與的發展環境。要堅持基本經濟制度，立足社會主義初級階段，堅持『兩個毫不動搖』，堅持公有制為主體，多種所有制經濟共同發展，允許一部份人先富起來，先富帶後富、幫後富，重點鼓勵辛苦勞動、合法經營、敢於創業的致富帶頭人。要盡力而為量力而行，建立科學的公共政策體系，形成人人享有的合理分配格局，同時統籌需要和可能，能把保障和改善民生建立在經濟發展和財力可持續的基礎之上，重點加強基礎性、艱巨性、普惠性、兜底性民生保障建設。要堅持循序漸進，對共同富裕的長期性、艱巨性、複雜性有充分估計，鼓勵各地因地制宜探索有效路徑，總結經驗，逐步推開。」[17]

「要堅持以人民為中心的發展思想，在高質量的發展中促進共同富裕，正確處理效率和公平的關係，構建初步分配、再分配、三次分配協調配套的基礎性制度安排，加大稅收、社保、轉移支付等調節力度並提高精準性，擴大中等收入群體比重，增加低收入群體收入，合理調節高收入，取締非法收入，形成中間大、兩頭小的橄欖模型分配結構，促進社會公平正義，促進人的全面發展，使全體人民朝着共同富裕目標紮實邁進。」[17]

「要提高發展的平衡性、協調性、包容性，加快完善社會主義市場經濟體制，增強區域發展的平衡性，強化行業發展的協調性，支持中小企業發展。要着力擴大中等收入群體規模，抓住重點、精準施策，推動更多低收入人群邁入中等收入行業列。要促進基本公共服務均等化，加大普惠性人力資源投入，完善養老和醫療保障

體系、兜底救助體系、住房供應和保障體系。要加強對高收入的規範和調節，依法保護合法收入，合理調節過高收入，鼓勵高收入人群和企業更多回報社會。要清理規範不合理收入，整頓收入分配秩序，堅決取締非法收入。要保護產權和知識產權，保護合法致富，促進各類資本規範健康發展。要促進人民精神生活共同富裕，強化社會主義核心價值觀引領，不斷滿足人民群眾多樣化、多層次、多方面的精神文化需求。要加強促進共同富裕輿論引導，為促進共同富裕提供良好輿論環境。要促進農民農村共同富裕，鞏固拓展脫貧攻堅成果，全面推進鄉村振興，加強農村基礎設施和公共服務體系建設，改善農村人居環境。」(17) 而從整個國家的發展層面來看，現今迫切需要做到的是，要完善全國性的數字賦能的共同富裕。

　　假如中國能成功解決以上共同富裕的問題，這必然將推動世界文明的發展更上一層樓，成為人類文明史上一次巨大突破和劃時代的成就。對中國來說，「共同富裕是社會主義的本質要求，是中國式現代化的重要特徵，要堅持以人民為中心的發展思想，在高質量發展中促進共同富裕。」(16) 這是中國之治，推動中華新文明發展必須達到的目的。

　　此外，中國史學會會長李捷也指出：「中國特色社會主義的發展，中國式現代化新道路的形成，離不開中國共產黨對共產黨執政規律、社會主義建設規律、人類社會發展規律認識的深化與昇華。改革開放以來，隨着經濟社會發展和實踐的不斷深入，從物質文明、精神文明、到經濟建設、政治建設、文化建設『三位一體』到經濟建設、政治建設、文化建設、社會建設『四位一體』，再到經濟建設、政治建設、文化建設、社會建設、生態文明建設『五位一體』，這是重大理論和實踐創新，更帶來了發展理念和發展方式的深刻轉變。正是在規律性認識不斷深化、理論創新不斷推進、實踐創新層出不窮的進程中，我們堅持和發展中國特色社會主義，創造出中國特色現代化新道路和人類文明新形態，充分彰顯了中國特色社會主義道路、理論、制度、文化的優越性。中國式現代化新道

路致力於推動物質文明、政治文明、精神文明、社會文明、生態文明協調發展，把我國全面建成富強民主文明和諧美麗的社會主義現代化強國，實現中華民族偉大復興的中國夢。中國式現代化新道路致力於為中國人民謀幸福、為中華民族謀復興，同時致力於解決人類問題貢獻中國智慧、中國經驗、中國方案，將繼續對中華民族發展史、人類文明發展史作出新的重大貢獻。」[18]

中央黨校李毅教授指出：中國共產黨建黨以來的百年奮鬥「是中國共產黨人『實踐——認識——實踐』持續深化的歷史，是不斷吸收人類歷史上一切優秀思想文化成果發展自己的歷史。」[18] 而我認為同樣重要的是，中國共產黨使中國人民充分掌握了各種科學原理和方法（包括馬克思主義的基本原理和方法），堅持實事求是，從中國實際出發，洞察時代大勢，把握歷史主動，進行艱辛探索，不斷推進馬克思主義中國化時代化，指導中國人民不斷推進偉大社會革命，創造了中國式現代化新道路，創造了人類文明新形態。」[19] 特別是創造了中國特色社會主義發展模式的一種中華新文明，以及一種世界新的和平共存互鑒的多樣文明，讓我們人類命運的進化，可健康地持續發展下去。

最後，特別需要在這裏指出的是，中國在提升中華文明及構建中華新文明方面，所走的是一條人間正道。而只有把這人間正道走好了，中國才會好，世界才會更好。因此，怎樣堅持人間正道？如何把中國建設好？同時又如何把這個世界建設好？便成了現今人類前途命運的一個重大課題。而習近平倡導要構建人類命運共同體的理念，正是為了引領時代潮流和人類文明進步，朝着人間正道的方向邁進而提出的一個具歷史意義的解決方案。

2021 年 9 月 17 日《人民日報》在一篇〈習近平新時代中國特色社會主義思想學習問答〉的評論中指出：「當今時代，經濟全球化大潮滾滾向前，新一輪科技革命和產業變革深入發展，全球治理體系深刻重塑，國際格局加速演變，和平發展大勢不可逆轉。人類交往的世界性比過去任何時候都更深入、更廣泛，各國相互聯繫

和彼此依存比過去任何時候都要頻繁、更緊密，和平、發展、合作、共贏已成為時代潮流。世界退不回彼此封閉孤立的狀態，更不可能被人為割裂。一體化的世界就在那兒，誰拒絕這個世界，這個世界也會拒絕他。世界各國只有順應歷史大勢，推動構建人類命運共同體，才能實現共同發展、共享繁榮。」[20] 世界各國只有如中國駐聯合國大使陳旭所說：「攜手努力，堅守和平、發展、公平、正義、民主、自由的全人類共同價值，共同促進和保護人權，推動構建人類命運共同體」[21]，才能創造新的世界文明。而中國在構建各中華新文明要素之時，將逐步地把這些中華新文明因素進一步予以完善，在今後的 50 至 100 年內，我相信將會被定型（可能只是雛型）為一種建基於社會主義的中華新文明，屬於世界新文明其中具引領作用及可持續發展的文明。

交通是經濟的脈絡和文明的紐帶

習近平 2021 年 10 月 14 日在第二屆聯合國全球可持續交通大會開幕式上的主旨講話指出：「交通是經濟的脈絡和文明的紐帶。縱觀世界歷史，從古絲綢之路的駝鈴帆影，到航海時代的劈波斬浪，再到現代交通、網絡的四通八達，交通推動經濟融通、人文交流，使世界成了緊密相連的『地球村』。……當前，百年變局和世紀疫情疊加，給世界經濟發展和民生改善帶來嚴重挑戰。我們要順應世界發展大勢，推進全球交通合作，書寫基礎設施聯通、貿易投資暢通、文明交融溝通的新篇章。」[22]

　　而要書寫好文明交融溝通的新篇章，就必須解決好與世界相交，與時代相通，可持續發展的交通，將自身發展與世界各國發展有機結合。從中國的角度，就是要做到如習近平所說：

　　「第一，堅持開放聯動，推進互聯互通。小河有水大河滿，大河無水小河乾。各國只有開放包容、互聯互通，才能相互助力，互利共贏。我們要推動建設開放型世界經濟，不搞歧

視性、排他性規則和體系。推動經濟全球化朝着更加開放、包容、普惠、平衡、共贏的方向發展。要加強基礎設施『硬聯通』、制度規則『軟聯通』，促進陸、海、天、網四位一體互聯互通。第二，堅持共同發展，促進公平普惠。各國一起發展才是真發展，大家共同富裕才是真富裕。在新冠肺炎疫情衝擊下，貧富差距惡化，南北鴻溝擴大。只有解決好發展不平衡問題，才能夠為人類共同發展開闢更加廣闊的前景。要發揮交通先行作用，加大對貧困地區交通投入，讓貧困地區交通投入，讓貧困地區經濟民生因路而興。要加強南北合作、南南合作，為最不發達國家、內陸發展中國家交通基礎設施建設提供更多支持，促進共同繁榮。第三，堅持創新驅動，增強發展功能。當今世界正在經歷新一輪科技革命和產業變革，數字經濟、人工智慧等新技術、新業態已成為實現經濟社會發展的強大技術支撐。要大力發展智慧交通和智慧物流，推動大數據、互聯網、人工智能、區塊鏈等新技術與交通行業深度融合，使人享其行、物暢其流。第四，堅持生態優先，實現綠色低碳。建立綠色低碳發展的經濟體系，促進經濟社會發展全面綠色轉型，才能實現可持續發展的長久之策。要加快形成綠色低碳交通運輸方式，加強綠色基礎設施建設，推廣新能源、智能化、數字化、輕量化交通裝備，鼓勵引導綠色出行，讓交通更加環保、出行更加低碳。第五，堅持多邊主義，完善全球治理。當今世界，各國前途命運緊密相連，利益交融前所未有。要踐行共商共建共享的全球治理觀，集眾智、滙眾力，動員全球資源，應對全球挑戰，促進全球發展。要維護聯合國權威和地位，圍繞落實聯合國2030年可持續發展議程，全面推進減貧、衛生、交通物流、基礎設施建設等合作。

　　新中國成立以來，幾代人逢山開路、遇水架橋，建成了交通大國，正在加快建設交通強國。我們堅持交通先行，建

成了全球最大的高速鐵路網、高速公路網、世界級港口群，航空航海通達全球，綜合交通網突破 600 萬公里。我願重申，中國構建更高水平開放型經濟新體制的方向不變，促進貿易和投資自由化便利化的決心不會變。中國開放的大門只會越開越大，永遠不會關上。」[22]

從以上我們可以看到，要構建「人類命運共同體文明」以及建立和夯實未來世界的多樣性文明，我們必須加強各國之間的基礎設施聯通，特別是各種交通網絡的互聯互通，堅持共同發展，堅持創新驅動，堅持生態優先，堅持多邊主義，這樣我們才能使國際貿易投資暢通，世界文明交融順暢。

數字經濟發展與網絡交通文明

而要書寫好文明交融溝通的新篇章，還必須同時解決好與世界相交，與時代相通，可持續發展的網絡交通，因為現今人類已經進入數字經濟時代，需要大量依靠網絡交通（特別是在促進數字技術，以及數字技術與實體經濟的融合、運作、互動；傳統產業的轉型升級；催生新產業、新業態、新模式，深化數字領域的合作；發展「絲路電商」等方面）來建立和支持新經濟的發展。所以我們必須盡快發展健康的網絡文化，促進網絡文明建設，營造清朗的網絡空間。2021 年 11 月 19 日首屆主題為「匯聚向上向善力量，攜手建設網絡文明」的中國網絡文明大會開幕，習近平致信祝賀，在信中習近平指出：「網絡文明是新形勢下社會文明的重要內容，是建設網絡強國的重要領域。近年來，我國積極推進互聯網內容建設，弘揚新風正氣，深化網絡生態治理，網絡文明建設取得明顯成效。要堅持發展和治理相統一、網上和網下相融合，廣泛彙聚向上向善力量。各級黨委和政府要擔當責任，網絡平台、社會責任、廣大線民等要發揮積極作用，共建推進文明辦網、文明用網、文明上網，以時代

中國電信為啟用 5G 網絡在重慶解放碑商業步行街設立的廣告招牌。
（Shutterstock）

新風塑造和淨化網絡空間，共建網上美好精神家園。」[23] 網絡文明大會更倡議提出要「加強思想引領，把握正確導向。培育新風正氣，淨化網絡生態。完善行業自律，踐行社會責任。規範網絡行為，提高文明素養。堅持科技向善，助推創新發展。深化國際交流，促進文明互鑒。」[24] 在會上中宣部長黃坤明指出：在建設和發展網絡文明方面要「以實踐養成為關鍵，以綜合治網為保障，以共建共享為目標，在網上大力培育和踐行社會主義核心價值觀，傳播文明理念，培育文明風尚，營造更加清朗的網絡空間，更好涵育廣大網民特別是青少年愛國情懷、道德情操和網絡素養，在新時代新征程上凝聚強大精神力量。」[25]

在這數字時代，推動網絡技術、人工智慧、數據應用、元宇宙等向善發展、安全治理等，是擺在各國面前亟待解決的重要課題。因此我認為，如果我們要讓網絡技術、人工智慧（或智能）等數字技術造福人類（註：在這方面，中國先後發佈了《全球數據安

全倡議》、《新一代人工智慧治理原則——發展負責任的人工智慧》、《新一代人工智慧倫理規範》等文件），推動數字文明發展，構建各種數字文明要素，豐富世界新文明的內涵，我們就必須盡快助推人類命運共同體文明早日建立。

　　而要達到以上目標，就必須把推動數字經濟健康發展的指導思想、基本原則、重點任務和保障措施作出妥善的安排。這在 2022 年 1 月 12 日國務院印發的《「十四五」數位經濟發展規劃》裏可以清楚看到。《規劃》明確指示必須堅持「創新引領、融合發展、應用牽引、數據賦能、公平競爭、安全有序、系統推進、協同高效」的原則，並部署了八方面的重點任務。一是優化升級數位基礎設施。二是充分發揮數據要素的作用。三是大力推進產業數字化轉型。四是加快推動數字產業化。五是持續提升公共服務數字化的水平。六是健全完善數字經濟的治理體系。七是着力強化數字經濟的安全體系。八是有效拓展數位經濟的國際合作。(26)

中國和平發展才能造福人類及提升人類文明的境界

習近平 2021 年 10 月 25 日，在北京出席中華人民共和國恢復聯合國合法席位 50 周年紀念會議並發表講話。習近平指出：「當前，世界百年未有之大變局加速演進，和平發展力量不斷增長。我們應該順應歷史大勢，堅持合作、不搞對抗，不搞封閉，堅持互利共贏、不搞零和博奕，堅決反對一切形式的霸權主義和強權政治，堅決反對一切形式的單邊主義和保護主義。」(27)

　　那麼應如何順應歷史大勢呢？習近平在講話中，提出五點倡議：

　　　　「——　我們應該大力弘揚和平、發展、公平、正義、民主、
　　　　自由的全人類共同價值，共同為建設一個更加美好的世界提
　　　　供正確理念指引。和平與發展是我們共同事業，公平正義是

我們的共同理想，民主政治是我們的共同追求。世界是豐富多彩的，多樣性是人類文明的魅力所在，更是世界發展的活力和動力之源。『非盡百家之美，不能成一人之奇。』文明沒有高下、優劣之分，只有特色、地域之別，只有在交流中才能融合，在融合中才能進步。一個國家走的道路行不行，關鍵要看是否符合本國國情，是否順應時代發展潮流，能否帶來經濟發展、社會進步、民生改善、社會穩定，能否得到人民支援和擁護，能否為人民進步事業作出貢獻。

—— 我們應該攜手推動構建人類命運共同體，共同建設持久和平、普遍安全、共同繁榮、開放包容、清潔美麗的世界。人類是一個整體，地球是一個家園。任何人、任何國家都無法獨善其身。人類應該和衷共濟、和合共生，朝着構建人類命運共同體方向不斷邁進，共同創造更加美好的未來。推動構建人類命運共同體，不是以一種制度代替另一種制度，不是以一種文明代替另一種文明，而是不同社會制度、不同意識形態、不同歷史文化、不同發展水準的國家在國際事務中利益共生、權利共用、責任共擔，形成共建美好世界的最大公約數。

—— 我們應該堅持互利共贏，共同推動經濟社會發展更好造福人民。中國古人說『為治之本，務在於安民；安民之本，在於足用。』推動發展、安居樂業是各國人民共同願望。為人民而發展，發展才有意義；依靠人民而發展，發展才有動力。世界各國應該堅持以人民為中心，努力實現更高品質、更有效率、更加公平、更加持續、更為安全的發展。要破解發展不平衡不充分問題，提高發展的平衡性、協調性、包容性。要增強人民的發展能力，形成人人參與，人人享有的發展環境，創造發展成果更多更公平惠及每一個國家每一個人民的發展局面。不久前我在第七十六屆聯合國大會上提出全球發展倡議，希望各國共同努力，克服新冠肺炎疫情對

全球發展的衝擊，加快落實 2030 年可持續發展議程，構建全球發展共同體。

　　—— 我們應該加強合作，共同應對人類面臨的各種挑戰和全球問題。地區爭端和恐怖主義、氣候變化、網絡安全、生物安全等全球性問題正擺在國際社會面前，只有形成更加包容的全球治理、更加有效的多邊機制、更加積極的地區合作，才能有效加以應對。氣候變化是大自然對人類敲響警鐘。世界各國應該採取實際行動為自然守住安全邊界，鼓勵綠色復甦、綠色生產、綠色消費，推動形成文明健康生活方式，形成人與自然和諧共生格局，讓良好生態環境成為可持續發展的不竭源頭。

　　—— 我們應該堅持維護聯合國權威和地位，共同踐行真正的多邊主義。推動構建人類命運共同體，需要一個強有力的聯合國，需要改革和建設全球治理體系。世界各國應該維護以聯合國為核心的國際體系、以國際法為基礎的國際秩序、以聯合國憲章宗旨和原則為基礎的國際關係基本準則。國際規則只能由聯合國 193 個會員國共同制定，不能由個別國家和國家等集團來決定。國際規則應該由聯合國 193 個會員國共同遵守，沒有也不應該有例外。對聯合國，世界各國都應該秉持尊重的態度，愛護好、守護好這個大家庭，決不能合則利用、不合則棄之，讓聯合國在促進人類和平與發展的崇高事業中發揮更為積極的作用。中國願同各國秉持共商共建共用理念，探索合作思路，創新合作模式，不斷豐富新形勢下多邊主義實踐。」[27]

　　只有這樣，我們才能推動構建人類命運共同體，共同建設更加美好的世界，共同提升全人類文明邁向更高的、建立我稱之為「全人類命運共同體文明」的境界。所以就中國來說，「中國將堅持走和平發展之路、改革開放之路、多邊主義之路，始終做世界和

平的建設者、全球發展的貢獻者、國際秩序的維護者。」[28] 中國把推進和平與發展，視作為全人類共同事業，「全人類共同價值、共同理想、共同追求，是不同國家、不同民族、不同文明的最大公約數。」[29]

2021 年 12 月 13 日，多個政黨和社會組織發佈了《關於自主探索民主道路、攜手推動共同發展的聯合聲明》。《聲明》指出：「人類正面臨各種挑戰和全球性問題，必須形成更加包容的全球治理、更加有效的多邊機制、更加積極的區域合作，才能有效應對。」[30] 我認為，本着為人類前途命運高度負責的態度，尊重文明形態的多樣性，打造各種不同新文明類型，努力推動構建「人類命運共同體文明」，「讓不同社會制度、不同意識形態、不同歷史文化、不同發展水準的國家在國際事務中利益共生、權利共用、責任共擔」[30]，是解決人類正面臨的各種挑戰和全球性問題的唯一辦法。

所以我們必須大力弘揚全人類共同價值，承認和尊重文明多樣性，以平等和欣賞的眼光看待不同的文明。因為正如習近平所說：「各國歷史、文化、制度、發展水準不盡相同，但各國人民都追求和平、發展、公平、正義、民主、自由的全人類共同價值。」在不同場合，習近平還多次強調：「要樹立平等、互鑒、對話、包容的文明觀，以文明交流超越文明隔閡，以文明互鑒超越文明衝突，以文明共存超越文明優越。」所以我們要「以寬廣胸懷理解不同文明對價值內涵的認識，尊重不同國家人民對價值實現路徑的探索。」我完全同意習近平以上所說的話，同時我也同意他以下這一觀點：「多樣性是人類文明力所在，更是世界發展的活力和動力之源。」[31] 我認為這也是達至世界大同，促使人類文明不斷進化的唯一正確路徑。

不能忽視建設人與自然和諧共生的現代化的重要性

潘家華、陳夢玟 2022 年 2 月 14 日，在《人民日報》為文指出：

「人類是地球生命共同體的一部分，人與自然的關係經歷了從原始文明被動順應自然到農耕文明主動利用自然的歷程。進入工業文明時代，西方傳統工業化道路過度尋求積累和擴張物質財富而忽略國民生態福祉，片面強調征服自然，導致生態環境加劇惡化、生物多樣性持續銳減。」[32] 這一問題「不僅關乎當代人和一時一地的發展」，而是「關乎人類的永續發展」[32]。所以我們必須「以人與自然和諧共生為基礎，秉持地球生命共同體理念，實現生命共同體成員的共存、共榮、共享，而不是『理性經濟人』的自我和當下私益最大化。」[32] 而最終最理想的當然是應以建立一個「人類命運共同體文明」的世界為目標。

參考資料

1. 習近平，〈決勝全面建成小康社會，奪取新時代中國特色社會主義偉大勝利〉(習近平在中國共產黨第十九次全國代表大會上的報告)，《習近平談治國理政》，第三卷。2020 年，外文出版社，第 20–21 頁。

2. 中央宣傳部理論局編，《新征程面對面》。2021 年，學習出版社及人民出版社。

3. 國紀平，〈為人類和平與發展的崇高事業而共同奮鬥〉。2021 年 6 月 26 日，《人民日報》。

4. 林松添，〈發展自身造福世界的現代化之路〉。2021 年 5 月 7 日，《人民日報》。

5. 徐步，〈中國共產黨的和平發展之路〉。2021 年 6 月 7 日，《人民日報》。

6. 李捷，〈深刻領悟黨的創新理論最新成果的理論品格〉。2021 年 4 月 28 日，《人民日報》。

7. 〈紮實推動高質量發展建設共同富裕示範區〉。2021 年 7 月 9 日，《人民日報》。

8. 《人民標尺——從百年奮鬥看中國共產黨政治立場》。2021 年 6 月 30 日，《人民日報》。

9.　《中國共產黨尊重和保障人權的偉大實踐》白皮書的發表。2021 年 6 月 25 日，《人民日報》。

10.　金燦榮，《大國遠見》。2021 年，中國社會科學出版社，第 228、229 頁。

11.　〈全民科學素質行動規劃綱要 (2021–2035)〉。2021 年 7 月 10 日，《人民日報》。

12.　見 2021 年 10 月 15 日，《大公報》及 2021 年 10 月 15 日，《人民日報》。

13.　〈外交部發言人就美國舉辦「領導人民主峰會」發表談話〉(2021 年 12 月 11 日)。2021 年 12 月 12 日，《人民日報》。

14.　李伯謙，〈從中國文明化歷程的研究看國家起源的若干理論問題〉，謝維揚等主編，《國家起源問題研究的理論與方法》。2020 年，中西書局。

15.　薩謬爾‧亨(杭)廷頓著，黃裕美譯，《文明衝突與世界秩序的重建》。2020 年，聯經出版，第二版，第 48–53 頁。

16.　臧峰宇，〈創造人類新形態的中國道路〉。2021 年 7 月 20 日，《光明日報》。

17.　習近平，〈在高質量發展中促進共同富裕 統籌做好重大金融風險防範化解工作〉(習近平 2021 年 8 月 17 日主持召開中央財經委員會第十次會議上的發言)。2021 年 8 月 18 日，《人民日報》。

18.　李捷，〈實現中華民族偉大復興的正確道路〉。2021 年 8 月 17 日，《人民日報》。

19.　李毅，〈馬克思主義是我們黨的靈魂和旗幟〉。2021 年 8 月 20 日，《人民日報》。

20.　〈習近平新時代中國特色社會主義思想學習問答 (45)〉。2021 年 9 月 17 日，《人民日報》。

21.　〈中國代表觀點相近國家在人權理事會做共同發言〉(2021 年 9 月 20 日)。2021 年 9 月 22 日，《人民日報》。

22.　習近平，〈與世界相交 與時代相通 在可持續發展道路上闊步前行〉(習近平 2021 年 10 月 14 日，在第二屆聯合國全球可持續交通大會開幕式上的主旨講話)。2021 年 10 月 15 日，《人民日報》。

23.　習近平致信祝賀首屆中國網絡文明大會召開。2021 年 11 月 20 日，《人民日報》。

24.　〈共建網絡文明行動倡儀發佈〉。2021 年 11 月 20 日，《人民日報》。

25.　〈習近平：以時代新風塑造淨化網絡空間〉。2021 年 11 月 20 日，《大公報》，第 A11 頁。

26.　2022 年 1 月 12 日國務院印發了《「十四五」數位經濟發展規劃》。2022 年 1 月 13 日，《人民日報》。

27. 習近平 2021 年 10 月 25 日在北京出席中華人民共和國恢復聯合國合法席位 50 周年紀念會議上發表的講話。2021 年 10 月 26 日，《人民日報》。

28. 〈攜手實現世界永續和平發展(和音)〉。2021 年 10 月 16 日，《人民日報》。

29. 〈推進和平與發展的共同事業(和音)〉。2021 年 10 月 17 日，《人民日報》。

30. 2021 年 12 月 13 日多個政黨和社會組織發佈了《關於自主探索民主道路、攜手推動共同發展的聯合聲明》。2021 年 12 月 14 日，《人民日報》。

31. 〈激盪五洲四海的時代強音〉。2022 年 2 月 7 日，《人民日報》。

32. 潘家華、陳夢玟，〈構建地球生命共同體的理論範式創新意義〉。2022 年 2 月 14 日，《人民日報》。

第 9 章

構建中華新文明的具體措施，打好文化基礎，以及香港可以扮演的角色

在第 8 章我已扼要地勾劃出，支撐構建中華新文明的一些理想要素。而在這一章，我將會集中討論有關新中國所採取的，支撐構建各種文明要素的具體措施，以及這些具體措施背後的思想理念、理論基礎、實際需要、文化及信念基礎等。

2021 年 7 月 19 日起，《人民日報》一連刊登了好幾篇關於習近平新時代中國特色社會主義思想的理論體系的文章，深入清晰地闡明了中國將怎樣「逐步實現工業、農業、國防和科學技術的現代化，推動物質文明、政治文明、精神文明、社會文明、生態文明協調發展，把我國建設成為富強民主文明和諧美麗的社會主義現代化強國」[(1)]。文章指出，習近平這一思想理論體系的核心內容是「八個明確」和「十四個堅持」。在下面我把它們引錄下來，供大家參考。

「八個明確」

「1. 明確堅持和發展中國特色社會主義，總任務是實現社會主義現代化和中華民族偉大復興，在全面建小康社會的基礎上，分兩步走在本世紀中葉建成富強民主文明和諧美麗的社會主義現代化強國。

2.　明確新時代我國社會主義矛盾是人民日益增長的美好生活需要和不平衡不充分的發展之間的矛盾，必須堅持以人民為中心的發展思想，不斷促進人的全面發展，全體人民共同富裕。

3.　明確中國特色社會主義事業總體佈局是『五位一體』、戰略佈局是『四個全面』，強調堅定道路自信、理論自信、制度自信、文化自信。（註：『五位一體』的意思是：政治建設、經濟建設、文化建設、社會建設、生態文明建設。『四個全面』是全面建成小康社會、全面深化改革、全面依法治國、全面從嚴治黨）。

4.　明確全面深化改革總目標是完善和發展中國特色社會主義制度，推進國家治理體系和治理能力現代化。

5.　明確全面政治推進依法治國總目標是建設中國特色社會主義法治體系、建設社會主義法治國家。

6.　明確黨在新時代的強軍目標是建設一支聽黨指揮、能打勝仗、作風優良的人民軍隊，把人民軍隊建設成為世界一流軍隊。

7.　明確中國特色大國外交要推動構建新型國際關係，推動構建人類命運共同體。

8.　明確中國特色社會主義最本質的特徵是中國共產黨領導，中國特色社會主義制度的最大優勢是中國共產黨領導，黨是最高政治領導力量，提出新時代黨的建設總要求，突出政治建設在黨的建設中的重要地位。」[2]

「十四個堅持」

「1.　堅持黨對一切工作的領導。

2.　堅持以人民為中心。

3.　堅持全面深化改革。

4.　　堅持新發展理念。

5.　　堅持人民當家作主。

6.　　堅持全面依法治國。

7.　　堅持全面社會主義核心價值體系。

8.　　堅持在發展中保障和改善民生。

9.　　堅持人與自然和諧共生。

10.　堅持總體國家安全觀。

11.　堅持黨和人民軍隊的絕對領導。

12.　堅持『一國兩制』和推進祖國統一。

13.　堅持推動構建人類命運共同體。

14.　堅持全面從嚴治黨。」[2]

除以上「八個明確」和「十四個堅持」的具體措施之外，中國在治國理政方面，還採取「提高戰略思維、歷史思維、辯證思維、創新思維、法治思維、底線思維，戰略思維能力」[3] 等措施，從而更好地立足全局洞察時代大勢，着眼長遠應對世界變局，做好全局和局部的辯證統一，更好地推動中華新文化、新文明的構建和世界文明新形態的建立。這些思維能力，包括：

「歷史思維能力，就是知古鑒今，善於運用歷史眼光認識發展規律、把握前進方向、指導現實工作的能力。

辯證思維能力，就是承認矛盾、分析矛盾、解決矛盾，善於抓住關鍵、找準重點、洞察事物發展規律的能力。

創新思維能力，就是破除迷信、超越陳規、善於因時制宜、知難而進、開拓創新能力。

法治思維能力，就是增強尊法學法守法用法意識，善於應用法治方式治國理政的能力。

底綫思維能力，就是客觀地設定最低目標，立足最低爭取最大期望值的能力。」[3]

文章還指出：我們必須認識到，

「當今世界正經歷百年未有之大變局，這樣的大變局不是一時一事、一城一國之變，是世界之變、時代之變、歷史之變。能否應對好這一大變局，關鍵要看我們是否有識變之智、應變之方、求變之勇。

　　百年未有之大變局，概括起來說，就是當前國際格局和國際體系正在發生深刻調整，全球和治理體系正在發生深刻變革，國際力量對比正在發生近代以來最具革命性的變化，世界範圍呈現出影響人類歷史進程和趨向的重大態勢。縱觀人類歷史，世界發展從來都是各種矛盾相互交織、相互作用的綜合結果，大變局孕育於其中演進於其中。15 世紀至 16 世紀，新航路新開闢和西方大航海時代到來，人類歷史邁出向『世界歷史』轉變的第一步。17 世紀，歐洲主要勢力簽訂《威斯特伐利亞和約》，確定國家主權平等的原則，搭建起一個有限的國際格局，但其他地域還沒有納入國際體系。18 世紀第一次工業革命後，人類社會邁上了加速發展的軌道，科技革命和工業革命呼喚出來的巨大生產力，深刻改變了世界發展既有格局。從 19 世紀初的維也納體系，到第一次世界大戰後的凡爾賽–華盛頓體系，再到第二次世界大戰後雅爾塔體系，其背後反映了世界大變局的演進發展。蘇聯解體、東歐劇變後兩極格局瓦解，美國成為唯一超級大國，但世界各種力量不斷發展壯大，多極化趨勢愈加清晰。科學社會主義誕生以來，從理論到實踐，從一國到多國，從遭遇曲折到奮起振興，也深刻影響世界大變局的演進過程，引領世界不斷朝着有利於人類進步的方向發展。

　　進入 21 世紀，世界大變局的調整呈現出一系列前所未有的新特徵新表現。世界經濟版圖發生的深刻變化前所未有，發達國家和發展中國家在國際分工體系中的地位角色發

生重大轉變，發達國家經濟增長乏力，新興經濟體和發展中國家在世界經濟中佔據越來越大的份額，世界經濟重心加快『自西向東』位移。新一輪科技革命和產業變革帶來的新陳代謝和激烈競爭前所未有，不僅有力重構全球創新版圖、重塑全球經濟結構，而且深刻改變人類社會生產生活方式和思維方式，推動生產關係變革，給國際格局和國際體系帶來廣泛深遠影響。國際力量對比發生的革命性變化前所未有，發達國家內部矛盾重重、實力相對下降，一大批發展中國家群體性崛起，成為影響國際政治經濟格局的重要力量。全球治理體系的不適應、不對稱前所未有，西方發達國家主導的國際政治經濟秩序越來越難以為繼，發展中國家在國際事務中的代表性和發言權不斷擴大，全球治理越來越向着更加公平合理的方向發展。人類前途命運的休戚與共前所未有，各國相互聯系和彼此依存比過去任何時候都更頻繁、更緊密，整個世界日益成為你中有我、我中有你的命運共同體。

縱橫不出方圓，萬變不離其宗。從根本上說我們正經歷的百年未有之大變局，是世界範圍內生產力和生產關係矛盾運動的必然結果，反映了人類文明發展的大潮流大趨向。

『大變局帶來大挑戰，也帶來大機遇，我們必須因勢而謀、應勢而動、順勢而為』，要心懷『國之大者』，樹立正確的歷史觀、大局觀、角色觀，深刻把握世界百年未有之大變局與中華民族偉大復興戰略全局的辯證關係，立足大局、統籌全局、引領變局、開創新局，努力實現變中求進、變中突破、變中取勝。要清楚看到，美國等西方國家絕不甘心和坐視主導地位的喪失，必然處心積慮、不擇手段打壓中國。我們必須保持戰略定力、發揚鬥爭精神，決不屈服於任何外部壓力，決不吞下任何損害中華民族根本利益的苦果。越是亂雲飛渡、驚濤拍岸，越要處變不驚、沉着應對，把握戰略主

動，發揮制度優勢，更好引領世界大變局朝着有利於中華民族偉大復興、有利於世界和平與進步的方向發展。」(4)

在這世界大變局中，那麼香港又可以扮演什麼角色呢？香港又應採用什麼辦法和策略來支持國家「立足大局、統籌全局、引領變局、開創新局，努力實現變中求進、變中突破、變中取勝」呢？

香港可以扮演的角色

如果要問在這世界大變局中，香港可以扮演什麼角色？可能更需要問的是，到底香港應扮演什麼角色？

在 2021 年 7 月 12 日舉行的香港發展中外文化藝術交流中心高峰論壇上，國家文化和旅遊部副局長張旭指出：「國家『十四五』規劃提出，支持特別行政區鞏固提升競爭優勢，打造『一帶一路』功能平台，支持香港更好融入國家發展大局，其中，特別提出『支持香港發展中外文化藝術交流中心』。這是中央政府對香港在國際藝術文化交流領域所作出貢獻的充分肯定，也是對當前香港迫切發展需求的積極回應，為香港未來發展明確新定位、培育新優勢。」(5) 我贊成香港發展中外文化藝術交流中心，因為「發展中外文化藝術交流中心，對促進香港重新出發具有積極意義，有助於香港培育更多優勢產業、創造更多發展機會，為推動香港社會經濟發展提供強勁內生產力；對建設文化強國具有積極意義，有助於提升中華文化在香港的認知度和認可度，增強香港同胞國家意識和愛國精神，為實現香港經濟長治久安、為實現中華民族偉大復興的中國夢提供強大精神動力；對促進世界文明交流互鑒具有積極意義，有助於進一步發揮『香港所長，國家所需』，增強香港中外文化藝術交流的輻射力和影響力，為提升國家文化軟實力、推動共建人類命運共同體發揮獨特功能和作用。」(5)

　　張旭進一步指出:「發展中外文化藝術交流中心是一個全新的命題,需要我們大家共同交流探討,貢獻智慧力量。文化和旅遊部願與香港一道,立足新發展階段、適應新發展形勢加快構建新發展格局,推進文化鑄魂、文化育人,務實深化內地與香港文化交流合作。」(5) 他還就如何發展中外文化交流中心,提出了下面幾點意見:「一是促進文明互鑒,發展中外人文思想交流中心;二是加強創新引領,建設中外文化創意產業交流樞紐;三是加快人才聚集,打造中外文化人才高地。」(5)

　　而在同一論壇上,中聯辦副主任盧新寧也提出,如要打造中外文化藝術交流中心,香港迫切需要解決:一,應如何增強「對話實力」;二,應如何提升「文化魅力」及三,應如何激發「文化活力」等問題。同時她還指出,香港需從中國五千年歷史的中華優秀文化寶庫中尋找素材、尋找靈感。但可惜的是,香港人卻長期「疏離家國情懷、丟棄文化根脈」,不懂得從本國歷史文化中萃取精華、汲取能量,甚至陷於「本土」迷思、阻斷歷史長河,怎麼可能創造出獨具魅力特色的文化形態,又如何談得上擁有與世界對話的實力和能力?(6) 那麼怎樣才能解答盧新寧所提出的問題呢?而這答案,依我的看法,首要的是要明確香港的新定位和培育香港的新優勢,這是關鍵。

　　但在回答這關鍵問題之前,我們得先了解清楚為什麼香港會「陷於『本土』迷思、阻斷歷史長河」這不幸的境況呢?我認為答案很簡單,就是因為許多香港的精英,長期受到英國殖民地主義的教育,都陷入了「崇洋心理」、學習「美式文明」的陷阱而不自覺(或不能自拔)。所以如要香港重新定位,培育新優勢,除了香港要從本國歷史文化中萃取精華、汲取能量之外,更重要的是要香港人(特別是年輕人),以及負起培養大學生的大學校長及教授們明白,中國正在打造的中華新文明及世界新文明形態,將是人類文明發展的新境界,是我們人類歷史要達至的、人類命運進化的更高層次(也可以被看作為是一種使命吧!)。而香港在這方面,是具有

能力和得天獨厚的「一國兩制」優勢，可以起到非常重要的，發展中外文化藝術交流，以及中西文明互鑒、合作、促進、創新的催化劑作用和橋樑功能。當然，如要做到這一點，各方（特別是內地）給予香港的支持肯定是十分重要；但更為重要的是，要改革香港的教育，盡快消除英國人遺留下來的「兩種文化」鴻溝（the chasm of two cultures）（註：根據 C. P. Snow 的論點及用詞）：個人主義過分膨脹的傲慢，宗教影響的各種偏見，崇洋（特別是崇美）的不正確心態，西洋的劣質文化、文明，坑害青年人的錯誤意識形態，以及一些西方狹隘和落後的政治思維及價值觀。而香港的各大學，也應開始要有系統地設計一些課程，把馬克思主義在中國的成功實踐、中華人民共和國的歷史、中國社會主義的發展史、中國的改革開放史（註：中國內地在 2021 年已有這方面的簡史書籍出版，可供參考及學習）及中國建成小康社會的豐富經驗[7] 等，來教育香港的青年，提升他們在思政方面的意識和能力，增進他們對國家和世界變局有更好的認識和了解。同時，我們還應盡快增強和大大提高構建中華新文明（即中華歷史傳統文明+中國特色社會主義的新文明要素）在各個小、中、大學的教育內容，教育好香港的年輕人，讓他們有奔頭、有作為，為國家、世界、人類，構建中華新文明以及世界新文明作出貢獻，並把香港建成為一個世界級的中華新文明傳播高地。

　　而現今特別重要的是，要香港各大學的校長承擔起責任，讀懂中國，讀懂中國特色社會主義發展的戰略目標，配合中國進入世界強國行列的願景，站穩愛國立場，發揮好作為一個中國人的愛國思想，充分利用「一國兩制」的優勢，創造更多樣及創新的，在人文和科技方面的理念及應用場景等。而在教育和科研方面，我們更要有多方面的突破。首先我希望香港的大學校長們能盡快消除存在心中的崇美心態（若有），跳出城大校長郭位教授在他的書 *Soulware: The American Way in China's Higher Education* [8] 中所說的「心件」（Soulware）的桎梏，因為我們中國的目的是要把中國

的大學（包括香港的大學）在多方面辦得比美國更好、更有特色，而不是一味只懂得去拾英國、美國大學的牙慧，停留在外國學術權威學者劃定和規限的各種標準和制約之下，不敢去挑戰和顛覆西方學者的許多錯誤觀點和偏見。香港的教育界人士，必須盡快消除腦子裏充塞着的西方自由主義的，把政府看成為「必定是惡」、大學與政府必然是對立的思維方式和話語，必須盡快丟掉那種不具遠見及無視國情的「政教分離、學術自由、大學自主」的陳腔濫調，不再用過時的和脫離實際的辦大學概念和原則來管理大學、培養人才和嚇唬市民；校長們必須盡快放下過去幾年在香港動亂期內不作為、不負責任、無視國家安全和法治、為外國勢力提供機會在香港搞「顏色革命」的各種包袱，盡快振作起來，從新上路。最近負責管理香港事務的中國官員提醒香港：「蘇州過後無艇搭」，「不進則退，慢進也是退」；但我更擔心的是，香港政府的官員，大、中、小學的校長，現今仍採用那種「不進不退」、「搞拖字訣」、「陽奉陰違」、「似是而非」的手法應付中央政府的策略，這將必定會拖國家發展的後腿，影響中國新階段的發展、新發展理念的貫徹落實、新發展格局的構建、實現第二個百年奮鬥的目標、踐行中國倡導的核心價值觀！

　　此外，除了要盡快搞好香港的教育之外，我認為香港政府還應大力發展文化創意產業（包括動漫、音樂、媒體娛樂、動畫電影、視頻游戲、虛擬現實技術等），把香港打造成為一個有份量的文化創意產業國際城市，為香港增添更多活力，進一步彰顯香港的魅力。所以香港政府有必要立刻行動起來，把文化和創意產業視為香港新的經濟增長點，開展動漫等教育，設立基金支持研究和創新，建立數字媒體娛樂中心，用數字技術賦能中華傳統文化，並把中國的特色社會主義文化及資本主義的優秀部分融合起來，打造更多新的「一國兩制」文化、文明新形態及多樣的文化、文明軟實力等。在這數字化時代，香港必須利用好自身的文化創造力，以及大灣區在這方面的各種優勢，把香港在疫後時代逐步予以轉型，朝數字化

科技、數字化文化藝術和數字化社會方向大力發展，走創新之路，推動香港的經濟及社會發展更上一層樓。特別是在中西文化文藝的融合發展方面、創造性轉化方面，香港必須走創新的路。因為，文化文藝可以提供強大價值的引導力、文化凝聚力、思想的轉化力和精神文明的推動力。因而促使香港盡快扭轉過分依賴西方文化文藝的被動局面，及迷信西方文化優越性的僵化思維方式。所以，現今香港急需的是要盡快更換思想概念，要更關注中國內地對歷史悠久的中華優秀傳統文化的創造性轉化和創新性發展；因為只有這樣，香港才能為中華新文明和世界新文明及其要素的構建和創造，作出貢獻。

　　此外，我們必須看到香港和澳門，在粵港澳大灣區的國家發展中，是具有非常重要的戰略地位的。最近《橫琴粵澳深度合作區建設總體方案》及《全面深化前海深港現代服務業合作區改革開放方案》都已公佈，國家就支援橫琴發展和推動前海改革作出了重要部署。「兩個方案的發佈和實施，有利於加快推進珠海橫琴、深圳前海等重大平台開發建設，充分發揮其在進一步深化改革、擴大開放、促進合作中的試驗示範作用，有利於拓展港澳發展空間、優化港澳現有產業結構、優化資源配置，推動港澳更好融入國家發展大局。」(9) 而重要的是，香港現今是更有條件可以為中華新文明的構建，推動世界新文明的建設，注入更多香港的獨特內容、動能、空間和文明要素。因為粵港澳大灣區的發展，可實行更多各種先行先試的政策，堅持依託港澳、服務內地、面向世界的重大國家戰略，為中西文化的融合、相互交雜、相互尊重啟發、互學互鑒，構建一條世界性的文化人文紐帶；為發揚中華傳統文明和中華新文明所崇尚的「和合」（註：指「和諧」、「合作」、「仁義」和「顧及他人」；而不像西方文明那樣，只崇尚「競爭」、「對抗」和「利己」），而文明的深度交流，也會提供更多機會，因而推動世界多元文明交融，全球繁榮穩定發展，為人類帶來實實在在的福祉，貢獻更多力量。

小結

中國社會科學院考古研究所研究員王仁湘 2021 年 8 月 14 日，在《人民日報》撰文指出：「文明的出現，經過了漫長的孕育過程，隨着社會複雜化程度加深導致邦國建立，中心城邑出現，宏大的治水工程見諸實施，初級國家管理機構出現；最後發明文字，發明冶金術，人類終於走出混沌，文明誕生，國家出現。依據現在所獲得的考古資料，研究者認為在仰韶中晚期出現了社會複雜化現象，開啟了中國早期文明化過程。」[10] 從這早期文明化過程到現今，中國文明綿延不斷地發展了 5,000 多年。在這五千多年中華文明發展的基礎上，現今中國又開始新的文明征程，把中華文明的建設加以延伸、改革、創新，逐步建立起一個獨一無二的，具有特色社會主義文明色彩和形態的中華新文明（註：用一個簡約的公式來表示，即：「5,000 年中華文明」+「特色社會主義新文明及其要素」=「中華新文明」）。而這一新文明的構建，不但促使 5,000 年中華文明的發展得到提升和轉型，順利地進入一個嶄新的時代，並且還促使人類文明，進入一個新的發展階段，創造一種人類從未見過的新的世界文明。而這一種中華新文明的價值要求，或中國特色社會主義的核心價值[11]，就是要做到在：

國家層面：富強、民主、文明、和諧；
社會層面：自由、平等、公正、法治；
公民層面：愛國、敬業、誠信、友善。

而更重要的是，明確了我國中華新文明發展的歷史方位和路徑選擇後，就可以全面地和更好地去把握好新的文明發展階段、貫徹好新的文明發展理念、構建好新的文明發展格局，把中華新文明與世界其他的文明（例如西方文明、阿拉伯伊斯蘭文明、印度文明等）更好地相互借鑒、求同存異、共同合作、攜手共進，把世界的新文明逐步構建起來。

　　不過回首「這 100 年，是人類社會充滿動盪和劇變的 100 年，既有生產力極大發展、社會空前變革、人類文明巨大進步，也有戰亂頻仍、生靈塗炭、人類文明遭受極大破壞。」[12] 而「中華民族是世界上偉大的民族，有着 5,000 多年源遠流長的文明歷史，為人類文明進步作出了不可磨滅的貢獻。」[12] 那麼之後中華文明的發展、世界文明的發展、人類文明的發展又會呈現出怎樣的一個圖象呢？或用另一種方式來問，之後中華新文明的發展，又會為世界文明的發展、人類文明的發展帶來怎樣的一種願景呢？這可以從兩個方面來回答，即：

1.　　朝正面或建設性的方向發展，促使文明發展進步；
2.　　朝負面或破壞性的方向發展，促使文明發展倒退。

　　具體一點來說，即：

1.　　如朝正面或建設性的方向發展，那麼：

多元的「世界新文明」
= 人類文明多樣性 ＋ 人類生命共同體 ＋ 人類命運共同體
　 ＋「地球生命共同體」

便可以被建立起來。

　　　而「地球生命共同體」的內涵則包括：人與自然和諧共生的現代化＋生態文明＋生物多樣性＋衛生健康共同體＋有效踐行脫貧減貧＋應對全球氣候變化＋建設清潔美麗的世界等多種不同的因素。

　　　至於人類生命共同體＋人類命運共同體的內涵則包括：世界各國和平相處＋合作共贏＋互相尊重＋互學互鑒＋同舟共濟＋共商共建共用＋厚植民意＋文化交流＋和諧共生＋開放包容融合＋持久和平＋普遍安全＋共同繁榮＋利益共生＋權利共享＋責任共擔等多種因素。

2.　如朝負面或破壞性的方向發展，那就是鼓勵文明衝突、宗教衝突、利己主義、民粹主義、唯我獨尊、霸權霸道、冷戰思維、零和博弈、封閉隔絕等因素的泛濫。這樣人類文明將遭受挫折甚至倒退。如果是這樣的話、那麼多元的、高素質的「世界新文明」就難以建立起來。

　　「中華新文明」的建立是時代發展的潮流、文明進化的邏輯，所以必須把中國傳統文化文明作創新性發展。

　　人類文明到底會朝哪一個方向發展？美國在這方面的取態是關鍵！從走中國式現代化新道路，建立中華新文明，堅持歷史前進的邏輯、時代發展的潮流，把握好規律，尊重國際規則，引領全球治理體系，創造人類文明新形態的角度來看，我們當然希望美國能學中國那樣（特別是在推動物質文明、政治文明、精神文明、社會文明、生態文明協調發展方面），站在歷史發展正確的一邊，因為這才是真正的人間正道，人類追求文明進步的真諦，及人類能贏得未來的唯一途徑。

　　而就中國來說，中央黨校劉余莉教授指出：「中華文明歷來講求『天下一家』，主張天下大同、協和萬邦。……作為馬克思主義政黨，中國共產黨始終堅持共產主義遠大理想，堅持在宏闊的時空維度中思考民族復興和人類進步的深刻命題，始終把為人類作出新的更大貢獻作為使命，矢志為人類進步事業而奮鬥。譬如，我們黨團結帶領全國各族人民取得新民主主義革命的偉大成就，極大改變世界政治格局，鼓勵了全世界被壓迫民族和被壓迫人民爭取解放的鬥爭。從提出和平共處五項原則到弘揚萬隆精神，從『三個世界』的劃分到提出和平與發展是當今時代的主題，從宣導建立新型大國關係到推動構建人類命運共同體，無論處於怎樣的發展階段，我們黨始終在辦好自己事情的同時，積極為人類進步事業作貢獻。百年來，我們黨篳路藍縷、求索奮進，既為中國人民謀幸福、為中華民族謀復興，也為人類謀進步、為世界謀大同，不僅使中華

民族迎來了從新站起來、富起來到強起來的偉大飛躍，也為人類文明和進步事業作出了卓越貢獻。」(13)

習近平 2021 年 12 月 14 日，在中國文聯十一大、中國作協十大開幕式上的講話指出：「文化是民族的精神命脈，文藝是時代的號角。新時代新征程是當代文藝的歷史方位。廣大文藝工作者要深刻把握民族復興的時代主題，把人生追求、藝術生命同國家前途、民族命運、人民願望緊密結合起來，以文弘業、以文培元、以文立心、以文鑄魂，把文藝創造寫到民族復興的歷史上、寫在人民奮鬥的征程中。要樹立大歷史觀、大時代觀，把握歷史進程和時代大勢，反映中華民族的千年巨變，揭示百年中國的人間正道，弘揚以愛國主義為核心的民族精神和以改革創新為核心的時代精神，弘揚偉大建黨精神，唱響昂揚的時代旋律。要從時代之變、中國之進、人民之呼中提煉主題、萃取題材、展現中華歷史之美、山河之美、文化之美，抒寫中國人民奮鬥之志、創造之力、發展之果，全方位全景式展現新時代的精神氣象。……要把提高質量作為文藝作品的生命綫，不斷提升作品的精神能量、文化內涵、藝術價值。要挖掘中華優秀傳統文化的思想觀、人文精神、道德規範，把藝術創作力和中華文化價值融合起來，把中華美學精神和當代審美追求結合起來，激活中華文化生命力。要把握傳承和創新的關係，學古不泥古、破法不悖法，讓中華優秀文化成為文藝創新的重要泉源。要正確運用新的技術、新的手段、激發創意靈感、豐富文化內涵、表達思想情感，使文藝創作呈現更有內涵、更有潛力的新境界。……今天，各種藝術門類互融互通，各種表現形式交叉融合，互聯網、大數據、人工智慧等催生了文藝形式創新，拓寬了文藝空間。我們必須明白一個道理，一切創作技巧和手段都是為內容服務的。科技發展、技術革新可以帶來新的藝術表達和渲染方式，但藝術的豐盈始終有賴於生活。」(14)

習近平在開幕式上的講話強調：「中國人民歷來具有深厚的天下情懷，當代中國文藝要把目光投向世界、投向人類。以文化人，

更能凝結心靈；以藝通心，更易溝通世界。廣大文藝工作者要有信心和抱負，承百代之流，會當今之變，創作更多彰顯中國審美旨趣、傳播當代中國價值觀念、反映全人類共同價值追求的優秀作品。要立足中國大地，講好中國故事，塑造更多為世界所認知的中華文化形象，努力展示一個生動立體的中國，為推動構建人類命運共同體譜寫新篇章。」[14]

　　我認為中國通過文藝和創意產業，也可以創造出更多中國新的中華文明和與生活相交融的文化要素，以及反映全人類共同價值的多種多樣的新的世界性的文化文明；同時在助推全人類命運共同體文明的構建，和增進人類文明的進步和進化方面，還可以起到更好的引領作用，以及提供更多新的建設世界新文明的概念和思路。

　　很明顯的，要構建好中華新文明，中國需要做的是，不但要建立好中華新文化新文明的硬實力，同樣重要的是，還要同時建立好中華新文化新文明的軟實力。而要中華文化文明能創新發展，讓中西文化文明能**交**流互鑒，而不起衝突，在這方面，我認為香港是可以做很多事情的，因為香港在這方面有條件和優勢，關鍵是要看香港人，在這方面有沒有這個心？「捉到鹿，會否脫角」？

參考資料

1. 〈思想之旗領航向（習近平新時代中國特色社會主義思想學習問答(1)）——關於習近平新時代中國特色社會主義思想的指導地位〉。2021年 7 月 19 日，《人民日報》。

2. 〈思想之旗領航向（習近平新時代中國特色社會主義思想學習問答(2)）——關於習近平新時代中國特色社會主義思想的指導地位〉。2021年 7 月 20 日，《人民日報》。

3.　〈思想之旗領航向 (習近平新時代中國特色社會主義思想學習問答(3))──關於習近平新時代中國特色社會主義思想的指導地位〉。2021年7月21日,《人民日報》。

4.　〈人間正道開新篇 (習近平新時代中國特色社會主義思想學習問答(4)) ──關於新時代堅持和發展中國特色社會主義〉。2021 年 7 月 22日,《人民日報》。

5.　張旭,〈為香港未來發展明確新定位 培育新優勢〉(張旭在香港發展中外文化藝術交流中心高峰論壇上的講話)。2021 年 7 月 22 日,《大公報》。

6.　盧新寧,〈讓「文化」成為香港未來發展關鍵詞〉(盧新寧在香港發展中外文化藝術交流中心高峰論壇上的講話)。2021 年 7 月 22 日,《大公報》。

7.　中共中央黨史和文獻研究院,〈全面建成小康社會大事記〉。2021 年 7月 28 日,《人民日報》。

8.　Way Kao 郭位,*Soulware: The American Way in China's Higher Education.* Massachusetts: Wiley-Scrivener, 2019。也見 2021 年 7 月 17 日,在香港由灼見名家主辦的講座裏,郭位教授作題為「大學、社會、政府都有問題,香港高等教育怎麼辦?」的演講。

9.　〈在粵港澳大灣區建設中更好發揮示範引領作用〉。2021 年 9 月 7 日,《人民日報》。

10.　王仁湘,〈大仰韶:一個世紀的考古探索 (考古中國)〉。2021 年 8 月 14日,《人民日報》。

11.　〈"五位一體" 譜華章 (習近平新時代中國特色社會主義思想學習問答(38))〉。2021 年 9 月 1 日,《人民日報》。

12.　《中國共產黨的歷史使命與行動價值》。2021 年 8 月,人民出版社。

13.　劉余莉,〈堅持胸懷天下〉。2021 年 12 月 15 日,《人民日報》。

14.　習近平,〈在中國文聯十一大、中國作協十大開幕式上的講話〉(2021 年12 月 14 日)。2021 年 12 月 15 日,《人民日報》。

第 10 章

確立習近平新時代中國特色社會主義思想的指導地位，促進和夯實中華新文明的建立和世界多樣文明的永續發展

我在編著一系列有關「人類命運進化」這一專題的各書中指出，我的出發點是想說明人類命運的進化，與一般生物的進化所遵循的規律，並不是完全一樣的，因為人類具有非常複雜的腦結構。而這一腦結構的強大功能，決定了人類的進化與其他生物的進化，有許多不一樣的地方；簡要地說，主要分別在於人類的腦賦予了人類思維的能力（ability to think），認知的能力（cognitive power），感性和感覺的能力（ability to feel），主觀能動性（very proactive）等的能力，及力量和容量（capacity）等。而這些能力、力量和容量都是其他的生物沒有或發展有限（limited development）的。所以人類是一種非常獨特的生物，這是大家公認的事實和科學的結論。（註：有關這方面的問題，我在拙作《人類命運的演進印跡和路程》（修訂版）一書中已作出了討論，可供參考。）其次，在研究和考慮有關人類命運進化的問題時，我注意到有一個維度是歷史學家、人類學家、學者等比較少關注的（註：他們比較關注的，似乎是在有關文化方面的研究），那就是有關人類文明的進化，以及人類命運進化與人類文明進化之間的關係。而在我一系列我編著的書中，對於這一連串問題，我特別感到興趣，所以作出了多方面的探討。

因為文明的範疇比文化的範疇層次更高，所涉及的面更廣，因此，我認為有必要從不同的角度及層面，對這一少人關注的問題，作出多一點的討論和論證，特別是在這一全球化文明（或世界新文明）正在冉冉向上發展，而地球上其他各種文明又在互相碰撞（註：有人認為還可能會出現「文明衝突」，例如美國文明與中國文明，西方文明與東方文明，基督教文明與伊斯蘭文明等互相衝突，而導致人類走向滅亡的可能）得非常激烈時。而中國以人民為中心的習近平特色社會主義思想，又正在傳承、發展和超越中華的傳統文化及文明，進入創建一個人類歷史上從未出現過的中華新文明時代。

由於人類的腦活動，人類在這地球上創造了許多不同的文明。回顧人類文明的發展史，我們可以看到每一種文明的產生或出現，以及其成長和衰落，都具有許多的因由；而其過程，一般來說也都是很不一樣的。但扼要地說，不外乎以下幾個可能性或途徑。

先拿地球上多樣文明的起源來說，根據考古的發現顯示，我引用中國考古學家蘇秉琦對中國文明起源的概念，應是「滿天星斗」[1] 狀的。而用生物學的術語來形容，應是多源頭（multi-origin）和多樣性（diverse）的。但由於現時的思考聚焦點，並不是在「文明起源的探討」這一方面，所以對於這一個問題，我在這裏就不再進一步討論了。

我現時的思考聚焦點，主要集中在探討人類文明的進化，與人類命運的進化之間的關係那方面，譬如某一個文明為什麼會旺盛進步？又為什麼會衰落？（註：指的是一般「正常」的衰落，譬如排除了那些因瘟疫的侵襲而滅亡的文明。）有些文明為什麼能長期延續？有些又為什麼會消失？而文明的起落，又會怎樣影響人類命運的進化？人的因素（特別是一些強人的因素）又會怎樣影響一個文明的興盛和衰敗等。而在這方面，我特別感興趣的是研究和探討有關中華文明的進化過程和傳承，以及其對中華民族的命運的進化的影響，和中華新文明怎樣才能行穩致遠。其他的由於篇幅的限制，就不討論了。

中華文明的進化和現代化

有關中華文明的進化和現代化的過程和所涉及的問題，我在本書的前幾章已展開了討論。但需要指出的是，為了可以方便深入討論，我把中華文明分成兩個發展階段，即：

中華文明 ＝ 階段 1（5,000 年中華傳統文明）＋
　　　　　 階段 2（中華新文明）

或用另一種方法來表示，即：

中華文明 ＝ 5,000 年中華舊文明　→　中華新文明　→　∞
（註：→ ＝ 延伸）

現今一般人談及中華文明，就只是指在 5,000 年的中華文明的時段之內，由中華民族所建立的文明（註：但根據考古發現的賈湖遺址的資料顯示，中華農耕文明早在約 10,000 多年前已出現），而不會聯想到，新中國成立之後所創建的現代化文明或中華新文明；更不會聯想到，新中國成立之後對舊的中華文明（註：現今大家都接受有約 5,000 多年的歷史）所起到的多方面具顛覆性的改變。之後，又再是怎樣永續地行穩致遠，傳承下去等問題。

有關中華 5,000 多年的文明，以及中華新文明的歷史和內容，在本書的其他章節內已有提及，在這裏我只想就什麼是「中華新文明」，再詳細作出一些綜合性的歸納和討論。

2021 年 11 月 11 日，中國共產黨第十九屆中央委員會第六次全體會議通過《中國共產黨第十九屆中央委員會第六次全體會議公報》[2] 後，《人民日報》2021 年 11 月 13 日的一篇評論文章就指出：「黨的十九屆六中全會全面總結黨的百年奮鬥的重大成就和歷史經驗，深刻揭示了『過去我們為什麼能夠成功』，『未來我們怎樣才能繼續成功』的問題。」[3] 該文章認為：「黨和人民百年奮鬥，書寫了中華民族幾千年歷史上最恢宏的史詩，創造出不朽的人間

奇跡。這一百年來開闢的偉大道路、創造的偉大事業、取得的偉大
成就，必將載入中華民族發展史冊、人類文明發展史冊。」[3]

　　那麼就讓我們先來看一下，這 100 年來，中國共產黨所「開
闢的偉大道路、創造的偉大事業、取得的偉大成就」，從人類文明
進化的角度來看，有些什麼重要的意義和重要的內容？

　　讓我們再看一下全會的《公報》以及有關的《決議》（同時也
見下面的有關討論）就會知道。因為，全會清楚指出了中國共產黨
百年奮鬥的歷史意義。「黨的百年奮鬥從根本上改變了中國人民的
前途命運，中國人民徹底擺脫了被欺負、被壓迫、被奴役的命運，
成為國家、社會和自己命運的主人，中國人民對美好生活的嚮往不
斷變為現實；黨的百年奮鬥開闢了實現中華民族偉大復興的正確
道路，中國僅用幾十年時間就走完發達國家幾百年走過的工業化
歷程，創造了經濟快速發展和社會長期穩定兩大奇蹟；黨的百年奮
鬥展示了馬克思主義的強大生命力，馬克思主義的科學性和真實
性在中國得到充分檢驗，馬克思主義的人民性和實踐性在中國得
到充分彰顯，馬克思主義的開放性和時代性在中國得到充分彰顯；
黨的百年奮鬥深刻影響了世界歷史進程，黨領導人民成功走出中
國式現代化道路，創造了人類文明新形態，拓展了發展中國家走向
現代化的途徑。⋯⋯全會提出，一百年來，黨領導人民進行偉大奮
鬥，積累了寶貴的歷史經驗，這就是：堅持黨的領導，堅持人民至
上，堅持理論創新，堅持獨立自主，堅持中國道路，堅持胸懷天下，
堅持開拓創新，堅持敢於鬥爭，堅持統一戰線，堅持自我革命」[2]
的十個方面。而這十個方面，我認為不但彰顯了中國共產黨能夠成
功的原因；更重要的是，這十個方面創造和夯實了中華新文明的基
石。

　　從以上的《公報》內所指出的中國共產黨取得的偉大成就，
該評論還認為這些偉大的成就「必將載入中華民族發展史冊、人類
文明發展史冊」。這我很認同，並且也認為這是必然的。

　　但從人類文明發展和進化的角度來看，到底具體有哪些內容

值得「載入中華民族發展史冊、人類文明發展史冊」呢？下面讓我們再深入探討一下這個問題。

推動和創造中華新文明

先從推動和創造中華新文明說起，除了以上提到的十個方面之外，正如《大公報》評論員鐘鳴所說：這個政黨還「擁有『堅持真理、堅守理想，踐行初心、擔當使命，不怕犧牲、英勇鬥爭、對黨忠誠、不負人民』」[4] 以及黨要嚴格管黨，必須制止腐敗，懂得怎樣奮鬥和利用法治精神來改變國家和民族的命運，懂得怎樣汲取中華5,000 年傳統文明的優點，走中國式的新文明和現代化道路。由於擁有這些形成中華新文明的原創性因素，所以中國共產黨在貫徹文明新的發展理念，構建文明新的發展格局方面，就自然而然地創造出許多獨特和嶄新的中華新文明形態。而 2021 年 11 月 11 日通過的《公報》（同時也見下面有關《決議》的討論），還明確地進一步確立了，習近平新時代中國特色社會主義思想的指導地位，這對促進構建各種中華新文明的因素和夯實中華新文明的基石，當然是更重要和有利。

　　特別值得強調的有兩點：(1) 必須實現和夯實高質量發展，(2) 必須堅持構建和發展人類命運共同體理念。因為從提升人類文明和建立人類高質量文明的角度來看，這兩個是支撐文明發展的不可或缺的重要因素，特別是對提升中華傳統文明或建立中華新文明方面來說。

(1) 必須實現和夯實高質量發展

　　劉鶴 2021 年 11 月 24 日，在《人民日報》發表了一篇題為：〈必須實現高質量發展〉的文章，指出：「黨的十九屆六中全會通過的《中共中央關於黨的百年奮鬥重大成就和歷史經驗的決議》，

必須實現創新成為第一動力、協調成為內生特點、綠色成為普遍形態、開放成為必由之路、共用成為根本目的的高品質發展，推動經濟發展質量變革、效率變革、動力變革。」[5] 他還說：「實現高品質發展是我國經濟社會發展歷史、實踐和理論的統一，是開啟全面建設社會主義現代化國家新征程、實現第二個百年奮鬥目標的根本路徑。」[5] 他又說：「從我國的歷史傳統、文化積澱和基本國情出發，把握不同階段的歷史特徵，進行富有智慧的實踐探索，及時上升為思想理論，更為科學地指導實踐，創造了經濟快速發展和社會長期穩定兩大奇跡。……黨的十三大強調了經濟效益和經濟結構的問題，提出要從粗放經營為主逐步轉向集約經營為主的軌道，黨的十五大提出可持續發展戰略，黨的十七大進一步明確加快轉變經濟發展方式的戰略任務。黨的十八大以來，中國特色社會主義進入新時代，黨中央提出要適應、把握、引領經濟發展新常態，堅定不移貫徹新發展理念。黨的十九大根據發展階段和社會主要矛盾重大變化，經過充分論證，明確提出我國經濟已由高速增長階段轉向高品質發展階段。……從實踐看，高質量發展是全面建設社會主義現代化國家的需要。……從理論看，高品質發展是我們黨把握發展規律從實踐到再實踐再認識的重大理論創新。新理論產生於新實踐，新實踐需要新理論指導。」[5]

因此，中國必須「科學把握高質量發展的內涵要求。……必須堅持創新、協調、綠色、開放、共享發展相統一。」[5] 因為「高質量發展是以人民為中心的發展；高質量發展是宏觀經濟穩定性增強的發展；富有競爭力的企業是高質量發展的微觀基礎；高質量發展是創新驅動的發展；高質量發展要堅持市場化法治化國際化；高質量發展是生態優化綠色發展。」[5]

故此，必須「加強實現高質量發展的動力為保障，加快構建新發展格局，堅持改革開放。……社會主義現代化建設是一個不斷調整、改革、完善的動態過程。進入新發展階段，推動實現高品質發展，面臨的改革任務更為複雜艱巨，我們必須解放思想，以開拓

精神和專業態度，推動改革開放在重點領域、關鍵環節取得重大突破。重點推動土地、金融、科技、數據等要素價格由市場決定，理順煤、電等能源價格機制，鼓勵綠色能源發展，圍繞提高資源配置效率、暢通經濟迴圈、增強有效激勵來拓展改革的廣度、深度。中國對外開放方針不會變，今天不會變，將來也不會變。要推動我國對外開放由商品和要素流動型開放向規則等制度型開放轉變，加快構建與國際通行規則相銜接的制度體系和監管模式。要把參與發達經濟體市場競爭和引進發達經濟體高技術高品質的直接投資，作為提高對外開放水準的重要方面。推進共建『一帶一路』高品質發展，實現高質量引進來和高水準走出去。推動完善全球經濟治理體系，高舉經濟全球化大旗，商談和積極加入高水準自貿協定。推動形成更加緊密穩定的全球經濟體系，與國內高質量發展形成正反饋效應。……推動高質量發展是一場關係經濟社會全域的深刻變革，必須加強黨對經濟工作的統一領導和戰略謀劃，完善黨領導經濟工作的體制機制。要在黨的領導下，準確判斷所處的歷史階段和面臨的主要矛盾，從長遠大勢出發制定正確的重大戰略，持之以恆加以推進，實現高質量發展。」[5]

　　劉鶴的分析，假如從文明演進的角度來看，我認為文明與經濟發展都是一樣，即是說在推行中華新文明發展方面，我們也需要適當地推動中華文明發展的質量變革、效率變革、動力變革；將中華文明的進步和高質量發展，將我國經濟社會的發展和歷史、實踐和理論、質量和創新互相融合和統一，在實現第二個百年奮鬥目標的同時，把中華新文明也建立起來。因為只有這樣做，我們才有足夠的底氣與西方，不但在經濟方面，而同時也在文明方面，作長期的競爭。換言之，假如我們單靠在經濟質量方面的創新，我們是難以與西方文明全面長期地競爭下去而勝出的。也就是說，我們在文明方面的高質量建設，與經濟方面的高質量建設，是同樣重要的，所以必須同步推進，相向而行。

　　再看一下劉鶴的文章，我們還會發現，他的分析對香港也非

常重要和有用。因為長期以來，香港只注重經濟方面的低質量發展，而無勇氣在經濟方面轉型，朝高質量的方向發展。而在文明方面的建設和發展方面就更糟糕，死抱着西方文明的大腿不放，視西方正在衰落的文明為先進文明（譬如像香港的 M+ 博物館，動用公帑購買和展出那些不知所謂的現代展品），而不懂得怎樣去創新地，在新藝術、現代文化、數字文化等方面，與中國內地融通發展！仍然把精力置放在搞井底之蛙式的「本土主義」、「地方主義」或「西方」文化，而不去與中國內地好好的合作，利用「一國兩制」的獨特優勢，創造更多、更多元化的，具協同效應的高質量作品，把中華傳統文化予以創新，來引領世界新文化、新文明的建設和發展。

(2) 必須堅持構建和發展人類命運共同體理念

楊潔篪 2021 年 11 月 26 日，在《人民日報》發表文章指出：「中國共產黨既為中國人民謀幸福、為中華民族謀復興、也為人類謀進步、為世界謀大同。一百年來，我們黨團結帶領全國各族人民推動中華民族迎來了從站起來、富起來到強起來的偉大飛躍，中國日益走近世界舞台中央，不斷為人類發展進步作出新的更大貢獻。」[6] 他說：「我們黨和人民事業是人類進步事業的重要組成部分。《決議》指出，黨始終以世界眼光關注人類命運，從人類發展大潮流、世界變化大格局、中國發展大歷史正確認識和處理同外部世界的關係，站在歷史正確的一邊，站在人類進步的一邊。」[6] 他指出：「這一論斷深刻揭示了我們黨始終胸懷人類前途命運的天下情懷，為堅持黨的初心使命、在應對國際風雲變幻和促進世界和平發展中，朝着實現中華民族偉大復興目標不斷邁進指明了方向。一百年來，中國共產黨團結帶領全國各民族人民以自強不息的奮鬥，從根本上改變了中國人民的前途命運，深刻影響了世界歷史進程，深刻改變了世界發展趨勢和格局。」[6] 現今「中國特色社會主義進入新時代，習近平總書記深刻把握人類社會歷史經驗和發展規

律，汲取中華優秀傳統文化和思想智慧，從統籌中華民族偉大復興戰略全域和世界百年未有之大變局的戰略高度，創造性地提出推動構建人類命運共同體倡議。習近平總書記強調指出，要建立平等相待、互商互諒的夥伴關係、營造公道正義、共建共用的安全格局，謀求開放創新、包容互惠的發展前景，促進和而不同、兼收並蓄的文明交流，構築尊崇自然、綠色發展的生態體系，為人類社會實現共同發展、長治久安、持續繁榮指明了方向、繪制了藍圖。在構建人類命運共同體理念指引下，我們高舉和平、發展、合作、共贏的旗幟，推動建設新型國際關係，堅定維護國家主權安全發展利益，宣導共建『一帶一路』，推動建設開放型世界經濟，積極發展全球夥伴關係，積極參與全球治理體系變革和建設，中國成為國際社會公認的世界和平的建設者、全球發展的貢獻者、國際秩序的維護者。」[6] 他還強調說：「構建人類命運共同體，是馬克思主義中國化時代化的最新成果之一，科學回答了『世界向何處去、人類怎麼辦』的時代之問，體現了全人類共同價值追求，反映了中國發展與世界發展的高度統一，對中國和平發展、世界繁榮進步都具有重大而深遠的意義。構建人類命運共同體，具有鮮明的真理性、時代性、實踐性，是習近平新時代中國特色社會主義思想和習近平外交思想的重要組成部分，是一個立意高遠、思想深邃、內涵豐富的科學理論體系，展現了胸懷天下、面向未來，大道之行、天下為公的寬闊胸襟。……堅持胸懷天下，以中國和平發展道路為人類共同發展開辟了廣潤前景。習近平總書記指出，中國特色社會主義道路、理論、制度、文化不斷發展，拓展了發展中國家走向現代化途徑，給世界上那些既希望加快發展又希望保持自身獨立性的國家和民族提供了全新選擇。我們堅持和發展中國特色社會主義、堅持以人民為中心的發展思想，在高質量發展中促進共同富裕，推動物質文明、政治文明、精神文明、社會文明、生態文明協調發展，成功走出中國式現代化道路，創造了人類文明新形態。」[6] 中國還「堅持多邊主義，推動全球治理體系改革和建設。習近平總書記指出，

全球事務應該由各國共同治理，國際規則應該由各國共同書寫，任何國家都沒有包攬國際事務、主宰他國命運、壟斷發展優勢的權力。我國堅持踐行真正的多邊主義，維護以聯合國為核心的國際體系，維護以國際法為基礎的國際秩序，維護以聯合國憲章宗旨和原則為核心的國際關係基本準則，反對單邊主義、保護主義、霸權主義、強權政治，反對所謂『以規則為基礎的國際秩序』。我們倡導堅持開放包容、不搞封閉排他，堅持以國際法為基礎、不搞唯我獨尊，堅持協商合作、不搞對抗衝突，堅持與時俱進、不搞固步自封，不斷推動新時代多邊主義理論與實踐發展。我們堅持共商共建共享，推動提升擴大發展中國家在全球事務中的代表性和發言權，推動國際社會攜手應對全球性挑戰，促進全球治理體系向着更加公平合理方向發展。……《決議》指出，只要我們堅持和平發展道路，既通過維護世界和平發展自己，又通過自身發展維護世界和平，同世界上一切進步力量攜手前進，不依附別人、不掠奪別人，永遠不稱霸，就一定能夠不斷為人類文明進步貢獻智慧和力量。」[6] 我們還要「堅持主權平等原則，各國主權和領土完整不容侵犯，各國自主選擇社會制度和發展道路的權利應當得到保護。堅持相互尊重、平等協商，以對話彌合分歧，以談判化解爭端，堅決反對動輒使用武力或以武力威脅處理國際爭端，堅決反對打着所謂『民主』、『自由』、『人權』等幌子肆意干涉別國內政。高舉和平、發展、合作、共贏旗幟，反對一切形式的霸權主義、強權政治，推動各國共同走和平發展道路，走對話而不對抗、結伴而不結盟的國與國交往新路。」[6]

　　楊潔篪最後在文章中還指出：中國將繼續「積極宣導文明交流互鑒，建設開放包容、美美與共的世界。堅持世界是豐富多彩的、文明是多樣的理念，宣導平等、互鑒、對話、包容的文明觀，堅持和而不同，加強對外交流和文明對話，促進世界各國的相互理解與信任。弘揚和平、發展、公平、正義、民主、自由的全人類共同價值，秉持平等和尊重，摒棄傲慢和偏見，反對冷戰思維、以意識形

態劃線、搞零和博弈。以兼收並蓄的態度，積極學習借鑒人類文明的一切有益成果，堅決反對『教師爺』般頤指氣使的說教。加強和改進國際傳播，深入開展各種形式的人文交流活動，展示真實、立體、全面的中國，塑造可信、可愛、可敬的中國形象，增進我國同各國民心相通，為推動構建人類命運共同體作出積極貢獻。」[6]

　　我認為在以上方面，香港也有重要的角色可以扮演。因為香港作為一個國際城市，作為國內國際「雙循環」的重要交匯點和促成者的作用突顯。正如外交部駐港公署特派員劉光源，在由外交部駐香港公署、香港特區政府、廣東省政府共同舉辦的，給外國在港商界「雲參訪」大灣區的活動「對接新機遇，助力新征程」時指出：「香港金融市場穩健、資本自由流動、法治環境和專業服務等顯著優勢將得到充分發揮。隨着國安法的設施和選舉制度的完善，香港迎來由亂轉治、由治及興的重要轉折，在國家新一輪改革開放的歷史機遇前，重整行裝再出發的香港已經做好了充分的準備。國際社會越來越認識到，搶搭中國發展這趟高速列車，香港是不容錯過的『車站』。」[7] 而現今，「大家正在打開大灣區這個大市場，香港將是一把獨一無二的『鑰匙』。」[7] 扼要地來說，就是在疫後，香港政府必須認真解決好國家需要什麼？香港的獨特功能是什麼？怎樣與中國內地的發展配合好、建立好雙贏的局面等，這些關鍵性的重要問題。

　　國家行政學院劉建飛教授指出：「百年未有之大變局確實會帶來世界的動盪。破解這個難題的一個很好的方案就是構建人類命運共同體。構建人類命運共同體是習近平總書記提出的重大戰略思想。可以通過構建人類命運共同體來引導整個人類文明的進步，包括西方文明。要成功構建人類命運共同體，首先要使每一個局部都得建設好，每個國家、民族都得建設好。習近平總書記提出的命運共同體的概念中，也包括中華民族命運共同體。如果一個民族內部都不能很好地相處，共同體都建立不起來，怎麼能夠成功構建人類命運共同體？『一國兩制』下的香港和澳門在文明上具有中

華文明和西方文明雙重特質，如果兩地能夠在『一國兩制』框架下保持繁榮穩定，並且跟內地深度合作，文明互鑒，形成『大灣區共同體』這自然有利於構建中華民族命運共同體，而中華民族命運共同體的建設可以為人類命運共同體建設提供借鑒。」(8)

張仕榮教授在《粵港澳大灣區建設研究》一書中指出：中國「歷經改革開放 40 年的快速發展，尤其是香港、澳門回歸祖國後，粵港澳合作廣度和深度不斷拓展，這一區域坐擁顯著的區位優勢，累積了雄厚的經濟實力，創新要素集聚、國際化水平領先，已具備建成國際一流灣區和世界級城市群的基礎條件。同時，粵港澳大灣區面臨提升國際競爭力、實現轉型發展、創新合作機制等方面的新機遇和新挑戰，必須破解供需結構、經濟增長內生動力、生產要素高效便捷流動、生態環境等方面面臨的發展難題。」(8) 但依照我的看法，香港除了要解決好經濟繼續發展和把經濟推向一個新的高度之外，同時還必須着手解決，西方通過宗教影響香港青年、毒害香港青年和迷惑香港青年的思想和教育的嚴重問題。

推動和創造世界新文明

至於在推動和創造世界新文明方面，2021 年 11 月 14 日《人民日報》的一篇評論員文章指出：「中國共產黨推動構建人類命運共同體，為解決人類重大問題，建設持久和平、普遍安全、共同繁榮、開放包容、清潔美麗的世界貢獻了中國智慧、中國方案、中國力量，成為推動人類發展的重要力量。」(9) 以上這些對於推動和創造世界新文明的建設當然重要，但更重要的是，中國所做的這些事，還對構建世界新文明樹立了新的標準，為重整世界文明的需要做出了榜樣，為推動世界新文明的建設，指明了努力的方向。具體一點來說，這些都可以從習近平在以下幾個會議和論壇的講話和賀信中，得到知悉和引證：(1) 亞太經合組織（APEC）領導人會議；

(2) 習近平向第六屆中非民間論壇的致賀信;(3) 中國—東盟建立對話關係 30 周年紀念峰會。下面我就引錄幾段供大家參考。

1.　中國國家主席習近平在 2021 年 11 月 11 日,應邀在北京以視頻方式,向亞太經合組織工商領導人峰會,發表題為「堅持可持續發展共建亞太命運共同體」的主旨講話。習近平在講話中指出:「亞太地區不能也不應該回到冷戰時期的對立和割裂狀態。中國將堅持真正的多邊主義,積極參與全球經濟治理,推動建設開放型世界經濟。發展籌資等領域合作,為亞太經濟復甦和持續發展注入動力,構建全球發展命運共同體。」[10]

　　　習近平在 2021 年 11 月 12 日,又以視頻方式,出席亞太經合組織第二十八次領導人非正式會議。在會上習近平指出:「開放是亞太合作的生命線。要堅持開放的地區主義,以 2040 年願景為指引,推動區域經濟一體化,早日建成高水平亞太自由貿易區。要踐行真正的多邊主義,堅持對話而不對抗、包容而不排他、融合而不脫鈎,堅定維護以世界貿易組織為核心的多邊貿易體制。中國將堅定不移擴大對外開放,同世界和亞太各成員分享中國發展機遇。」[11]

2.　習近平 2021 年 11 月 15 日,在向第六屆中非民間論壇的致賀信中指出:「當今世界既是大發展的時代,也是大變革的時代。面對新的機遇和挑戰,中非比以往任何時候都更加需要堅守和弘揚和平、發展、公平、正義、民主、自由的全人類共同價值,加強團結合作,共促繁榮發展,攜手構建人類命運共同體。」[12]

3.　2021 年 11 月 23 日習近平出席並主持中國—東盟建立對話關係 30 周年紀念峰會時指出:「30 年來中國東盟合作的成就,得益於雙方地緣相近、人文相通得天獨厚的條件,更離不開我們積極順應時代發展潮流,作出正確歷史選擇。一是相互

尊重，堅守國際關係基本準則。二是合作共贏，走和平發展
道路。三是守望相助，踐行親誠惠容理念（註：意思是說，
重情義，講信義，遇到喜事共慶賀，遇到難事互幫忙）。四是
包容互鑒，共建開放的區域主義。」[13] 而習近平還就未來的
中國東盟關係，提出五點建議：「第一，共建和平家園。第二，
共建安寧家園。第三，共建繁榮家園。第四，共建美麗家園。
第五，共建友好家園。」[13]

　　從以上習近平的講話，我們可以清楚看到，他的主張和態度，
不單單是為了滿足中國的外交交往的需要。從推動世界文明的建
設來看，習近平的主張具有重要意義。譬如習近平主張要堅持開放
合作、綠色轉型、促進創新、發展數字經濟、和實現包容可持續發
展等，我認為都應被看作為一種新的「文明正能量」（positive-
civilization power）（註：與「文明正能量」（positive-civilization
power 相比較，其對立面（its opposite）是「文明負能量」（negative-
civilization power），指的是軍事力量、核武力量、外交上的欺凌行
為、長臂管轄、霸權主議、冷戰思維等）；因為要發揮好這種「文
明正能量」，前提是各國必須進行合作，這樣各個國家乃至世界才
能實現共贏，才能共享發展機遇，朝着構建各種命運共同體的目標
邁進，避免陷入亨廷頓所說的「文明衝突」的陷阱，及避免陷入美
國構建的、狹隘的所謂「普世主義」或「普世文明」的價值觀，和
具霸權意識的所謂「文明帝國」或「世界帝國」體系[14]的反對發
展的各種「文明負能量」。
　　另一方面，中國政府經常喜歡強調的是，希望各國能達至「美
美與共，天下大同」[10] 的境界。因為只有這樣，各國才能和平共
存，才能充分發揮合作共贏等「文明正能量」，才能達至共同構建
人類命運共同體的目的，才能有效促進和夯實世界多樣文化和多
樣文明的永續發展。很明顯的，假如我們捨棄「文明正能量」，而
熱衷於追求美國那種「文明負能量」的做法和價值取向，那麼世界

的新文明秩序，合作共贏的人類命運共同體，肯定就難以建立起來。假如真的出現了這樣的情況，那不但是極其遺憾的一件事，並且還必將會為人類文明及人類命運的進化，帶來極大的破壞作用。

小結

約在 5,000–6,000 年前，中華文明起源的火花就像「滿天星斗」[(15)] 般燎原，然後中華民族在中華大地蔓延開來，並創建了 5,000 年的中華文明。從 1840 年的鴉片戰爭到 1949 年新中國成立，中華文明短暫地墮入將近 100 多年的發展低潮期。新中國成立之後，中華文明恢復了發展活力，並出現了翻天覆地的變化，在不到 70 多年的時間內，把中華文明予以重建，形成一種中華文明新形態。這種文明新形態，我稱之為「中華新文明」（見下圖）。

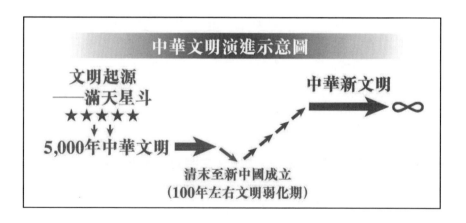

這種「中華新文明」的特點（註：同時也見本章上面以及其他各章中有關「中華新文明」的特點的討論），正如鐘鳴所指出的，要注重「堅持理論創新」、「堅持開拓創新」、「信奉馬克思主義，但不迷信馬克思主義，而是注重『馬克思主義中國化』，用馬克思主

義的立場、觀點、方法觀察時代、把握時代、引領時代，不斷深化對共產黨執政規律、社會主義建設規律、人類社會發展規律的認識」、和「堅持把馬克思主義基本原理同中國具體實際相結合，同中華優秀傳統文化相結合」[16]。2021 年 11 月 15 日出版的第 22 期《求是》雜誌，更進一步指出，馬克思主義不但科學地揭示了人類社會的發展規律，而更重要的是對中國來說，還為中國「指明了人類尋求自身解放的道路，推進了人類文明進程。」[17] 此外，在 2021 年 11 月 11 日，中國共產黨第十九屆中央委員會第六次全體會議通過的《中共中央關於黨的百年奮鬥重大成就和歷史經驗的決議》中指出：「黨深刻認識到，開創改革開放和社會主義現代化建設新局面，必須以理論創新引領事業發展。鄧小平同志指出，一個黨，一個國家，一個民族，如果一切從本身出發，思想僵化，迷信盛行，那它就不能前進，它的生機就停止了，就要亡黨亡國。」[18] 而對我這一位黨外的中國學者來說，我認為中國的實踐充分證明和顯示出，中國共產黨「堅持用馬克思主義及其中國化創新理論」[17]，不但開創了中國特色社會主義，形成了中國特色社會主義理論體系，成功推動中華新文明的建立，並且還凝聚和鞏固了中華民族的團結和向心力；而這一點我認為是非常的重要。

　　所以，我認為這種現今在中國已建立起來的特色社會主義中華新文明，只要執政者「不在根本性問題上出現顛覆性錯誤」[2]，並把反腐的工作做好做得徹底，懂得以史為鑒，把制度繼續予以發展、優化、完善，那麼我相信，中華新文明必定能在中國的大地上，長期存在和繁衍下去；同時還可以不斷地為構建世界新文明，推動人類命運的進化，貢獻更多的中國智慧和力量。

期望中美能共同合作創建世界新文明

習近平在 2021 年 11 月 16 日和美國總統拜登舉行了視頻會晤[19]。

據報導「雙方就事關中美關係發展的戰略性、全域性、根本性問題以及共同關心的重要問題進行了充分、深入的溝通和交流。習近平指出，當前中美發展都處在關鍵階段，人類的『地球村』也面臨諸多挑戰，中美作為世界兩大經濟體和聯合國安理會常任理事國，應該加強溝通和合作，既辦好我們各自國內的事情，又承擔好國際事務，共同推進人類和平與發展的崇高事業。這是中美兩國和世界各國人民的共同願望，也是中美兩國領導人的共同使命。」[19]

　　習近平又強調：「推動中美各自發展，維護和平穩定的國際環境，包括有效應對氣候變化、新冠肺炎疫情在內的全球挑戰，都需要一個健康穩定的中美關係。中美應該相互尊重、和平共處、合作共贏。我願同總統先生一道，形成共識，積極行動，引領中美關係積極向前發展。這是造福兩國人民的需要，也是國際社會的期待。……過去 50 年，國際關係中一個最重要的事件就是中美關係恢復和發展，造福了兩國和世界。未來 50 年，國際關係中最重要的事情是中美必須找到正確的相處之道。歷史是公正的，一個政治家的所作所為，無論是非功過，歷史都要記上一筆。希望總統先生發揮政治領導力，推動美國對華政策回歸理性務實的軌道。」[19]

　　習近平再強調：「總結中美關係發展經驗和教訓，新時期中美相處應該堅持三點原則：一是相互尊重。尊重彼此社會制度和發展道路，尊重對方核心利益和重大關切，尊重各自發展權利，平等相待，管控分歧，求同存異。二是和平共處。不衝突不對抗是雙方必須堅守的底線，美方提出中美可『共存』還可加上兩個字即和平共處。三是合作共贏。中美利益深度交融，合則兩利，鬥則俱傷。地球足夠大，容得下中美各自共同發展。要堅持互利互惠，不玩零和博奕，不搞你輸我贏。……中美應該着力推動四個方面的優先事項：一是展現大國的擔當引領國際社會合作應對突出挑戰。在這方面中美合作也許不是萬能的，但沒有中美合作是萬萬不能的。中方所提的全球性倡議對美國都開放，希望美方也能如此。二是本着平等互利精神，推進各層級和領域交往，為中美關係注入更多正能

量。我願通過多種方式同總統先生保持聯繫，為中美關係指明方向注入動力。中美在經濟、能源、兩軍、執法、教育、科技、網絡、環保、地方等諸多領域存在廣泛共同利益，應該互通有無、取長補短，做大中美合作的『蛋糕』。中美可以利用兩國外交安全、經貿財經、氣候變化團隊等對話管道和機制平台，推動務實合作解決具體問題。三是以建設性方式管控分歧和敏感問題，防止中美關係脫軌失控。中美存在分歧很自然，關鍵是要建設性管控，避免擴大化、激烈化。中方當然要維護自身主權、安全、發展利益，希望美方務必謹慎處理好與此有關的問題。四是加強在重大國際和地區熱點問題上的協調和合作，為世界提供更多公共產品。天下並不太平，中美應該同國際社會一道，共同捍衛世界和平，促進全球發展，維護公正合理的國際秩序。」[19]

習近平強調：「中美兩國是兩艘在大海航行的巨輪，我們要把穩舵，使中美兩艘巨輪迎着風浪共同前行，不偏航、不失速、更不能相撞。……對外開放是中國的基本國策和鮮明標識。中國擴大高水平開放的決心不會變，同世界分享發展機遇的決心不會變，推動經濟全球化朝着更加開放、包容、普惠、平衡共贏方向發展的決心也不會變。我們提出構建新發展格局，是要擴充國內市場，在更大範圍、更大規模上形成國內國際雙迴圈，打造更加市場化、法治化、國際化的營商環境。這必將給各國提供更大市場、創造更多機遇。……中國宣導和平、發展、公平、正義、民主、自由的全人類共同價值。搞意識形態劃線、陣營分割集團對抗，結局必然是世界遭殃。冷戰的惡果殷鑒不遠。希望美方把不打『新冷戰』表態落到實處。……「文明是豐富多彩的，民主也是豐富多彩的。民主不是一種定製的產品，全世界都一個模式、一個規格。一個國家民主不民主，要由這個國家的人民自己來評判。如果因為實現民主的形式不同就加以排斥、這本身就是不民主的行為。我們願在相互尊重基礎上就人權問題開展對話，但我們不贊成借人權問題干涉別國內政。」[19]

　　而拜登則表示：「美中關係是世界上最重要的雙邊關係。美中作為兩個世界大國，對美中兩國和世界人民都負有責任。雙方應通過開誠佈公和坦率對話，增進對彼此意圖的了解，確保兩國競爭是公平、健康的，而不會演變成為衝突。我贊同習近平主席所講，歷史是公正的，美中關係只能搞好，不能搞砸。中國在 5,000 多年前就已經是一個大國。我願明確重申美方不尋求改變中國的體制，不尋求通過強化同盟關係反對中國，無意同中國發生衝突。美方願同中方相互尊重、和平共處，加強溝通，減少誤解，以建設性方式妥處分歧，在美中兩國利益一致的領域加強合作，共同應對新冠肺炎、氣候變化等全球性挑戰，讓兩國人民都能過上更美好的生活。應該鼓勵我們的年輕一代更多接觸，了解彼此的文化，從而使這個世界變得更加美好。」[19]

　　由於歷來美國都善於說一套做一套，所以未來我們還得看美國會怎樣做？即我們常說的，還要「聽其言、觀其行」。為什麼美國經常會說一套做一套呢？我想從人類文明演進的歷史來尋找一下其中原因。依我的看法，現今在地球上就文明的類型來說，可被簡要地分成三種類型，即：

1. 以「神為本」的伊斯蘭文明及基督教文明等（簡稱為「宗教文明」）。特別是那些屬原教旨主義，或基本教義派群體所緊跟的那些「宗教」。他們的信仰崇尚回歸其原初的信仰基本，或嚴格遵守基本的原理立場，這些宗教派別的信徒堅持他們的信仰，而排斥其他所有與他們不一樣的信仰。

2. 以「錢為本」的「資本主義文明」（泛指「西方文明」）。

3. 以「人為本」（或「人民至上」）的「中國特色社會主義文明」（或「科學社會主義文明」或「中華新文明」）。

　　由於這三種文明類型都具有眾多的追隨者和信徒，所以看來這三種文明類型，將會長期（百年？千年？）的在這地球上存在下去。但我殷切希望，這三種文明類型能和諧發展、相互尊重、和平

共處、互不為敵，更要避免出現「文明衝突」和戰爭。

　　這三種文明類型如長期存在，而不懂得去變通和自我改革，那必定會出現「僵化」的情況；而從文明演進的角度來看，或對人類文明的進化以及人類命運的進化來說，這都不是好事。因為，文明像其他事物，都必須發展和進化才能更好地生存；假如不進化，不朝好的方向發展和演變，就會走向衰落和滅亡。這是鐵的自然規律。

　　而就以上三種文明類型的發展潛力來說，我認為以「人為本」（或「人民至上」）的中國特色社會主義文明，看來最有機會勝出，不容易衰落和滅亡。原因是因為中國所建立的中華新文明（包括科技文明、人文文明、社會文明、道德文明、法治文明、生態文明、藝術文明、數字文明、網絡文明、數位文明、太空文明等），最具包容性，能很容易把「宗教文明」和「資本主義文明」的優秀部分予以吸納和融合，形成未來世界新的文明或全球文明或地球文明。而其他的兩種文明，則因都具排他性、封閉性和有着沉重的歷史包袱，以及過分被僵化的信仰和思想束縛着，所以比較難以跟得上科學的發展，更可能陷入扯科學發展後腿的陷阱。因此，他們就難以像「中華新文明」那樣，可以起到引領文明融合、文明進化的作用。換言之，現今世界上只有「中華新文明」才能起到融合其他文明、創建多元的民主文明，以及新的世界文明的可能。不過，如要達到這一目的，中國還需從戰略上，積極主動地釋放和不斷塑造更多「中華新文明」的「文明正能量」及「文明要素」，以及積極推動「中華新文明」發展的「新文明軟實力」（Chinese New Civilization Soft Power）。並且用這些「中華新文明軟實力」，來幫助構建和提升，綜合性的中華文明實力（Integrated Power）或「中華文明綜合實力」。而所謂的「中華文明綜合實力」，若扼要和宏觀地用公式來表示，即是：

「中華文明綜合實力」

=「中華新文明軟實力」+「中華新文明硬實力」+

「文明進化推動力」（或「文明進化正能量」）。

而所謂「文明進化推動力」（或「文明進化正能量」）則宏觀地指的是：

「文明進化推動力」（或「文明進化正能量」）

=「精神文明進化推動力」+「物質文明進化推動力」+

「科技文明進化推動力」+「生態文明進化推動力」。

（註：這四種推動力，各自有自身的特殊性，但與其他的推動力，又相互關聯和影響。也見第 11 章裏進一步的討論。）

這些推動力的建立和發揮作用，就必須避免文明對抗、消滅戰爭，不要破壞地球，而要愛護地球，更要珍惜和保護人類長期積聚的文明成果。

不過，現今假如從較為現實和具體化的角度來看構建中華新文明及其未來的發展，那麼中國正在創造的中華新文明，用顏曉峰的話來說，應「是物質文明、政治文明、精神文明、社會文明、生態文明協調發展的文明新形態」[20]（這些方面，在本書的其他章節有更詳細論述）。而這些文明新形態，當然必定需要由我們自己去創造；但同樣重要的是，還必須得到世界其他國家的幫助、支持和認同。而要得到世界其他國家的幫助、支持和認同，首先就必須得到中國最重要的所謂大國競爭對手美國的幫助、支持和認同。所以在可見的將來，中美必須增加溝通，防止競爭變衝突。美國總統國家安全事務助理沙利文 2021 年 11 月 16 日，在布魯金斯學會舉行網絡研討會上的講話，是特別值得注意。他說：「中美將『在多個層面上加強接觸，以確保競爭周圍有『護欄』，使其不至於偏離軌道變成衝突』」……而關於雙方接觸的多個層面，大致分為四項：第一，在兩國利益一致的『緊迫性』問題上合作，包括執行最近達

成的『強化氣候變化行動聯合宣言』等；第二，應對兩國一直合作但現在正面臨重大考驗和挑戰的，譬如伊核、朝核問題；第三，以有效『管控分歧』來改善直接溝通，這將是兩國軍方、國安團隊今後工作的重要方面；第四，是解決與經貿相關的問題。」[21] 而我認為最重要的是，希望拜登能遵守他的諾言：「不尋求改變中國體制、不尋求強化同盟關係反華、避免和中國發生衝突」。如果美國能處理好這些問題，而中國共產黨又能如習近平所說：「永遠保持同人民群眾的血肉聯繫，不斷實現好、維護好、發展好最廣大人民的根本利益。……銘記生於憂患、死於安樂，常懷遠慮、居安思危，繼續推進新時代黨的建設、新的偉大工程。……抓好後繼有人這個根本大計。」[22] 我相信這對推動中華新文明以及世界新文明的建立，將會起到非常巨大和永續的支撐作用。

　　另一方面，我們也不要忘記習近平經常強調的「我們正處在世界百年未有之大變局」。劉建飛教授指出：「這個大變局有許多表現，文明格局的變化是其一。東升西降，非西方文明崛起。西方文明的影響力雖然還相當強，但都處於相對下降的狀態，而且這個態勢不可逆轉。值得關注的是，非西方文明復興的過程跟當年西方文明興起、擴張的進程不一樣。西方是通過炮艦政策來實現文明擴張的，殖民主義、霸權主義、強權政治伴隨其中；而現在以中國為代表的非西方文明的復興不是通過強烈式暴力，而是通過和平的方式。這有利於世界文明的共同發展。」[8]

　　其次，更值得注意的是，西方除了通過炮艦政策來實現文明擴張之外，西方還用宗教來實現文明擴張。但由於中國本身並沒有宗教，所以中國為了順利建立中華新文明，在宗教方面，除了認可「宗教信仰自由」之外，還如習近平在全國宗教工作會議上所強調的，必須堅持我國宗教朝「中國化方向發展，積極引導宗教與社會主義社會相適應」[23]。中國只有這樣做，才能成功構建「積極健康的宗教關係，深入推進我國宗教中國化，引導和支持我國宗教以社會主義核心價值觀為引領，增進宗教界人士和信教群眾對偉大

祖國、中華民族、中華文化、中國共產黨、中國特色社會主義的認同。」(23) 而這一點對香港來說尤其重要，因為在香港，宗教的勢力是具壟斷性的，是無孔不入的，這讓外國勢力很容易滲透、控制和顛覆「一國兩制」的每一個環節。所以怎樣才能使宗教如習近平所說：「不得違背公序良俗，不得干涉教育、司法、行政職能和社會生活」(23)？這亟需中央政府設計出一套適用於推行「一國兩制」的宗教政策和制度。不然，香港的宗教就會容易走上一條反對社會主義和破壞「一國兩制」的歪路！

而對劉建飛教授所指出的「東升西降」的觀點和分析，我是表示贊同的。但我認為，如果我們通過和平的方式，促進世界文明的共同發展，那麼最重要的是，我們必須先把中華新文明實實在在地構建起來。因為只有這樣，我們才有足夠的底氣，與以美國為首的「西方文明」作「持久戰」或作長期性的「持久和平共處」。

中國要夯實人民民主文明的建設

但不管是「持久戰」抑或「持久和平共處」，在推進和建立「中華新文明」和「世界新文明」時，中國必須把實現人民民主的理念在世界範圍內樹立起來，因為民主是全人類共同價值，是人類文明發展進步的重要標誌。

2021 年 12 月 5 日中國外交部發佈了一份《美國民主情況》報告，指出民主「是各國人民的權利，而不是哪個國家的專利。實現民主有多種方式，不可能千篇一律。用單一的尺規衡量世界豐富多彩的政治制度，用單調的眼光審視人類五彩繽紛的政治文明，本身就是不民主的。……美國民主制度是美國一國實踐的結果，具有獨特性，不具普遍性，更遠非盡善盡美。但長期以來，美國無視自身民主制度的結構性缺陷，與國內民主實踐的不足，自詡為『民主樣板』，頻頻打着民主的旗號肆意干涉他國內政、發動對外戰爭，

引發地區動盪和人道主義災難。」[24]

　　據《人民日報》的報導[25]，一份《美國民主情況》報告指出：「歷史上，美國民主有其進步性，政黨制、代議制、一人一票、三權分立等是對歐洲封建專制的否定和革新。但是，隨着時間的轉移，美國的民主制度逐漸異化和蛻變，已經越來越背離民主制度的內核和制度設計的初衷。」[25]《報告》從「『制度痼疾積重難返』、『民主實踐亂象叢生』、『輸出所謂民主產生惡果』三個方向詳述了美國民主的異化及其弊害。」[25]《報告》進一步指出：「當下的美國，對內應切實保障民眾的民主權利、完善自身民主制度，對外應承擔更多的國際責任，提供更多的公共產品，而不是對內只講程式民主、形式民主而忽視實質民主和結果民主，對外將美式民主強加於人，以價值觀為手段劃分陣營，打着民主的旗號行干涉、顛覆、侵略之實。當前，國際社會正在應對新冠肺炎疫情、經濟增長放緩、氣候變化危機等全球性緊迫挑戰。各國應該超越不同制度分歧，摒除零和博奕思維，踐行真正的多邊主義，弘揚和平、發展、公平、正義、民主、自由的全人類共同價值，相互尊重、求同存異、合作共贏，共同構建人類命運共同體。」[25]

中國的民主

中國國務院新聞辦在 2021 年 12 月 5 日，發表了一份《中國的民主》白皮書。白皮書說：「民主是全人類共同價值，是中國共產黨和中國人民始終不渝堅持的重要理念。100 年來，黨高舉人民民主的旗幟，領導人民在一個千年封建社會歷史、近代成為半殖民地半封建社會的國家實現了人民當家作主，中國人民真正成為國家、社會和自己命運的主人。」[26] 白皮書還指出：「中國的民主是人民民主，人民當家作主是中國民主的本質和核心。全過程人民民主，實現了過程民主和成果民主、程式民主和實質民主、直接民主和間

接民主、人民民主和國家意志相統一，是全鏈條、全方位、全覆蓋的民主，是最廣泛、最真實、最管用的社會主義民主。民主是歷史的、具體的、發展的，各國民主植根於本國的歷史文化傳統，成長於本國人民的實踐探索和智慧創造，民主道路不同，民主形態各異。民主不是裝飾品，不是用來做擺飾的，而是要用來解決人民需要解決的問題的。民主是各國人民的權利，而不是少數國家的專利。一個國家是不是民主，應該由這個國家的人民來評判，而不應該由外部少數人指手劃腳來評判。國際社會哪個國家是不是民主的，應該由國際社會共同來評判，而不應該由自以為是的少數國家來評判。」[26]

中宣部部長黃坤明 2021 年 12 月 5 日，在出席一個在北京開幕的「民主：全人類共同價值」國際論壇的演講中，更深刻地指出：「民主沒有放之四海而皆準的模式，各國應相互尊重、求同存異、交流互鑒，促進團結而不是造成分裂，推動合作而不是製造對抗，增進人民福祉而不是帶來動盪混亂。中國共產黨和中國人民願同世界人民一道，弘揚人類共同價值，推動構建人類命運共同體，為人類文明發展進步作出更大貢獻。」[27]

中央宣傳部徐麟副部長更指出：「通過《中國的民主》白皮書內容，可以清晰地看出，中國的全過程人民民主，既有鮮明理念，也有現實體現；既有制度程式，也有參與實踐；既促進了中國發展，也豐富了人類政治文明，是歷史邏輯、理論邏輯、實踐邏輯有機統一的民主體系。」[28]

中央政策研究室副主任田培炎也表示：「中國的民主，是中國共產黨領導下的全過程人民民主，各級黨員領導幹部履行職責過程中，必須接受黨和人民全過程、全方位、全領域的監督，確保人民賦予的權力始終用於為人民謀利益。我們黨把民主監督貫穿於權力運行全過程，充分發揮民主監督在防止腐敗方面不可替代的重要作用，使腐敗存量不斷地減少，腐敗增量得到有效遏制。」[28]

從外交部網站發佈的《美國民主情況》報告，國務院新聞辦

發表的《中國的民主》白皮書，黃坤明在國際論壇的演講：〈民主：全人類共同價值〉，以及在《人民日報》刊登的報導及文章，都可以清楚看到，如《人民日報》評論員和音所說的：「民主是多樣的，世界是多彩的。中國共產黨和中國人民願同各國交流互鑒、攜手合作，一道弘揚和平、發展、公平、正義、民主、自由的全人類共同價值，攜手應對全球共同挑戰，推進構建人類命運共同體，為人類文明發展進步作出新的更大貢獻。」[29] 但現今最令人擔心的是，美國的「戰爭成癮症」非常難以克制。《人民日報》評論員鐘聲指出：「當今世界，和平、發展、合作、共贏已成為時代潮流。但美國逆潮流而動，動輒以『民主』、『人權』之名行對外干涉之實，依舊熱衷於大搞霸權主義和強權政治。」[30]

建立「全人類命運共同體文明」

習近平在 2021 從都國際論壇開幕式的致辭中，一再強調：

> 「當今世界人類正經歷罕見的多重危機。面對層出不窮的全球性問題和挑戰，我們應該堅持開放包容、協商合作，堅持和維護多邊主義，積極構建人類命運共同體。
>
> 　我們要同舟共濟，踐行真正的多邊主義。多邊主義的要義是國際上的事由大家共同商量着辦，世界前途命運由各國共同商量着辦，世界前途命運由各國共同掌握。要堅定維護聯合國為核心的國際體系、以國際法為基礎的國際秩序、以聯合國憲章宗旨和原則為基礎的國際關係基本準則，弘揚和平、發展、公平、正義、民主、自由的全人類共同價值。
>
> 　我們要與時俱進，不斷完善全球治理體系。要立足世界格局變化，在廣泛協商、凝聚共識基礎上改革和完善全球治理體系。堅持國際關係民主化大方向，提高發展中國家在國

際事務中的代表性和發言權，努力推動全球治理體系朝着更加公平合理的方向發展。

　　我們要聚焦行動，落實好全球合作議程。我提出全球發展倡議，構建全球命運共同體。希望各方積極參與。要堅持發展優先，推進減貧、抗疫和疫苗、發展籌資、綠色轉型、互聯互通等領域合作，推動全球發展邁向平衡協調包容新階段。

　　中國共產黨百年奮鬥的一條重要歷史經驗就是胸懷天下，始終關注人類前途命運。中國支持多邊主義的決心不會改變，將堅定維護多邊主義的核心價值和基本原則，堅持互利共贏，堅持求同存異，堅持公平正義，堅持合作發展，為人類文明進步貢獻智慧和力量。」(31)

從習近平以上的講話，我們可以看到，只有踐行真正多邊主義，並協助聯合國使各國人民意識到同舟共濟的重要性，共同來提

位於美國紐約市的聯合國總部大樓。現今的聯合國，仍是推動國際合作，讓人類能走向世界和平，構建地球文明的重要機構和象徵。(Shutterstock)

升全人類的文明，構建一個「全球發展命運共同體」，最終形成一種「全人類命運共同體文明」。我認為，只有大力推動構建和持續發展「全人類命運共同體文明」，才能有效遏制美國的霸權主義、強權政治，以及不時爆發的「戰爭成癮症」，才能有效防止「文明衝突」的出現。

復旦大學尹漢寧教授指出：「一些西方國家推行單邊主義、保護主義、霸權主義、強權政治、以大欺小、以強凌弱，刻意宣揚大國競爭的所謂『修昔底德陷阱』，堅持零和思維。對待不同於他們的民主類型，採取排斥、敵視、圍剿的態度。」[32] 而中國所實行的「全過程人民民主」，對國際關係有鮮明的民主主張。早在 1953 年，中國就提出了和平共處五項原則，即互相尊重主權和領土完整、互不侵犯、互不干涉內政、平等互利、和平共處。中國的幾代領導人都強調反對霸權主義、強權政治，永不稱霸。中國是維護世界和平的堅定力量，推動構建人類命運共同體，弘揚和平、發展、公平、正義、民主、自由的全人類共同價值，為促進人類進步不斷作出新的更大貢獻。」[32] 新華社國家高端智庫在 2021 年 12 月 7 日發表的一份報告指出：「在捍衛民主、自由、人權的社會主義實踐中，中國共產黨將一切政治行為都以人民整體利益為基本取向，讓民主回歸人民的邏輯、讓自由成全人的全面發展、讓幸福成為人權的最高標準，開闢了國家現代化新道路，開創了人類文明新形態。」[33] 而這種人類文明新形態，其最終目的和形式，就是要形成一種能積極推動人類文明和命運進化的，我稱之為「全人類命運共同體文明」。

百年未有之大變局之後的發展局面

習近平 2020 年 8 月 24 日在主持召開經濟社會領域專家座談會時指出：「當今世界正經歷百年未有之大變局。……新冠肺炎疫情全

球大流行使這個大變局加速變化，保護主義、單邊主義上升，世界經濟低迷，全球產業鏈供應鏈因非經濟因素而面臨衝擊，國際經濟、科技、文化、安全、政治等格局都在發生深刻調整，世界進入動盪變革期。」

　　而習近平 2020 年 10 月 26 日在〈關於《中共中央關於制定國民經濟和社會發展第十四個五年規劃和二〇三五年遠景目標的建議》的說明〉中也指出：「我國發展外部環境日趨複雜。防範化解各類風險隱患，積極應對外部環境變化帶來的衝擊挑戰，關鍵在於辦好自己的事，提高發展質量，提高國際競爭力，增強國家綜合實力和抵禦風險，有效維護國家安全，實現經濟行穩致遠、社會和諧安定。經濟、社會、文化、生態等各領域都要體現高質量發展的要求。」

　　2021 年 12 月 8–10 日中央經濟工作會議在北京舉行，習近平在會上指出：中國要「保持平穩健康的經濟環境、國泰民安的社會環境、風清氣正的政治環境。堅持穩中求進工作總基調，完整、準確、全面貫徹新發展理念，加快構建新發展格局，全面深化改革開放，堅持創新驅動發展，推動高品質發展，堅持以供給側結構性改革為主線，統籌疫情防控和經濟社會發展，統籌發展和安全。」[34] 他還說：「我國經濟韌性強，長期向好的基本面不會改變，無論國際風雲如何變幻，我們都要堅定不移做好自己的事情，不斷做強經濟基礎，增強科技創新能力，堅持多邊主義，主動對標高標準國際經貿規則，以高水平開放促進深層次改革、推動高質量發展。」[34]

　　同時，《人民日報》發表的社論也指出：「我國經濟發展和疫情防控保持全球領先地位，國家戰略科技力量加快壯大，產業鏈韌性得到提升，改革開放向縱深推進，民生保障有力有效，生態文明建設持續推進，構建新發展格局邁出新步伐，高質量發展取得新成效。」[35] 從習近平的講話及《人民日報》的社論裏，我們可以清楚地看到，在習近平新時代中國特色社會主義思想的指導下，中國在發展方面，堅持穩中求進工作總基調，完整、準確、全面貫徹新

發展理念，加快構建新發展格局，全面深化改革開放，堅持創新驅動發展，協調發展、綠色發展、開放發展、共用發展、統籌發展和安全發展。着力穩定宏觀、經濟大盤，保持經濟運行在合理區間，保持社會大局穩定。從 2022 年召開的人大會議，我們都可以看出，中國在未來的建設和發展方面，都會穩字當頭、穩中求進，逐步推動中國創新發展，在本世紀中葉把中國建立成一個社會主義的強國。有關全國人大會議以及中國共產黨即將召開的二十大在這方面的論述和闡釋，由於篇幅的限制，在這裏我就不展開討論了。而只是想提出兩個很少看到有人討論和關注的問題。而現今應該是時候就這兩個問題，開展認真的討論，並讓中國的青年及世界知道，中國最終的美好發展藍圖，具體是什麼。

第一個問題

曲青山指出：「中國共產黨的最高理想和最終目標是實現共產主義。中國共產黨在社會主義初級階段的共同理想是建設中國特色社會主義。」[36] 到本世紀中葉，中國共產黨的理想則是希望能達至社會主義高級階段。那麼是否說：(a) 到了社會主義高級階段之後，下一個階段就是進入共產主義初級階段了？還是說：(b) 到了社會主義高級階段，事實上是已經進入了共產主義初級階段了（即是說兩個階段在一定程度上將會是重疊的）？

　　以上這兩個問題都很重要，因為假如是(a)的話，那麼就算到了社會主義高級階段社會，我們對於什麼是共產主義？怎樣達至共產主義？還需要化大力氣去探索、掌握和了解。（註：馬克思和恩格斯在《共產黨宣言》中指出：「共產黨人的理論原理，決不是以這個或那個世界改革家所發明或發現的思想、原則為根據的。」[37]）但假如是(b)的話，那麼什麼是共產主義（或共產主義社會），就容易明白和掌握了。因為它可以遵循在社會主義高級階段實踐中，所積聚的許多有用的經驗和理論創新，來進一步發揮和

改進。也就是說,在進入共產主義社會之後,在方方面面就可以依照社會主義所創造和建立的成果和條件,更容易持續發展下去了。故此,我是傾向贊成(b)說法的。

　　李書磊 2021 年 12 月 20 日在《人民日報》為文指出,中國的成功是由於「不斷推進馬克斯主義中國化時代化」[37],因為「馬克斯主義中國化時代化具有重大理論意義和實踐意義」[37]。他又指出:在領導中國革命、建設、改革的長期實踐中,中國共產黨「堅持把馬克思主義基本原理同中國具體實際相結合、同中華優秀傳統文化相結合,不斷推進馬克思主義中國化實現飛躍。」[37] 他認為,中國在推進馬克思主義中國化,實現歷史性飛躍的實踐中證實:「毛澤東思想是馬克思主義中國化的第一次歷史性飛躍。」[37] 之後「中國特色社會主義理論體系實現了馬克思主義中國化新的飛躍。」[37] 而這應是馬克思主義中國化的第二次歷史性飛躍。到了習近平新時代,習近平新時代中國特色社會主義思想逐步形成,實現了馬克思主義中國化的第三次歷史性飛躍。而我認為,之後由習近平新時代中國特色社會主義思想階段,達至中國特色社會主義高級階段的形成,可以說中國便已進入了一個共產主義發展階段(應是初級階段),而這一階段,應是一次馬克思主義中國化的第四次歷史性飛躍。這一階段的到來,我認為並非是遙遙無期的未來,而是我在上面所推斷的,應在中國特色社會主義高級階段的發展的前後期階段。

第二個問題

「中華新文明」和「世界新文明」的分別在哪裏?而「人類命運共同體文明」與「中華新文明」和「世界新文明」的分別,又在哪裏?

　　我深信,當中國全面復興之後,以及世界百年未有之大變局結束之後,通過「中華新文明」、「世界新文明」和「人類命運共同體文明」創造建立的一個和平、和睦、和諧的時代就會出現。「中

華新文明」的特點是世界上一種獨一無二的文明,而「世界新文明」則是由多元文明組成的全球性文明。而「中華新文明」則是「世界新文明」多元文明中的其中的一種文明(或文明類型)。

　　「中華新文明」和「世界新文明」是通過構建「人類命運共同體文明」,不斷地完善和有效避免出現文明衝突的陷阱,而得到發展的;其結果是,不但可以使多種文明共存互鑒,並且還可持續發展,達至世界大同的境界。

　　時代潮流浩浩盪盪,人類文明的進化在滾滾的洪流中不斷激盪揚清昇華。「中國的昨天已經寫在人類的史冊上,中國的今天正在億萬人民手中創造。」[37] 中國在完善和發展自身新文明的同時,將不停地助推世界多樣文明的建設,同各國一道,共同為人類創造更加美好的明天。而我最希望見到的是,中國在驅動社會主義文明邁入共產主義文明的過程中,不要再像建立社會主義那樣,經受艱巨的鬥爭和各種的苦難。因為「社會主義是追求人類自由解放的事業、是為最廣大勞動人民謀幸福的事業,它植根於人民之中,始終把建立一個沒有壓迫、沒有剝削、人人平等、共同富裕的新社會作為奮鬥目標。」[37] 而要達至共產主義的奮鬥目標,不是也同達至社會主義的奮鬥目標一樣,兩者的差別,只是發展階段的不同,而不是目的的不同。當然,共產主義文明比社會主義文明會更成熟,更理想,更完美。假如我們從人類進化的角度來看,就像直立人變為智人那樣,可以戰勝惡劣環境的能力會更強,在地球上創造可供生存生活的環境會更好,所得到的幸福感會更廣闊和更多。借用文揚在《文明的邏輯》一書中所提出的概念,就是到那時「才有可能開創出一種同時結合了『運動主義』與『秩序主義』的新發展格局。」[39] 不過,我則較喜歡把「運動主義」與「秩序主義」的結合或併軌,稱它為一種達至「有序發展」的全人類命運共同體文明,或全人類最終通過建立多樣性和多階段發展的「社會主義文明」;然後最終進化至一個理想的共產主義的世界。

　　但如果要達至這一目標(特別是就中國來說),中國的執政者

就必須從現在開始，把達至此一目標的「基礎」築牢及不斷予以穩固。在這裏我引幾段《人民日報》評論員和習近平的話，扼要地綜合概括一下，所謂執政的「基礎」是什麼？

1. 2022 年 1 月 13 日《人民日報》的一篇評論指出：「回望過往的奮鬥路，黨之所以能夠領導人民在一次次求索、一次次挫折、一次次開拓中完成中國其他各種政治力量不可能完成的艱巨任務，根本在於堅持解放思想、實事求是、與時俱進、求真務實，堅持實踐是檢驗真理的唯一標準，堅持一切從實際出發，及時回答時代之問、人民之問，不斷推進馬克思主義中國化時代化，用馬克思主義中國化的科學理論引領實踐。」[40]

2. 2022 年 1 月 15 日《人民日報》的一篇評論進一步指出：「習近平說：『我們是一個大黨，領導的是一個大國，進行的是偉大的事業，要善於進行戰略思維，善於從戰略上看問題、想問題。』戰略是從全域、長遠、大勢上作出判斷和決策，正確的戰略需要正確的策略來落實，策略是在戰略指導下為戰略服務的。戰略和策略是辯證統一的關係，要把戰略的堅定性和策略的靈活性結合起來。今天，我們比歷史上任何時期都更接近、更有信心和能力實現中華民族偉大復興的目標，同時中華民族偉大復興絕不是輕輕鬆鬆、敲鑼打鼓就能實現的，前進道路上仍然存在可以預料和難以預料的各種風險挑戰。這就要求我們強化戰略思維、保持戰鬥力，從歷史長河、時代大潮、全球風雲中分析演變機理、探究歷史規律，把謀事和謀勢、謀當下和謀未來統一起來，因應情勢變化，及時調整戰略策略，牢牢掌握戰略主動權，增強工作的系統性、預見性、創造性。」[41]

3. 2022 年 1 月 11 日習近平在省部級主要領導幹部學習貫徹黨的十九屆六中全會精神專題研討班的開班式上，發表重要講

話時強調:「在百年奮鬥歷史中,黨領導人民取得一個又一個偉大成就、戰勝一個又一個艱難險阻,歷經千錘百鍊仍朝氣蓬勃,得到人民群眾支持和擁護,原因在於黨敢於直面自身存在的問題,勇於自我革命,始終保持先進性和純潔性,不斷增強創造力、凝聚力、戰鬥力,永保馬克思主義政黨本色。……在新的歷史條件下,要永保黨的馬克思主義政黨本色,關鍵還得靠我們黨自己。在為誰執政、為誰用權、為誰謀利這個根本問題上,我們的頭腦要特別清醒、立場要特別堅定。全黨同志都要明大德、守公德、嚴私德,清清白白做人、乾乾淨淨做事,做到克己奉公、以儉修身,永保清正廉潔的政治本色。自我革命關鍵要有正視問題的自覺和刀刃內向的勇氣。現在,反腐敗鬥爭取得了壓倒性勝利並全面鞏固,但全黨同志要永保自我革命精神,增強全面從嚴治黨永遠在路上的政治自覺,決不能滋生已經嚴到位的厭倦情緒。黨風廉政建設和反腐敗鬥爭永遠在路上,一刻也不能放鬆,要以抓鐵有痕、踏石留印的堅韌執着,繼續打好黨風廉政建設和反腐敗這場攻堅戰、持久戰。不論誰在黨紀國法上出問題,黨紀國法決不饒恕。」[42]

4.　2022 年 1 月 22 日《人民日報》評論員和音的一篇評論指出:習近平在 2022 年世界經濟論壇視頻會議上的講話中強調:「不論遇到什麼困難,我們都要堅持以人民為中心的發展思想,把促進發展、保障民生置於全球宏觀政策的突出位置。」因為「發展是解決一切問題的總鑰匙,也是實現人民幸福的關鍵。」[43](註:據說《人民日報》發表過以下金句;「人們總是把幸福解說為『有房、有車、有錢、有權』,但幸福其實是『無憂、無慮、無病、無災』。」這我認為說得有道理,特別是要用這道理來教育年輕人。)在同一演講中,習近平又說:「和平發展、合作共贏才是人間正道。不同國家、不同文明要在彼此尊重中共同發展、在求同存異中合作共贏。」[44]

很明顯的只有這樣，才能世界太平，才能把新的國際秩序穩定下來，把人類命運共同體構建起來，把人類文明提升至更高的進化階段。

所以，我認為中國共產黨作為一個執政黨，如要在中國長期執政下去，破解所謂「歷史週期率」的問題，首要的是必須認真貫徹落實以上治國理政的四點基本理念，絕不能放鬆；其次是要把「中華新文明」（或「中國特色社會主義文明」）構建起來，並不斷予以夯實，時刻都要堅持弘揚以愛國主義為核心的民族精神，不斷推動中華優秀傳統文化創造性轉化、創新性發展，承繼中華人文精神、道德價值、歷史智慧，將馬克斯主義中國化，並注入強大的中華新文明思想力量，實現馬克思主義思想精髓，與中華優秀文化精神特質融合貫通；並要在這過程中，將「中華新文明」（或「中國特色社會主義文明」）逐步構建進化過渡，轉化成具有中國化特色的「共產主義文明」。這樣，中華文明才能如《新華社》播發署名鍾華論的文章中所說：「日益彰顯旺盛而強大的生命力、創造力、凝聚力、影響力」[45]，中國才能長治久安，賡續發展，文明永不衰落！

其次，從邏輯推理和運用大歷史觀，我還認為具有中國特色的「共產主義文明」，是不會顛覆性地改變「中華新文明」（或「中國特色社會主義文明」）的。因為特色社會主義倡導和構建的各種「中華新文明」理念和實踐，譬如中國為人類謀進步、為世界謀大同，以自強不息的奮鬥精神建設國家的目的是不會變的；堅持以人民為中心、提升全球發展的公平性、有效性、包容性是不會變的；堅持弘揚和平、發展、公平、正義、民主、自由的全人類共同價值也是不會變的。而在弘揚和發展全人類共同價值方面，我很讚賞董青的看法。他在《人民日報》為文指出：「中國堅守和弘揚全人類共同價值，是為了以文明交流超越文明隔閡，以文明互鑒超越文明衝突，以文明共存超越文明優越，建設持久和平、普遍安全、共同

繁榮、開放包容、清潔美麗的美好世界，體現了平等、互鑒、對話、包容的文明觀。中國呼籲弘揚全人類共同價值，從不把自己的價值理念強加給他國，而是尊重各國人民自主選擇發展道路的權利，堅持以真誠對話消弭隔閡與誤解，以相容並蓄實現共同進步，攜手繪就人類歷史的宏偉畫卷。」(46)

　　所以從「中華新文明」（或「中國特色社會主義文明」）過渡至具有中國化特色的「共產主義文明」，應看作為是「中華新文明」（或「中國特色社會主義文明」）的優化版（註：從人類社會進化的角度來看，這優化版應是一種不斷進步的形態，而不是一種固化的形態。）用一個簡單的公式來表示，即：

　　「中華文明」→「中華新文明」（或「中國特色社會主義文明」）→「共產主義文明」。

　　而「→」是指「逐步過渡和進化」的意思。故此，把「中華新文明」（或「中國特色社會主義文明」）的治國理政基礎築牢，並時刻記住，要在方方面面逐步貫徹落實，從「中華新文明」（或「中國特色社會主義文明」）過渡至具有中國化特色的「共產主義文明」的意識和要素；這我認為無論從哪一個角度來考量，都是非常重要的。特別是在推進新時代中國特色社會主義事業砥礪前行，朝着建立「中華新文明」（或「中國特色社會主義文明」），然後過渡、演進、進化至「共產主義文明」的目標奮進的全過程中，尤為重要。

　　但這不是說將來世界上的文明，只有一種「共產主義文明」。根據邏輯推理和運用大歷史觀來看，我認為，由於各個國家的歷史文化和人民的要求不同，所以將來世界上的「共產主義文明」的建立，必定是具多樣性的。為什麼？要回答這一個問題，且讓我們重溫一下習近平以下的一段話：「世界上沒有兩片完全相同的樹葉，也沒有完全相同的歷史文化和社會制度。各國歷史文化和社會制度各有千秋，沒有高低優劣之分，關鍵在於是否符合本國國情，能否獲得人民擁護和支持，能否帶來政治穩定、社會進步、民生改善，

能否為人類進步事業作出貢獻。各國歷史文化和社會制度差異自古就存在，是人類文明的內在屬性。沒有多樣性，就沒有人類文明。多樣性是客觀現實，將長期存在。」[47] 所以「各國應該在相互尊重、求同存異基礎上實現和平共處，促進各國交流互鑒，為人類文明發展進步注入動力」[47]，共同創造更多更優秀的人類文明成果。我認為，將來在世界上就算有具有「共產主義文明」性質和形態的國家出現，仍需在求同存異的基礎上和平共處，與各國和各種文明共同發展。只有這樣，世界新文明及人類命運共同體文明，才能建立起來，才能可持續發展和不斷進化。

參考資料

1. 蘇秉琦，《中國文明起源新探》。2021 年，北京三聯書店。

2. 〈中國共產黨第十九屆中央委員會第六次全體會議公報〉。2021 年 11 月 12 日，《大公報》。

3. 〈勿忘苦難輝煌 無愧使命擔當 不負偉大夢想〉。2021 年 11 月 13 日，《人民日報》。

4. 鐘鳴，〈百年奮鬥的歷史意義重大深遠〉。2021 年 11 月 12 日，《大公報》。

5. 劉鶴，〈必須實現高質量發展〉。2021 年 11 月 24 日，《人民日報》。

6. 楊潔篪，〈推動構建人類命運共同體〉。2021 年 11 月 26 日，《人民日報》。

7. 劉光源，〈對接新機遇，助力新征程〉(由外交部駐香港公署、香港特區政府、廣東省政府共同舉辦的港商界「雲參訪」大灣區活動)。2021 年 11 月 27 日，《大公報》。

8. 劉建飛在張仕榮等著的《粵港澳大灣區建設研究》的〈序言〉。2021 年，人民出版社。

9. 〈深刻理解黨百年奮鬥的歷史意義〉。2021 年 11 月 14 日，《人民日報》。

10. 習近平，〈APEC 工商領導人峰會講話〉。2021 年 11 月 12 日，《大公報》。

11. 習近平，〈APEC 領導人會議講話〉。2021 年 11 月 13 日，《大公報》。

12. 〈習近平向第六屆中非民間論壇致賀信〉(2021 年 11 月 15 日)。2021 年 11 月 16 日，《大公報》。

13. 〈習近平出席並主持中國—東盟建立對話關係 30 周年紀念峰會〉。2021 年 11 月 23 日，《人民日報》。

14. 強世功，《文明終結與世界帝國》。2021 年，三聯書店，第 26 頁。

15. 蘇秉琦，《中國文明起源新探》。2021 年，三聯書店，第 106 頁。

16. 鐘鳴，〈百年奮鬥的歷史經驗彌足珍貴〉。2021 年 11 月 15 日，《大公報》。

17. 習近平，〈堅持用馬克思主義及其中國化創新理論武裝全黨〉。2021 年 11 月 15 日，《求是》雜誌，第 22 期。2021 年 11 月 16 日，《人民日報》。

18. 2021 年 11 月 11 日，中國共產黨第十九屆中央委員會第六次全體會議通過了《中共中央關於黨的百年奮鬥重大成就和歷史經驗的決議》。2021 年 11 月 17 日，《大公報》。

19. 2021 年 11 月 16 日，習近平和美國總統拜登舉行視頻會晤。2021 年 11 月 17 日，《人民日報》。

20. 顏曉峰，〈在總結黨的歷史經驗中更好開闢未來〉。2021 年 11 月 19 日，《人民日報》。

21. 2021 年 11 月 18 日，《大公報》，第 A22 頁。

22. 習近平，〈關於《中共中央關於黨的百年奮鬥重大成就和歷史經驗的決議》的說明〉。2021 年 11 月 17 日，《人民日報》。

23. 習近平 2021 年 12 月 3 日，在北京召開的全國宗教工作會議上發表的講話。2021 年 12 月 5 日，《人民日報》。

24. 〈美國民主情況〉。2021 年 12 月 6 日，《人民日報》。

25. 外交部網站發佈的《美國民主情況》報告。2021 年 12 月 6 日，《人民日報》。

26. 國務院新聞辦發表的《中國的民主》白皮書。2021 年 12 月 5 日，《人民日報》。

27. 「民主：全人類共同價值」國際論壇在北京開幕。2021 年 12 月 5 日，《人民日報》。

28. 〈民主是中國共產黨和中國人民始終不渝堅持的重要理念〉(權威發佈)。2021 年 12 月 5 日，《人民日報》。

29. 〈人類文明發展進步作出新的更大貢獻 (和音)〉。2021 年 12 月 6 日，《人民日報》。

30.　〈美國「戰爭成癮症」給世界帶來災難 (鐘聲)〉。2021 年 12 月 6 日，《人民日報》。

31.　習近平在 2021 從都國際論壇開幕式發表的視頻致辭。2021 年 12 月 6 日，《大公報》。

32.　尹漢寧，〈全過程人民民主是更高更切實的民主〉。2021 年 12 月 8 日，《人民日報》。

33.　2021 年 12 月 8 日，《人民日報》。

34.　2021 年 12 月 8-10 日在北京舉行的中央經濟工作會議。2021 年 12 月 11 日，《人民日報》。

35.　〈穩字當頭、穩中求進、推動高質量發展〉。2021 年 12 月 11 日，《人民日報》，「社論」。

36.　曲青山，〈改革開放是黨的一次偉大覺醒〉。2021 年 12 月 9 日，《人民日報》。

37.　李書磊，〈不斷推進馬克斯主義中國化時代化〉。2021 年 12 月 20 日，《人民日報》。

38.　《社會主義發展簡史》。2021 年，人民出版社及學習出版社，第 8、56、330 頁。

39.　文揚，《文明的邏輯》。2021 年，北京商務印書館。

40.　〈不斷推進馬克思主義中國化時代化〉。2022 年 1 月 13 日，《人民日報》。

41.　〈高度重視戰略策略問題〉。2022 年 1 月 15 日，《人民日報》。

42.　〈習近平在省部級主要領導幹部學習貫徹黨的十九屆六中全會精神專題研討班開班式上發表重要講話〉(2022 年 1 月 11 日)。2022 年 1 月 12 日，《人民日報》。

43.　〈始終做全球發展事業的實踐者和貢獻者 (和音)〉。2022 年 1 月 22 日，《人民日報》。

44.　〈走和平發展、合作共贏的人間正道 (和音)〉。2022 年 1 月 23 日，《人民日報》。

45.　鍾華論，〈賡續中華文脈，光耀復興之路〉。2022 年 1 月 26 日，《人民日報》。

46.　董青，〈大力弘揚全人類共同價值〉。2022 年 2 月 22 日，《人民日報》。

47.　中共中央黨史和文獻研究院編，《習近平關於尊重和保障人權論述摘編》。2021 年 12 月，中央文獻出版社，第 187 頁。

第 11 章

推動中華文明進步和
進化的各種規律

在這一章裏，我先得把題目中所用的兩個詞「進步」和「進化」解釋一下。譬如我們可以說「天天學習、天天進步」，但卻不能說「天天學習、天天進化」，因為這樣說沒有意思；我們可以說「生物進化論」，但不能說「生物進步論」，因為這也沒有意思。但對「人類文明」一詞來說，我們既可以用「進步」來形容，也可以用「進化」來形容。一般來說，「進步」（progress, advance, improve）指的是在「一段時間」內改良後的結果，而「進化」（evolution）則泛指萬物（特別是生物）由簡單到複雜，由低級到高級，逐漸發展演變的結果及其過程。不過，在我編著出版的幾本書內，以及在這本書的前幾章和本章內，我對「進化」一詞的用法和意思，則是泛指「事物逐漸向好的方向發展和變化」的結果及其過程，特別是有關人類命運的進化。因為，從人類進化的不同角度來看，我們是可以得出這樣的一個結論，那就是人類的命運，從以往的大歷史及其未來的發展趨勢看，都是逐漸地在向好的方向演進和變化的。所以就「人類文明」來說，它與人類的命運一樣，也都是在不斷進步和進化的。因為，兩者是一種相輔相成（complementing each other）、相互交融、亦步亦趨的關係。從發展的規律來看，兩者也是相同的，也即是說，人類命運進化的規律，與人類文明進化的規律，基本上是相同的。

但人類命運抑或是人類文明的進步和進化，是不會無緣無故

或無因無由地發生的，而是必須有某種力量來推動才能進步和進化的。這就是我在本章中，主要想討論和探討的問題。

推動人類文明進步和進化的力量，那些相信神的存在的人，會認為這種動力，必定來自神的力量（所謂的 Prime Mover）。許多西方哲學家，也都是這樣認為的，例如亞里士多德、托馬斯·阿奎那、黑格爾等。但對於我們不相信神的存在（或懷疑神的存在）的人來說，把這「動力」說成是來自神的力量，是毫無意義的一種說法。但在這裏，我並不想就這個問題展開討論；我只想指出，歷史顯示，推動人類「文明進步和進化」的力量，不是來自神，而是來自我們人類自己；推動中華傳統文明和中華新文明進步和進化的力量，也不是來自神，而是來自我們中華各族人民，和民族的團結和牢固的「中華民族共同體」意識。

在第 10 章裏，我具體地指出：

「推動文明進步和進化的力量」
= 來自推動「精神文明」+「物質文明」+「科技文明」+
「生態文明」進步和進化的力量。

2021 年 7 月 1 日，慶祝中國共產黨成立 100 周年大會在北京天安門廣場舉行，習近平在天安門城樓上演講說：「我們堅持和發展中國特色社會主義，推動物質文明、政治文明、精神文明、社會文明、生態文明協調發展，創造了中國式現代化新道路，創造了人類文明新形態。」所以針對中國來說，我以上的公式可進一步改成為：

「推動中華文明進步和進化的力量」
= 來自推動「政治文明」+「社會文明」+「精神文明」+
「物質文明」+「科技文明」+「生態文明」的進步和進化力
量。

由於中國的「政治文明」和「社會文明」是與其他西方國家

的不同，所以這一個公式是具有專一性（specific）的；因此，在作
國與國之間的比較時，當然就不那麼容易；先要搞清楚各種制度的
內涵、形成過程、背景等不同和相同之處。但在這裏我並不預備就
這些問題，作進一步的討論和作比較研究（comparative study），因
為這些問題，我在已出版的幾本書中都已談及。這裏我只想就「科
技文明」的進步和進化的力量，對推動未來中華文明的進步和進化
的重要性和影響力，作較為深入的討論。因為現今的「中國特色社
會主義文明」以及將來的「中國共產主義文明」，能否超越「西方
文明」，就要看哪一種文明，在「科技發展」方面能勝過對方。但
在探討這幾個文明之前，讓我們先來了解一下，至今考古學所發現
的有關人類文明的進步和進化的過程和歷史。

　　概括扼要地說，考古學所關心和要解決的有關人類文明的進
步和進化的過程和歷史的問題有兩個：(1) 人類是怎樣起源和人類
在這地球上是怎樣生存延續下去的？(2) 人類文明的起源及進步
和進化的過程是怎樣的？

位於四川省廣漢市三星堆遺址東北部的三星堆博物館。三星堆文化是中華文
明的一部分。據「滿天星斗」理論，類似的文化文明源頭，中國有許多，分
散在各地形成。(Shutterstock)

人類是怎樣起源和人類在這地球上
是怎樣生存延續下去的？

樊樹志在《圖文中國史》一書中指出：經過不斷的探索，從人類進化的角度看，現今我們大致認為「由猿到人，經歷了直立人、早期智人、晚期智人的過程。就中國而言，已知的直立人有元謀人、藍田人、北京人、和縣人等；已知的早期智人有大荔人、金牛山人、丁村人、許家窰人、馬壩人；已知的晚期智人（現代人類）有柳江人、資陽人、山頂洞人等。」[1] 但猿人又是怎樣和什麼時候起源的？這我們暫時還不清楚，而這一個問題可能需要更多的考古發現和要用分子生物學等方法，才能予以解決，這裏就不討論了。但另一方面，現今有一些證據顯示，現代人類起源於非洲。不過，事實是否如此，還需要更多的證據來證明。暫時，現代人類起源於非洲這一說法，只能作為一種假設來認知，因為證據還很不足夠。但有一點是比較可以肯定的，那就是人類起源的時間，是大約在一到二百多萬年前；這與人類文明的起源在離現今的幾千年作比較，是非常遙遠的事（註：據中國考古學會理事長、中國社會科學院考古研究所所長王巍指出，考古學展示了中華文明史的起源和脈絡，實證了我國有百萬年的人類史、10,000 年的文化史、5,000 多年的文明史），所以要找到各種有關的確鑿證據，也就非常之困難了。但幸運的是，上面提過，人類文明的起源離現今只是幾千年，並不算太遙遠，所以我們對人類文明的起源及其進化過程，還是比較容易知曉的；所以在下面，我就這一個問題繼續討論下去。

人類文明的起源及進步和進化的過程是怎樣的？

我在第 1 章和第 2 章，就人類文明的起源及進步和進化的過程，

已多少作出了一些討論，所以這裏就不再重複了。在這裏我只想聚焦三個有關影響未來人類文明發展的方面：(1)「科技文明」的建立和發展；(2)「共產主義文明」的建立和發展；(3)「人類命運共同體文明」的建立和發展。因為這三個方面的發展，都會直接影響和推動一個人類和諧共生的命運共同體秩序的構建，直接影響和推動在這世界上形成一種新的發展範式，和一種新型的國際秩序，直接影響和推動未來社會的結構和道德、文化等價值觀的建立，直接影響和推動人類社會未來的進步和進化的方式。

1.「科技文明」的建立和發展

在討論「科技文明」的建立和發展之前，先讓我們來探討一下「為什麼科學革命發生在西方而不是東方？」這個著名的「李約瑟之謎」。文一在他著的《科學革命的密碼》一書中指出：「馬克斯·偉伯和道格拉斯·諾斯等思想家對『李約瑟之謎』的經典解釋是，『資本主義制度誕生在西方而不是東方』；言下之意是『科學革命是資本主義制度的必然產物』。」(3) 但文一則認為：「社會需求才是推動科學革命和技術變革的最大動力。而沒有任何社會需求比得上人類在集體性死亡面前產生的求生欲望，和由此導致的集體行動。歐洲近代史上自文藝復興後，造成經常性大規模國破家亡的最大原因，就是綿延 500 年的熱兵器戰爭。本書勾劃出的歷史主綫是，延續了 200 年的十字軍東征運動（11–13 世紀），在破壞了絲綢之路的阿拉伯貿易網絡，並掃清了整個歐洲通往東地中海貿易樞紐的『路障』以後，由於火藥的傳入和基於火器的熱兵器戰爭，點燃了歐洲版『春秋戰國』時代的野火，導致了歐洲中世紀封建秩序的瓦解和近代歐洲國家競爭體系的形成。在這個『國家競爭體系』之下，一個政權的生存能力，由於火藥–大砲大規模戰爭的引入，完全取決於它的運行效率：無論是行政管理效率、戰爭動員效率、武器研發效率，還是經濟效率。這個『國家競爭體系』最初萌芽於文

藝復興時期的意大利城邦國家，然後通過葡萄牙和西班牙的大航海和全球殖民競賽，擴展到西歐和北歐。在這個『國家競爭體系』之下的激烈軍備競賽，導致中央集權的形成與國家力量對科學技術和熱兵器研發的大規模投入，使得與熱兵器相關的科技人力資本和知識積累由量變到質變，最終引爆了一場『科學革命』——包括基於炮彈力學原理的伽利略–牛頓物理學革命，和基於火藥爆炸的氧化燃燒原理的拉瓦錫化學革命。同理，也是通過這個『國家競爭體系』內高壓下的激烈商業競爭、殖民競賽，以及相伴隨的貿易戰、金融戰、間諜戰、技術剽竊、全球市場開拓和由產業政策帶動的產業鏈急遽升級，引爆了工業革命。」[3]

　　上面文一所指出的：「社會需求才是推動科學革命和技術變革的最大動力。而沒有任何社會需求比得上人類在集體性死亡面前產生的求生欲望和由此導致的集體行動」這一觀點，我認為能很好的闡釋了一種「進化」的「適者生存」和強力的「求生欲」的觀點。意思就是要生存就「得變」和「革新」，而變的意思就是不能再因循守舊，而革新的意思，就是要創新。西方在這方面做到了（註：這其中有許多做法是很不光彩的，例如發展航海事業去掠奪落後地區人民的財富，搞殖民統治等；但其好處是發現了許多「新大陸」、新航道，形成全球化「貿易」的雛型，例如「海上絲綢之路」）。所以，科學革命發生在西方而不是東方的原因可以理解的。而中國則因長期沒有變，過分保守和「內卷」，所以要等到中國在經歷「有可能集體性死亡」（即可能亡國）之後，成立新中國，才作出改變。即是國家要生存，就必須走創新的道路，必須大力發展科技，推動科技文明的發展，建立新的中華文明。換言之，如果中國要可持續發展和富強起來，就必須解決國家發展的動力問題，讓社會能釋放創新創業創造動能，同時還必須要長期實行改革開放，不要閉關自守；同時要盡力協調解決自身發展不平衡問題，並在治國理政方面，不斷作出各種正確的選擇和抉擇。一句話，就是中國經歷的科技發展滯後情況，一直要等到新中國成立之後，才被徹底

扭轉。張蘊嶺指出：「從以往的發展看，新的科技革命總是會推動新生產力的發展。」[4] 現今，中華新科技文明和與科技文明相伴隨發展的中國新工業革命（註：即第四次工業革命）動能，已成為了建立和推動中華新文明及人類文明不斷進步和進化的，極其重要及不可或缺的力量。因為，「新科技革命的深入發展會催生新的經濟領域、新的經濟運行方式，從而使經濟與社會的發展發生革命性的變革。」[4] 我認為，新科技革命的深入發展，還會在多方面巔覆性和「海嘯」式地席卷許多領域，促使人類釋放出無窮的創新潛力（infinite innovative potential）、創造能力（creative power），「黑天鵝」式的突破，以及全方位的改革欲望（desire to change）。我認為這一趨勢，已進入了不可逆轉的歷史進程。

2022 年 2 月 28 日《人民日報》的一篇報導指出：「黨[中國共產黨]的第十九大確立了到 2035 年躋身創新型國家前列的戰略目標，黨的十九屆五中全會提出堅持創新在我國現代化建設全域中的核心地位，把科技自立自強作為國家發展的戰略支撐。」[5] 可見中國已意識到和充分掌握「抓創新就是抓發展，謀創新就是謀未來」[5] 的道理和規律。也可見中國社會主義在這方面，是非常善於謀勢和長於佈局的；這對推動中國科技文明的建立和未來的發展，將影響深遠。對填補中華傳統文明在這方面的短板（即中華傳統文明缺乏湧動的創新意識，創新能量的積聚機會，及讓具有創新思維的人才能脫穎而出的、有足夠的和有利的各種主客觀條件），將起到關鍵作用。為世界上那些既希望加快發展，又希望保持自身獨立性的國家和民族，提供了一條可以讓他們選擇的，中國式現代化、和平發展及文明創新的道路。其次，中國式的特色社會主義的現代化，還為人類開闢了一條合作共贏、共建共用的文明發展新道路。中國的新發展，更為世界未來的發展，提供了無窮的新機遇。英國學者馬丁‧雅克說：「這是前無古人的偉大創舉，也是改變世界的偉大創造。」[6]

2.「共產主義文明」的建立和發展

我在第 10 章裏，已談及過有關「共產主義文明」的建立和發展的理由，在這裏就不再重複了。我在這裏主要想指出的，是新時代的中國要實現什麼樣的發展、怎樣發展、和怎樣選擇中國發展新的歷史方位。中國共產黨作為一個希望在中國長期執政的政黨，其幾代的領導已進行了很長時間深邃的思考、長遠的謀劃和具體的實踐，其卓越成績有目共睹的。（註：大家可以看到，中國這些成績是來之不易的，所以中國還必須繼續進行鞏固和不斷拓展。）但至於怎樣具體落實和完成共產主義的遠大理想，還沒有提上議事日程。我認為現在是時候，對這一個問題積極地作出探討。正如習近平所說：「堅定理想信念，必先知之而後信之，信之而後行之。堅定理想信念不是一陣子而是一輩子的事，要常修常煉、常悟常進，無論順境逆境都堅貞不渝，經得起大浪淘沙的考驗。」[(7)] 我相信要有清晰、科學、理性和經得起實踐考驗的理想信念，才能把「共產主義文明」建立起來和持續發展下去，才能讓全體的中國人民（不單單是共產黨黨員）堅定信心，特別是讓中國的年輕人，去創造未來世界新的人類文明，把理想盡快變為現實。我深信，到新中國成立100 週年左右的時間，這一理想便可實現。

3.「人類命運共同體文明」的建立和發展

有關「人類命運共同體文明」的建立和發展，我在 2020 年編著的《人類命運進化的基石及元素》一書中，已作出討論，所以這裏就不重複了。張蘊嶺指出：「人類命運共同體的構建涉及全球，具體體現在區域、領域、雙邊與多邊關係各個層次。也許命運共同體的英文翻譯更能體現其內涵：Community of Shared Future，直譯過來就是『共創未來的共同體』。『共創未來』首先是一個理念，是一種文明，不是一個組織，體現在從宏觀、中觀到微觀，從世界、地區

到國家，從人類、族群到個人的各個層面。在中國傳統思想文化中，『世界大同』是最高的文明境界。」(4) 我同意張蘊嶺以上的解說，但我想指出，依照我的理解，「人類命運共同體文明」，並不是一種固化（static）的人類「共同體」文明，而是一種動態的（dynamic）仍會不斷進步和進化的文明。至於「人類命運共同體的構建涉及全球，具體體現在區域、領域、雙邊與多邊關係各個層次」的問題，我在拙著《人類命運進化的終極目標——中國必勝》一書中（註：見該書第 186–187 頁），介紹了一種把人類命運共同體「分類的方法」，供讀者參考。（註：書中我說：「人類命運共同體」由四種框架結構和運行模式組合而成：(1) 人類社會發展命運共同體；(2) 人類地區性發展命運共同體；(3) 人類功能性發展命運共同體；及 (4) 與聯合國組織緊密合作發展命運共同體。）我認為，如果能尋找到一個把各種人類命運共同體分類的好方法，那對我們理解、區分和貫徹落實各種不同類型的人類命運共同體，和各種人類命運共同體之間的合作、互動、影響等關係，都會有很大的幫助。我殷切希望，將來在人類命運共同體「分類的方法」這方面，大家可以達至一個共識。

　　《人民日報》2022 年 4 月 8 日的一篇評論文章指出：「人類命運共同體理念，揭示了世界各國相互依存，和人類命運緊密相聯的客觀規律，反映了全人類的共同價值，找到了共建美好世界的最大公約數。」依我的看法，這即是說從人類文明的歷史和未來的發展，及進化的趨勢和規律來看，人類世界是一個同舟共濟的命運共同體，是中國與人類命運共同體的共同價值和目標。而現今中國希望能夠做到的是，引領全球走向一個人類命運共同體文明，讓人類可以和平共存地持續發展，共建地球生命共同體，構建一個人與自然和諧共生的地球家園。

小結

最後，我想把以上「推動中華文明進步和進化的力量」的公式，即：

「推動中華文明進步和進化的力量」
= 來自推動「政治文明」+「社會文明」+「精神文明」+
「物質文明」+「科技文明」+「生態文明」的進步和進化力
量

再作出一些修改，把「老年人文明」包括在內。因為中國已進入了
一個「老年人社會」，所以怎樣照顧和服務好老年人，怎樣維護好
老年人的權益和健康，怎樣保證老年人的尊嚴得到保障，都是重要
的人類進化和發展的新課題，需要我們認真地去解決。很高興見到
國家衛生健康委等 15 個部門在 2022 年 3 月 1 日聯合印發了《「十
四五」健康老齡化規劃》[8]，這對於建立和發展「老年人文明」有
着很好的支撐和促進作用。

因此，我覺得應把以上的公式改成為：

「推動中華文明進步和進化的力量」
= 來自推動「政治文明」+「社會文明」+「精神文明」+
「物質文明」+「科技文明」+「生態文明」+
「老年人文明」的進步和進化力量

此外，我認為還應包括「人類命運共同體文明」在公式內。
這樣以上的公式就可以更為完整了：

「推動中華文明進步和進化的力量」
= 來自推動「政治文明」+「社會文明」+「精神文明」+
「物質文明」+「科技文明」+「生態文明」+
「老年人文明」+「人類命運共同體文明」的進步和進化力
量

對中國來說，以上的公式在將來可更進一步改成為：

「推動中華文明進步和進化的力量」

= 來自推動「政治文明」+「社會文明」+「精神文明」+
「物質文明」+「科技文明」+「生態文明」+
「老年人文明」+「人類命運共同體文明」+
「共產主義文明」的進步和進化力量

人類文明演化的規律

美國學者賈雷德•戴蒙德近幾年出版了好幾本頗具影響力的，有關探究人類社會與文明的書；其中的一本《槍炮、病菌與鋼鐵》（註：曾獲「普利策獎」，Pulitzer Prize），特別引起學術界和政界人士的注意和爭論。在這裏我就引用這書的中譯本[9] 的封面上的一段話，來說明一下賈雷德•戴蒙德著作此書的目的：

「1997 年，在亞力提出那個發人深省的問題（註：那問題是：『為什麼是白人製造出這麼多貨物，再運來這裏？為什麼我們黑人沒搞出什麼名堂？』）25 年後，賈雷德•戴蒙德終於有底氣寫就並出版了這本《槍炮、病菌與鋼鐵》，一經上市，旋即引起各界激烈爭論。它的顛覆性不言而喻，現代西方社會引以為傲的文明先發優勢，在這本書中竟被歸因於環境和地理的深刻影響。一時間，『種族優越論』支持者無從辯駁，因為這位生理學家將 1.3 萬年的人類歷史置於演化生物學、人類學、語言學、考古學等眾多學科的研究證據中深入探討，並且對比了各大洲多民族的發展速度有理有據。

　　為什麼歐洲人憑藉槍炮、病菌與鋼鐵征服了新大陸，而不是非洲或美洲土著漂洋過海去征服歐洲？為什麼有些社會已擁有完善的社會組織、百花齊放的文化成果，而有些社

會仍在沒有金屬工具、以狩獵－採集為生的原始狀態？是什麼決定了今日世界的權力和財富分配面貌？這本書嘗試回答了上述問題。在戴蒙德看來，食物生產的出現使得歐亞大陸搶佔了文明發展的先機，文字、技術、政府等糧食盈餘的『副產品』；而動植物種類的多寡和大陸軸綫的走向又決定了各大洲食物生產的先發與落後，這就是影響了不同種族遵循不同歷史發展軌跡的終極因。因此，環境和資源的優渥滋養了西方文明在沃土上牢固生根，迅速結果，而非種族自身在生物學上具有優勢」[9]。

我對戴蒙德的觀點，有些地方同意，有些地方則不同意。他說：「環境和資源的優渥滋養了西方文明在沃土上牢固生根，迅速結果，而非種族自身在生物學上具有優勢」。這我同意，因為事實證明，環境和資源的優渥滋養了西方文明，不是因為「白人種族優越」的結果。但假如說，把環境和資源的優渥滋養了人類所有的文明，或促進了所有不同文明的進步和進化，那我就不能苟同，因為這不是事實。

綜觀「人類社會的命運」的歷史（註：「人類社會的命運」是從戴蒙德的英文原話「the fates of human societies」翻譯過來的。但我認為「fates」給人的印象比較負面和被動，所以我想一般來說，用較中性的「destiny」來代替可能更好。即「the destinies of human societies」。而中文「命運」一詞，是中性的，並沒有這個問題。不過，我可以接受戴蒙德的英文書中的原話用「Fates」，因為他書中要顯示的是一種由於「槍炮、病菌與鋼鐵」所造成的人類的許多「悲慘」命運），從我對人類社會的命運，以及人類文明的進步和進化的理解而編著的幾本書的討論和分析中，我得出的結論，概括地說就是：

1. 人類社會的命運的發展，並不是負面的和完全被動的，而是積極向上、向好、正面及可以非常主動的，因為這是人類進

化必然的邏輯和自然規律。其次，人類社會的命運的發展是可以被引領的（註：如果用社會主義去引領抑或用資本主義去引領，其結果是會不一樣的）、改變的（註：如果用社會主義去改變或用資本主義去改變，其結果肯定也是會不一樣的）；其發展的道路有時候（或某一階段）可能非常曲折，但只要發展的道路選擇得正確，能堅持，前途必定是光明的。人定勝天！人是可以改變環境的！人類文明的進步和進化靠的不就是這種信念嗎？

2.　人類文明進步和進化的機制和規律，基本上是依循以下幾個途徑發展的：

(1)　人類文明的發展「成形」後，就保持着一種固定格式（fixed-state type of development）的方式長期存在，例如包括許多仍生活在「狩獵－採集為生的原始狀態」的族群（註：這種原始狀態的文明，在中國已不存在了）。

(2)　人類文明的發展「成形」後，再保持着一種慢速但穩定發展（steady-state or static type of development）的方式長期存在，例如「五千年的中國傳統文明」。

(3)　人類文明的發展「成形」後，跟着保持一種快速而具掠奪、霸凌、侵略性和武裝征伐性（predatory, bullying and aggressive type of development）的方式不斷發展，例如許多的西方文明。

(4)　人類文明的發展「成形」後，保持一種慢速但穩定的發展（static type of development stage）階段，之後通過正確的選擇和抉擇（making the right choices），再突破性地通過「彎道超車」的發展形式（accelerated type of development），行穩致遠，例如中國正在打造的「中華新文明」。（註：「彎道超車」時，假如速度太快，或道路選擇錯誤，就有可能會翻車。所以，中國在這方面採

取了非常小心的做法，那就是採用實事求是、摸着石頭過河、改革開放、自立自強和保持社會穩定等措施。同時可參考本書及在這一章裏的有關討論。）

(5)　人類文明的發展「成形」後，由於科學、交通和信息的快速發展，最後形成了現今我們所熟悉的「全球化文明」（global civilization），以及未來基於「人類命運共同體文明」所形成的「世界新文明」（world new civilization）。（註：「全球化文明」及「世界新文明」的分別是，「全球化文明」是這種文明還存在着許多族群之間和國與國之間的不平等現象和相互爭鬥及戰爭，而當進入了「世界新文明」時，則應是進入了一種族群之間和國與國之間相互合作、和平共處的狀態。）

(6)　人類文明的發展「成形」後，由於科學、交通和信息的快速發展，再加上人工智能等的高速發展和支撐作用，將形成一種「智慧化文明」（smart civilization）；這不能說沒有可能，像「虛擬文明」（virtual civilization）、「超人類文明」（super human civilization）等，就是例子。

寫到這裏，我順便回答一下戴蒙德在《槍炮、病菌與鋼鐵》的翻譯本[9] 中所提到的幾個問題：

1.　在該翻譯本中的〈致我的中國讀者〉一章中，戴蒙德指出：「中國和美國經常將彼此視為競爭對手，甚至可能是軍事競爭對手。但是中國所面臨的最嚴重的長期問題，與美國所面臨的嚴重的長期問題是一樣的，即核武器、氣候變化、全球範圍內關鍵資源的枯竭、世界各地不平等導致的種種後果，以及在新冠肺炎之後的新型疾病，將給全世界所帶來的危險。所有這些問題都非常棘手，只有在中國、美國以及世界上其他強國的通力合作下才能得到解決。為什麼中國和美國現在還不做出更多努力，來保障自己政府和自己人民的利益，來應

對這些共同的問題，來解決我們兩國都在面臨的這五個最嚴重的難題？」[9]

　　事實上，中國很想與美國通力合作解決這些難題。譬如在 2022 年 3 月 7 日王毅外長在十三屆全國人大五次會議舉行的視頻記者會上說：在這充滿挑戰的年頭「新冠肺炎疫情仍未徹底戰勝，烏克蘭危機又接踵而來，本來就充滿不確定性的國際局勢變得更加複雜動盪。在這樣一個重要時刻，各國需要的是團結而非分裂，是對話而非對抗。作為責任大國，中國將繼續高舉多邊主義旗幟，同所有愛好和平、謀求發展的國家一道，加強團結合作，攜手應對挑戰，持續推動構建人類命運共同體，努力為世界開闢光明和美好的未來。」[10]。

　　但可惜的是，美國堅持要搞對抗。本來，地球上人類文明的花園豐富多彩，但美國則選擇要搞「文明對抗」，只允許美國「一花獨放」，不允許世界各國百花齊放。一切都要依美國的模式來搞，聽美國人的話，誰反對就是美國的敵人。

　　在同一記者會上，王毅指出：「美方領導人和一些高官相繼表示，美方不尋求『新冷戰』，不尋求改變中國的體制，不尋求強化同盟關係反對中國，不支援『台獨』，無意同中國發生衝突對抗。但令人遺憾的是，這『四不一無意』的表態始終飄浮在空中，遲遲沒有落地。擺在我們面前的事實是美方仍不遺餘力地對中國開展零和博奕式的『激烈競爭』，不斷在涉及中方核心利益的問題上攻擊挑事，接連在國際上拼湊打壓中國的『小圈子』，不僅傷害兩國關係大局，也衝擊和損害國際和平穩定。這不是一個負責任大國應有的樣子，也不是一個講信譽國家所做的事情。……展望未來，雙方應當重拾融冰初心，重整行裝出發，用相互尊重、和平共處、合作共贏的『三原則』替代競爭、合作、對抗的『三分法』，推動美國對華政策重回理性務實的正軌，推動中美關係重回健康穩定的正道。」[10]　所以，現今的問題是，美國什麼時候

會清醒過來，願意和中國搞合作，然後把世界新文明建立起來。所以，戴蒙德要的答案，他應該好好的去問問美國政府。

其次，我不知道戴蒙德有沒有意識到，有許多國際關係評論家都認為，現今世界快將進入「後美國時代」或「後西方時代」，所以西方（特別是美國）必須作出自身的改變，不然「美國文明」或「西方文明」的影響力，必定會愈來愈走弱。這明確顯示，長期來說，靠「槍炮、病菌與鋼鐵」所建立起來的西方文明，是一種難以持續發展的文明。再說，現今人類已進入了一個不以「西方文明」為主導的多元的「全球化文明」。

2. 戴蒙德在書的〈開場白〉中指出：「『文明』和『文明的興起』這種詞是不是會誤導讀者，顯得好像文明是好的，狩獵–採集的部落生活是悲慘的，過去 1.3 萬年的歷史就是人類越發幸福的進步史？其實，我並不認為工業化的國家就是人類越發幸福的進步史？其實，我並不認為工業化的國家必然比狩獵–採集部落『高明』，也不認為離開狩獵–採集的生活方式，進入使用鐵器的國度，就代表『進步』，更不覺得這樣就是增進了人類的福祉。在美國城市和新幾內亞村落的生活體驗讓我體會到，文明是福是禍實在難說。例如，比起狩獵–採集部落，現代工業國家的公民享有較佳的醫療照顧，遭到謀殺的風險低，壽命較長，但獲得來自朋友和親族的社會支持少得多。」[9] 但戴蒙德的以上觀點，我不能苟同。

因為從中國文明的發展歷史來看，或用戴蒙德的「自然實驗理解人類行為和人類社會」的方法（註：其實就是要看歷史事實和規律），都應明確顯示，人類文明的進步和進化，是朝着好的方向發展的。但進步和進化是有階段性的，所以在比較不同文明時要注意這一點，但最終所有的文明，遲早都會是朝着趨向達至「世界大同」的方向發展的。但有些文明的確在演化過程中會停滯不前、倒退、沒落，甚至消失。

這主要是因為，從進化的角度來看，每種文明都有其脆弱的一面，在「槍炮、病菌與鋼鐵」面前就會徹底失敗或打敗仗。所以要不吃敗仗，一個文明就要有韌性。而中國的文明就清楚顯示着，它是具有非常強的韌力的，因而中華文明可以屹立 5,000 年而不倒。其次，更重要的是中華文明還有自我革命，吐故納新，懂得怎樣吸收和融合其它文明的優點和優越處為己用，懂得用彎道超車、創新、改革、開放等手段來彌補自己文明發展方面的短板。而這些都是重要和關鍵的支撐文明可持續發展的要素。由於有了這些要素，所以，中國能把中華傳統文明，打造成一種新的中華文明。

3. 我也不能同意戴蒙德以下的觀點，譬如他認為：「各大洲上的族群，有截然不同的大歷史，原因不在人，而在環境。」[9]我認為，各大洲上的族群，有着截然不同的歷史和文明，原因主要不一定是在環境，而是在「人」及其所創造的「制度」裏（註：這才應該是「終極因」。還有許多其他的終極因，但戴蒙德似乎卻完全不予以重視，譬如人腦功能的進化和作用，各種族群的道德觀和包容性，人類不同族群的不同的宇宙觀，中國人的「天下」觀等）。制度對文明發展的影響尤其巨大，因為制度可以起到好的影響，也可以起到不好的影響。譬如戴蒙德認為「歐洲的分裂和中國的統一帶來了截然不同的結果」[9]。因為戴蒙德認為歷史顯示，中國國家的統一制度，容易扼殺科學創新，而分裂的歐洲則可以提供更多科學創新。但我在上面已經指出過，中國之缺乏科學創新，是因為中國受到了保守思想的桎梏和長期影響，陷入了一種慢速和穩定發展文明的狀態。但等到中國受到如文一所說的，要經歷「有可能集體性死亡」[3]（即亡國）之後，到新中國成立，才明白到要大力創新和建設。而恰恰由於中國的統一，所以中國能夠比分裂的歐洲，更能大規模地搞創新，做大型的基建項目，從而讓中國可以快速地復興起來，打翻身仗，

創造各種新的科學和經濟奇跡。其次，不知道戴蒙德有沒有意識到，由於中國的統一和獨特的文化文明力量，在戰勝 COVID-19 疫情方面的成績，比分裂的歐洲更佳！這說明一個國家的制度文明的優越性，不但比環境因素等的影響來得關鍵，而更重要的是，它是驅動文明進步和進化，及人類社會命運持續發展的最基本、最主要的動力和動能。

最後，我引用戴蒙德的《槍炮、病菌與鋼鐵》一書中的「近因」和「終極因」的概念，想指出：一個國家的制度文明及其優越性，是推動「人類社會的命運」發展的「近因」，同時也可能是「終極因」。因為，在許多情況下，「近因」和「終極因」關係密切，兩者是難以分清主次、先後、因果，以及其所引起的影響的大小，和兩者之間在互動期間所引發的，相輔相承或抵消作用等。所以我認為更好的方法，是先弄清楚哪些要素，譬如推動「人類社會的命運」的影響的長短或持久性或長效和短效（long-term or short-term effect）、推動「人類社會的命運」的關鍵影響的出現時間（the time when the critical effect has arisen or created an impact）等等，可能對了解推動「人類社會的命運」發展的過程、因由等，更為有用和重要。這比花時間去了解「近因」和「終極因」要有用得多，而且可能會更好的「把洋蔥一層一層地剝開」（註：引自《槍炮、病菌與鋼鐵》⁽⁹⁾ 的〈前言〉，第 XII 頁），來尋求和了解人類文明進步和進化的歷史過程和成就。

構建中華新文明是跳出歷史週期率的必由之路

習近平 2022 年 3 月 5 日，在參加十三屆全國人大五次會議內蒙古代表團審議時提出「五個必由之路」的重大論斷，即：「(1) 堅持黨的全面領導是堅持和發展中國特色社會主義的必由之路；(2) 中

國特色社會主義是實現中華民族偉大復興的必由之路；(3) 團結奮鬥是中國人民創造歷史偉業的必由之路；(4) 貫徹新發展理念是新時代我國發展壯大的必由之路；(5) 全面從嚴治黨是黨永保生機活力、走好新的趕考之路的必由之路。」[11]

　　另一方面，江金權 2022 年 3 月 16 日在《人民日報》為文指出：「黨[中國共產黨]的長期執政地位決定我們黨必須不懈推進自我革命。自我革命體現以史為鏡、知古鑒今的歷史主動，跳出歷史週期率。」[12] 而跳出歷史週期率的「關鍵是防止執政黨變質、變色、變味，永保先進性和純潔性。」[12] 他同時指出：「縱覽古今中外政權政黨的盛衰隆替、社會文明的興廢變遷，一個顛撲不破的道理就是，任何執政地位都不是一勞永逸，一成不變的，無論實力多強、資格多老、執政時間多長，如果保守僵化、不思進取，其創造力就會衰竭、生命力就會減弱。」[12] 所以「黨[中國共產黨]作為馬克思主義執政黨，要長期為人民執好政，要把新時代堅持和發展中國特色社會主義這場偉大社會革命進行到底，就必須深入總結古今中外歷史經驗教訓，始終堅持為人民長期執政，朝著為人民謀幸福、為民族謀復興、為人類謀進步、為世界謀大同、最終實現共產主義的目標。」[12] 他更強調指出：「在奪取新民主主義革命全國勝利之前，我們黨就在深入思考將來如何為人民執好政、長期執政的問題。當黃炎培先生提出如何跳出歷代王朝『其興也勃焉，其亡也忽焉』的歷史週期率問題時，毛澤東同志給出的答案是『讓人民來監督政府』。習近平總書記深刻總結百年黨史特別是新時代黨的自我革命的成功實踐，為跳出歷史週期提供了『第二個答案』。實踐證明，偉大自我革命使中國共產黨人在改造客觀世界的同時自覺改造主觀世界，能夠始終掌握歷史主動，準確識變、科學應變、主動求變，始終代表人民根本利益，始終走在時代前列，因而使我們黨能夠跳出歷史週期率。」[12]

　　而我認為，如果要使中國共產黨能夠跳出歷史週期率，中國共產黨還需提供多一個答案，即「第三個答案」，那就是要盡一切

努力，把一個具中國特色社會主義文明的國家建立起來，然後，再把這一個具中國特色社會主義文明的國家，妥善地轉化為一個共產主義文明的國家，把共產主義（長期只被視作為一種「信仰」來看待的）變為現實。這就是說，當中國的發展到達「中國特色社會主義社會」建立 100 年左右時，「中國特色社會主義社會」將會是第一個可以順利地過渡至和實現共產主義的國家。到時中國這一「共產主義社會」離共產主義的「英特納雄耐爾」（L'Internationale）可能還很遠，但至少中國在這方面，將形成一個未來能達至「英特納雄耐爾」境界的一個模式的雛型。而如果我們假設，這一「英特納雄耐爾」的境界與「人類命運共同體文明」類似，那麼中國的「共產主義社會」，事實上就離共產主義的「英特納雄耐爾」已很近，也就更容易把共產主義的所有理想都具體地予以實現了。

另一方面，從人類文明進化或人類命運進化的角度來看，就是到時「中國特色社會主義文明」（或「中華新文明」）便可成功地轉化（metamorphose），進入一個「共產主義文明」或「大同」的世界，進而實現「英特納雄耐爾」的發展階段了。

所以，這樣以上跳出歷史週期率的「三個答案」，便將成為「第六個必由之路」。而我認為，只要中國共產黨把這一發展方向堅持下去，所謂「方向決定道路，道路決定命運」；堅持穩中求進的工作總基調，把「中國特色社會主義的創新思想」和新發展理念發揚光大；堅持立足中國實際、依靠中國人民、把握時代大勢和歷史主動，把中華新文明全面地建立起來；那麼，這就可以使中國共產黨的長期執政，不但跳出歷史週期率，同時還有力地證實，這是推動人類文明發展和人類命運進化的一條必由之路；是夯實人類文明發展和人類命運進化的最有力的保障；是中國共產黨的執政規律、中國特色社會主義的建設規律、共產主義的科學演進規律、人類社會的進化和發展規律的真實（或現實）意義上的具體化。

最後要解說一下，上面提及的「中國特色社會主義的創新思想」，根據歐陽淞的觀點和理論分析[13]，指的是：「在馬克思主義

哲學方面，提出新時代我國社會主要矛盾發生變化的思想，這是對馬克思主義社會矛盾學說的新發展。在馬克思主義政治經濟學方面，提出創新、協調、綠色、開放共用的新發展理念，這是對馬克思主義生產力理論的新發展；提出堅持和完善社會主義基本經濟制度，使市場在資源配置中起決定性作用、更好發揮政府作用等思想，這是對馬克思主義經濟學的新發展。在科學社會主義方面，提出堅持和加強黨的全面領導、推進黨的自我革命的思想，這是對馬克思主義建黨學說的新發展；提出堅持和完善中國特色社會主義制度，推進國家治理體系和治理能力現代化的思想，這是對馬克思主義國家學說的新發展；提出構建人類命運共同體的思想，這是對馬克思主義世界歷史理論的新發展等等。這些具有原創性的新論斷、新命題、新理論、新戰略，蘊含着世界觀、認識論、方法論、價值觀層面的突破。」(13)

參考資料

1.　樊樹志，《圖文中國史》。2021 年，香港中華書局，第 10 頁。

2.　《BBC 十萬年人類史》(*A History of the World*)。2021 年，廣場出版，第 16 頁。

3.　文一，《科學與革命的密碼》。2022 年，東方出版中心有限公司，第 4 頁，〈序〉。

4.　張蘊嶺主編，《百年大變局——世界與中國》。2019 年，中共中央黨校出版社，第 20 頁，〈序〉。

5.　〈堅定不移沿着這條光明大道走下去（奮進強國路.總書記這樣引領中國式現代化)〉。2022 年 2 月 28 日，《人民日報》。

6.　〈以中國的新發展為世界提供新機遇〉。2022 年 3 月 4 日，《人民日報》。

7.　習近平，〈在中央黨校（國家行政學院）中青年幹部培訓班開班式上的講話〉(2022 年 3 月 1 日)。2022 年 3 月 2 日，《人民日報》。

8. 〈《「十四五」健康老齡化規劃》印發——推動老年健康服務高質量發展〉。2022 年 3 月 2 日，《人民日報》。

9. 賈雷德・戴蒙德著，王道還、廖月娟譯，《槍炮、病菌與鋼鐵》。2022 年，中信出版集團。

10. 2022 年 3 月 7 日，王毅外長在十三屆全國人大五次會議舉行的視頻記者會上的講話。2022 年 3 月 8 日，《人民日報》。

11. 〈沿着必由之路奪取新的更大勝利〉。2022 年 3 月 16 日，《人民日報》。

12. 江金權，〈自我革命是黨跳出歷史週期率的「第二個答案」〉。2022 年 3 月 16 日，《人民日報》。

13. 歐陽淞，〈深刻認識馬克思主義中國化新的飛躍〉。2022 年 3 月 17 日，《人民日報》。

後 記

我在本書的多個章節內，討論了關於有 5,000 多年的中華文明，怎樣在新中國成立之後，在中國共產黨的領導下，不斷持續演進，形成了許多創新的，和推動着人類文明進化的要素。這些要素在實踐的過程中，進一步不斷地改進、優化，逐步的構建和創造，形成了現今我們所熟悉的「新時代中國特色社會主義文明」（或簡稱「中華新文明」）這一嶄新類型的人類文明。

「中華新文明」的形成，不但改變了 5,000 多年中華舊文明的形態，並且還改變了世界文明的形態，形成一種我稱之為「世界新文明」或「全球新文明」（註：當然都是還在初級發展階段）。

那麼這一「中華新文明」從開始形成到將來成熟，到底需要多長時間？這一個問題，我無法在本書中提供一個百分之百肯定的答案。

但就現今來說，我們清楚知道，中國仍處在構建中國特色社會主義社會的初級階段（註：即相當於「中華新文明」建設的初級階段），而依據十四五規劃和 2035 年遠景目標，從 2035 年到本世紀中葉，中國將會建成一個「富強民主文明和諧美麗的社會主義現代化強國」（註：即相當於一個高級的文明型社會主義國家）。假如根據以上這些指標性的年份來推算，「中華新文明」的成熟期，大約還需要 30 多年時間才能達至。

另一方面，人們或許又會問，這一高級的文明型社會主義強國，是否可以說已進入了共產主義社會的境界呢？（註：應該還只是在共產主義初級階段？）還是說，我們離共產主義社會/國家的境界還很遙遠呢？

從文明演進的角度，我們還可以這樣問：「到那時候，中國特

色社會主義社會新文明或『中華新文明』，是否已到達人類文明進化的『最頂峰階段』（the peak of evolution of human civilization）呢？還是說，到了本世紀中葉左右，這一個問題的答案還未出現，還需要我們繼續不斷地追尋下去！

　　以上這一系列的問題，現在我們當然可以無須浪費精神去回答，而留給後人去解答較為合適。不過，我想說的是，假如 30 多年後，中國能達至一個高級文明的社會主義國家的境界，並有能力可以長期持續發展下去的話，那麼到那時候，我認為中國將自然而然地，在一定程度上，從一個高級的社會主義國家轉化為一個理想的共產主義國家。假如這一推理和邏輯是正確的話，那麼中國共產黨所要建立的共產主義理想國，或要達至的「共產主義遠大理想」（註：引自《求是》雜誌發表習近平總書記之重要文章：〈努力成為可堪大用能擔重任的棟樑之才〉，見 2022 年 2 月 1 日的《人民日報》），依我的看法，似乎並不是那麼遙遠！

　　上面是我在編寫此書時所碰到的，一個浮現出來但似乎並不是容易回答的問題。而且我發現還有一個需要解答的問題是，怎樣把形成「中華新文明」的各種要素，予以綜合性地歸納和分類。因為作為一位生物學家，我總覺得如果能總結和設計出一個好的歸納和分類的方法，對於我們認知和推進人類文明以及人類命運的進化，必定會有很大的幫助。所以在快將完成編著此書時，我想到了一個方法，就在這〈後記〉中寫出來，供大家參考。

　　從學術的角度，根據收集到的資料來看，我覺得「人類文明進化」的過程和原因，可作如下歸納和分類：

1.　推動「中華新文明」進化的要素及促進「中華新文明」進步的正能量因素

　　中國首先要把自己的事做好，特別是要做到民族和睦、社會和諧、宗教和順；樹立正確的歷史觀、民族觀、國家觀、文化觀、世界觀；弘揚愛國主義、集體主義、社會主義精神；構築中國精神、

中國價值、中國力量；團結奮鬥，為中國人民謀幸福、為中華民族
謀復興、為人類謀進步、為世界謀大同。

　　中華民族共同持續締造、發展、鞏固統一的中國國家和中華
民族共同體，堅持宗教朝中國化方向發展，積極引導宗教與社會主
義社會相適應、與中國特色社會主義新時代相適應，構造積極健康
包容的宗教關係，引導宗教活動規範化、堅持和平相處和法治的方
向邁進，引領宗教朝支持構建中華新文明的方向發展。

　　中國的發展堅持改革開放，與各國共同推進互聯互通建設，
維護供應鏈安全暢通，在政治、經濟、社會、文化等各領域與各國
深化合作，共創自主、聯動、綠色、開放、普惠構想，推動文化高
質量發展，堅持走和平發展、公平正義、合作共贏道路，踐行以人
民為中心的發展思想，弘揚和平、發展、公平、正義、民主、自由
的全人類共同價值，始終做世界和平的建設者、全球發展的貢獻
者、國際秩序的維護者、人類文明進步和世界和平發展的推動者。

　　做到黨要管黨、從嚴治黨、自我淨化、自我完善、自我革新、
自我提高管治國家的能力、在制度和法治上不斷完善定型，堅定做
好黨風廉政建設和堅持反腐敗鬥爭。

　　「堅持黨的領導，堅持人民至上，堅持理論創新，堅持獨立
自主，堅持中國道路，堅持胸懷天下，堅持開拓創新，堅持敢於鬥
爭，堅持統一戰線，堅持自我革命。」（註：見習近平，《中共六中
全會公報》。）

　　貫徹中國特色社會主義法治理論，堅持依法治國、依法執政，
堅持法治國家、法治政府、法治社會一體建設等。

2.　推動「人類文明進化」的要素及促進人類文明進步的正能量因素（註：相當於建設「中華新文明」及「世界新文明」的要素）

　　國與國之間要實行真誠友好、平等相待、互利合作、互利共
贏、共同發展、主持公道、捍衛正義、順應時勢、開放包容、休戚

與共、團結互助、相互信任、共同行動、責任共擔、幸福共用、文化共興、和諧共生。

每個國家要爭取做到同舟共濟、共同實施衛生健康、減貧惠民、貿易促進、投資驅動、數字創新、綠色發展、能力建設、人文交流、平安安全、務實合作、相互理解、相互支援、相互尊重，共同維護和平、發展、公平、正義、民主、自由的全人類共同價值。（註：習近平在 2021 年 11 月 30 日，與塞普勒斯總統通電話時說：「民主是全人類的共同價值，不是只有一種形態、一種標準，不能由個別國家壟斷性解讀並強加於人。」見 2021 年 11 月 30 日，《人民日報》。）

建立公正合理的國際民主秩序，秉持共同、綜合、合作、可持續的全球安全觀，貫徹共同、集約、綠色、開放發展合作理念。

構建各種類型的人類命運共同體（包括網絡空間命運共同體），弘揚多邊主義，促進可持續發展，堅持國家不分大小、強弱、貧富一律平等，反對種族歧視，反對意識形態對抗，反對蓄意挑起文明衝突，促進文明多元化、互利互鑒，促使人類命運共同體文明早日建立起來。

3.　破壞「人類文明進化」的要素及影響人類文明進步的負能量因素（註：相當於遏制「中華新文明」及「世界新文明」建設的要素）

宣揚單邊主義、貿易保護主義、霸權主義、零和博弈、美式民主、尚武主義、強權主義、各種歧視、冷戰思維等。

鼓吹「文明衝突」、民族矛盾、干涉其他國家內政，強迫所有國家採用美國政治模式，把美式民主強加給他國，搞長臂管轄。

發動各種侵略戰爭等。

最後我想說的是，中國共產黨成立 100 多年以來，現今在中華大地上全面建成了小康社會，這已是無可否認的事實。並且我相

信，中國共產黨會繼續堅持走和平發展、改革開放、多邊主義之路，與各國一齊堅守及弘揚和平、發展、公平、正義、民主、自由、綠色的全人類共同價值，秉持人類命運共同體（特別是人類命運共同體文明）理念，為人類文明發展創造更多創新的形式，為各國共同開創人類美好未來明確新的思路，使中華新文明和世界新文明可以朝着更理性、更科學、更現代化、更融合的方向發展，共建持久和平、普遍安全、共同繁榮、開放包容、清潔美麗的世界。國紀平2021年12月29日在《人民日報》為文指出：「黨的十九屆六中全會通過《中共中央關於黨的百年奮鬥重大成就和歷史經驗的決議》，將『堅持胸懷天下』作為黨百年奮鬥積累的寶貴歷史經驗之一，是對黨始終從人類發展大潮流、世界變化大格局、中國發展大歷史高度正確認識和處理同外部世界的關係的總結，也是黨繼續為人類文明進步貢獻智慧和力量的重要宣示。」

　　最後，我認為中國共產黨應是時候，積極研究和探討，我在本書中所提出的，中國在建立高級的社會主義國家之時，怎樣把從高級社會主義轉化成共產主義的問題講清楚，把需做的具體措施提上議事日程，以及把奮鬥團結開闢未來的目標擘劃出來。這與習近平經常說的要從「總結歷史中統一思想、統一行動」，是同樣的重要。因為我認為，要回答好「從哪裏來、往哪裏去」這基本命題（註：見習近平2021年12月29日在中共中央政治局召開專題民主生活會上的講話），讓廣大人民群眾不但如習近平在中共中央政治局召開專題民主生活會上所說的，要「從百年黨史中深刻認識中國共產黨是一個什麼樣的黨」，同時也要讓廣大人民群眾對中國共產主義的未來發展，有一個深刻的認識，到底共產主義具體是一個什麼樣的主義，中國共產黨又會帶領中國進入一個怎樣的共產主義社會。我認為，只有這樣才能讓廣大群眾更容易「堅定不移聽黨話、跟黨走」；這樣才能讓黨外人士，更容易接受和支持中國共產黨的長期領導；中國共產黨才會有更大的影響力和感召力，提升人類達至天下大同、人類社會高度文明的理想境界；中國共產黨才能

如習近平在 2022 年新年賀詞中所說的「贏得歷史主動」、牢牢把握未來發展的主動權，並妥善解決「毛主席與黃炎培先生的『窰洞對問』」的問題。

　　但也得指出，正如習近平 2022 年 1 月 1 日在第一期《求是》雜誌發表的，題為〈以史為鑒、開創未來，埋頭苦幹、勇毅前行〉一文中所說的：「各種敵對勢力絕不會讓我們順順利利實現中華民族偉大復興」；更不要說實現共產主義社會了。所以習近平一再強調：「在重大風險、強大對手面前，總想過太平日子、不想鬥爭是不切實際的。」（註：用現今時尚一點的話來說，就是想要用「躺贏」的方法來達至目的，是不可能的。）「唯有主動迎戰，堅決鬥爭才有生路出路，才能贏得尊嚴、求得發展。逃避退縮、妥協退讓只會招致失敗和屈辱，只能是死路一條。」習近平在《求是》雜誌發表的文章中，更強調指出說：「我們面臨的各種鬥爭不是短期的而是長期的，將伴隨實現第二個百年奮鬥目標全過程。」所以，在構建中華新文明及世界新文明這一漫長的建設階段，如習近平所說：中國「必須把握新的偉大鬥爭的歷史特點，發揚鬥爭精神，把握鬥爭方向，把握鬥爭主動權，堅定鬥爭意志，掌握鬥爭規律，增強鬥爭本領，有效應對重大挑戰、抵禦重大風險、克服重大阻力、解決重大矛盾，戰勝前進道路上的一切艱難險阻，不斷奪取新時代偉大鬥爭的新勝利。」

　　習近平以上對中國未來發展的分析、定位和戰略抉擇，我認為非常到位和容易明白，值得我們擁護和支持。

徐是雄

2022 年 6 月

極 力 推 薦

徐是雄教授近年編著出版的一系列有關 「人類命運進化」的中英文專著：

《人類命運演進的動力——選擇和抉擇》(2019)

《人類命運的演進印跡和路程》(修訂版) (2019)

《人類命運進化的基石及元素》(2020)

《誰是驅動人類命運演進的未來力量：中國模式+話語權 vs 西方模式+話語權》(2021)

《人類命運演進的終極目標：中國必勝》(2021)

What will be the Driving Force behind Humanity's Progress? The China Model and Chinese Power of Discourse vs The Western Model and Western Power of Discourse (2022)

習近平 2022 年 4 月 25 日在中國人民大學考察調研時指出：「我國有獨特的歷史、獨特的文化、獨特的國情，建設中國特色、世界一流大學不能跟在別人後面依樣畫葫蘆，簡單以國外大學作為標準和模式，而是要紮根中國大地，走出一條建設中國特色、世界一流大學的新路。」

「當前，堅持和發展中國特色社會主義理論和實踐、提出了大量亟待解決的新問題，世界百年未有之大變局加速演進，世界進入新的動盪變革期，迫切需要回答好『世界怎麼了』、『人類向何處去』的時代之題。」

在調研時，習近平還強調指出，中國必須「加快構建中國特色哲學社會科學，歸根結底是建構中國自主的知識體系。要以中國為觀照、時代為觀照，立足中國實際，解決中國問題，不斷推動中華優秀傳統文化創造性轉化、創新性發展，不斷推進知識創新、理論創新、方法創新，使中國特色哲學社會科學真正屹立於世界學術之林。」

以上徐是雄教授所編著的一系列專書，可以說是符合習近平所希望看到的。徐是雄教授是一位常年生活在香港，而又有機會參與國事的學者，這一系列專書記載了他作為一位為建立新中國、推動中華文明、世界文明、人類命運向前發展的探索者的一些所思所想。徐是雄教授編著的這一系列專書，也希望能如習近平所說：「發揮哲學社會科學在融通中外文化、增進文明交流中的獨特作用，傳播中國聲音、中國理論、中國思想，讓世界更好讀懂中國，為推動構建人類命運共同體作出積極貢獻。」

新書介紹

由徐是雄教授編著的兩本專著：(I) 《誰是驅動人類命運演進的未來力量：中國模式+話語權 vs 西方模式+話語權》；(II) 《人類命運演進的終極目標：中國必勝》，現已由歐霖先生翻譯成英文，並由灼見名家出版。兩書在香港各大書店有售。為了方便讀者，現把兩書的資料在以下列出，供大家參考。

(I)

Title: *What will be the Driving Force behind Humanity's Progress? The China Model and Chinese Power of Discourse vs The Western Model and Western Power of Discourse*

Author: Prof. ZEE Sze Yong

Translator: AU Lin

Contents: 1. Characteristics of the China Model; 2. One Country, Two Systems; 3. Economics under the China Model; 4. Religion under the China Model; 5. Democracy under the China Model; 6. Liberty under the China Model; 7. Human Rights under the China Model; 8. Governance under the China Model; 9. Civilization and World-view under the China Model; 10. The Superiority of the China Model in Combating the COVID-19 Pandemic; 11. How the China Model has Eliminated Absolute Poverty; 12. National Security and New International Relationships under the China Model; 13. End of the Western Model's Political Leadership as Represented by the United States.

(II)

Title: *The Ultimate Goal of the Evolution of Human Destiny: China Will Win*

Author: Prof. ZEE Sze Yong

Translator: AU Lin

Contents: 1. Changes, New International Relationships and the Chess Game between China and the US; 2. Modernization and Prospect of China's Political and Economic Growth; 3. Embrace Rationality, Development and Technology, Entering an Innovation and Digital Era; 4. Restructuring Morality; 5. The End of Religious Influence and Elevating Governance; 6. Systematization and Sinicization of Governance; 7. Protecting Politics, Civilizations and Cultural Diversity; 8. Biological Diversity, Environmental Protection and Sustainable Development; 9. China's Regime, Long-Term Stability of the China Model, and the 'Cave Question'; 10. Achieving the Ideal State of World Harmony and Peace.

《怎樣提升人類命運的進化？

構 建

中華新文明、世界新文明、人類命運共同體文明》

編　著： 　徐是雄

封面設計： 　徐是雄

出　版： 　灼見名家傳媒有限公司

　　　　　　香港黃竹坑道 21 號環匯廣場 10 樓 1002 室

電　話： 　2818 3011

傳　真： 　2818 3022

電　郵： 　contact@master-insight.com

網　址： 　www.master-insight.com

FB 專頁： 　http://www.facebook.com/masterinsight.com

發　行： 　香港聯合書刊物流有限公司

　　　　　　香港荃灣德士古道 220–248 號荃灣工業中心 16 樓

印　刷： 　利高印刷有限公司

　　　　　　香港葵涌大連排道 21–23 號宏達工業中心 9 樓 11 室

出版日期： 　2022 年 7 月

定　價： 　港幣$98

國際書號 ISBN： 　978-988-75361-4-7

圖書分類： 　文化、歷史、政治